职业教育课程改革新教材

校企合作协同育人与职业院校学生职业生涯规划

主　编　高春玉　刘维振　周　忠
副主编　王少浪　罗守华　路　通
编　委　范华明　曹　军　王珊珊　余　兰
　　　　吴泽宗　张瑞敏　刘　珂　张述平
　　　　方婷婷　卢若振　罗希玙

参与企业　合众新能源汽车工程研究院
　　　　　奇瑞汽车河南有限公司
　　　　　北京聚心立业企业管理有限公司

湘潭大学出版社
XIANGTAN UNIVERSITY PRESS

图书在版编目（CIP）数据

校企合作协同育人与职业院校学生职业生涯规划 / 高春玉，刘维振，周忠主编. -- 湘潭 : 湘潭大学出版社，2022.4
ISBN 978-7-5687-0756-5

Ⅰ. ①校… Ⅱ. ①高… ②刘… ③周… Ⅲ. ①职业选择—高等职业教育 Ⅳ. ①G717.38

中国版本图书馆 CIP 数据核字（2022）第 069494 号

校企合作协同育人与职业院校学生职业生涯规划

XIAOQI HEZUO XIETONG YUREN YU ZHIYE YUANXIAO XUESHENG ZHIYE SHENGYA GUIHUA

高春玉 刘维振 周忠 主编

责任编辑：丁立松
封面设计：周燕美
出版发行：湘潭大学出版社
社　　址：湖南省湘潭大学工程训练大楼
电　　话：0731-58298960 0731-58298966（传真）
邮　　编：411105
网　　址：http://press.xtu.edu.cn/
印　　刷：长沙创峰印务有限公司
经　　销：湖南省新华书店
开　　本：787 mm×1092 mm 1/16
印　　张：12.25
字　　数：267 千字
版　　次：2022 年 4 月第 1 版
印　　次：2022 年 4 月第 1 次印刷
书　　号：ISBN 978-7-5687-0756-5
定　　价：38.00 元

前言 Preface

职业院校的人才培养改革要以现代产业发展需求为导向，以产学研紧密结合为依托，以培养实践能力和创新能力为核心，构筑与行业企业“协同育人、协同办学、协同创新”的人才培养模式。要以协同育人机制提升人才发展效益。协同育人的关键在“协同”，目标是“育人”。要通过搭建协同育人平台，发挥各类育人主体的作用，最终提高人才培养质量。当前，校企合作协同育人的紧迫任务是要让学生真正走进企业生产一线，开展真实生产情景下的实习实训或工程实践。

本书主要从国内外校企合作协同育人的发展现状、校企合作协同育人与学生职业生涯发展规划相关名词、校企合作协同育人路径与模式、职业院校学生认知自我、职业生涯规划基础、开展自主创业、职业生涯与心理健康等方面进行研究和实践，以期为职业院校广大教师和教育管理工作者提供借鉴与帮助。

为体现校企合作协同育人与职业生涯规划内容更能紧贴企业职场和企业管理文化，比较接地气，本书的编写，我们联合了北京启航致远教育科技有限公司、合众新能源汽车工程研究院、北京聚心立业企业管理有限公司、奇瑞汽车河南有限公司、零跑汽车有限公司等企业一线的高级技术人员，共同讨论，制订编写计划，参与本书的编写工作。

本书从职业教育校企合作的现实问题出发，聚焦职业教育校企合作有效性，立足职业教育校企合作过程，可供职业院校教学使用，也可供相关爱好者学习使用。本书在编写过程中，参考了一些新的资料、教材或专著，引用了一些新的观点，在此向各位作者和专家表示衷心的谢意。书中错误和不足之处在所难免，敬请专家和读者批评指正，以便修订和完善。

编者

2022 年 1 月

目录

Contents

项目一

国内外校企合作协同育人的发展现状

任务一　校企合作协同育人的背景

学习目标

（1）了解校企合作协同育人的时代背景。

（2）了解校企合作协同育人的政治背景。

（3）了解校企合作协同育人的社会背景。

（4）了解校企合作协同育人的教育背景。

知识目标

（1）知道校企合作背景对校企合作的发展作用。

（2）知道校企合作现阶段存在的问题及解决方式。

全面深化校企合作是新时代中国特色社会主义建设的共同需要，是创新当前高职院校校企合作体制与机制、注入活力、提升合作水平的需要；是丰富校企深度融合，构建校企发展命运共同体的需要；是新时代、新形势下高职院校和企业迎接挑战、攻坚克难、抢抓机遇、实现多赢的共同需要；是构建“资源共享、优势互补、共同提高、双向共赢”的校企党建协同育人工作新机制的需要；是深化产教融合、丰富校企合作内涵，实现校企共同发展、协同育人的有效途径。新经济快速发展迫切需要新型工科人才支撑，各高校要大力推进科技与教育协同育人，促进科研与教学互动、科研与人才培养结合，努力培养造就高素质人才和拔尖创新人才。

校企合作是一个良好的教学平台，真正实现了实践性教学。在校企合作的环境下，各高校要注重学生专业技能的培养。在教学体系中，专业课程的设置非常重要，教学内容要具有实用性，在教学中以提高学生的职业能力为导向。校企合作办学即企业参与教学工作，将企业生产与学校教学相结合，合作办学；顶岗实习的合作模式即学生在主体课程修完后，深入企业一线实习，这样学生可以提前接触工作岗位。工学结合的合作模式即学校把教学工作分为实习和学习两个阶段，边在企业实习，边在校学习，突出联合教学的特点；订单合作模式，即企业与学校以订单的方式相结合，学校与企业实现联合管理，共同制定和监督学生的教学管理制度、培养目标。

（一）校企合作协同育人的时代背景

教育，是培养新生一代和国家事业继承人的过程，因此，教育培养的人才必须适应社会之需，面向社会，面向市场。当前，大多数普通高校的传统教育模式是重理论而轻实践甚至无实践，培养的人才很难适应当前社会的高速发展。著名教育学家吕型伟曾撰文对中国传统教育进行回顾与总结：教学内容死板、教学大纲多年不变、单纯的知识教育、旧有经验的复制、忽视实践、没有培养学生动手能力、以考试分数论高低、忽视人文教育、没有进行全面素质教育等。

校企合作协同育人是一种通过反思中国传统教育，不断摸索新教育模式，逐步形成不同于传统教育的教育模式。职业教育采用“技能＋学历”的教育方法，在对学生进行技能培养的同时，也对学生进行素质教育，采用“七分实践，三分理论”的教育模式，以学生为中心，因材施教，在社会上掀起一股教育风潮。校企合作模式，就是职业教育中探索出来的一条新道路。

就目前的研究来看，现阶段的校企合作协同育人管理模式仍然处于发展初期，需要社会、学校和企业试探和磨合，值得商榷和深入探索，通过梳理现有的文献材料和已有的校企协同育人模式，分析当前国内外研究现状和发展中的瓶颈，规避风险、明确方向，有助于生成校企协同育人新模式、新机制，推进我国校企协同育人管理的科学、健康、有序、可持续的良性运转，加速改革，加大力度，加深挖掘核心协同模式，促进校企协作育人管理制度灵活有度、目标明晰、落稳落实、掷地有声。

根据教育部发布的2019年全国高等学校名单，截至2019年6月15日，我国共有高等院校2956所，其中直属（含部省共建）高校90所，其余绝大部分为地方高校。地方高校是高等教育的主力军，其育人模式直接关系着大学生的培养质量，影响着地方高校服务新时代地方经济发展的水平。

社会产业结构的调整对高职学生的综合实践能力提出了更高的要求。为应对这种状况，许多高职院校开始综合分析自身发展现状，并结合学生的未来发展需求，以“双高计划”为指导纲要探索校企协同育人模式，并取得了较好的效果，对于高校、学生、企业的整体发展都有积极的意义。

（二）校企合作协同育人的政治背景

党的十九大报告提出，完善职业教育和培训体系，深化产教融合、校企合作，建设知识型、技能型、创新型劳动者大军，弘扬劳模精神和工匠精神，营造劳动光荣的社会风尚和精益求精的敬业风气，落实立德树人的根本任务，培养德智体美劳全面发展的社会主义建设者和接班人。此外，报告还要求高等教育要走内涵式发展路线，应用型大学成为地方高校的主要发展方向。“坚持产教融合、校企合作，坚持工学结合、知行合一”，新时代的新要求推动了高等教育育人的新特点和新格局，协同育人模式呼之欲出，要实现全员、全过程、全方位育人。

《国家中长期教育改革和发展规划纲要（2010—2020年）》明确提出要把提高人才培养质量作为重点，实行工学结合、校企合作、顶岗实习的人才培养模式。要调动行业、企业的积极性，建立健全政府主导、行业指导、企业参与的办学机制，制定促进校企合作办学的法规，推进校企合作制度化。

这就要求交流平台需要坚持政治理论的常态学习，保持与党中央的纲领和最新决议行动一致，切实做到围绕习近平总书记提出的“学懂、弄通、做实”的要求，深入学习习近平新时代中国特色社会主义思想、党的十九大精神、习近平视察广东重要讲话精神和全国教育大会精神等内容，深刻领会相关会议内涵思想，推进“两学一做”学习教育常态化、制度化。以“大学习、深调研、真落实”实践活动为抓手，坚持问题导向、目标导向，抓住关键环节，摸清、找准校企双方的党建工作和人才培养问题所在，共同探讨和提出有针对性、可行性的解决方案；在实践中反思、论证和检验协同育人成效。

按照“相互学习、共同提高”的理念，按照党组织的架构，成立校企联合党支部，双方负责人分别担任党支部书记和副书记，遵照中国共产党党章规定的组织原则，实现党员的“双培养，双发展”，共同教育、培养和发展一批师生和企业党员。

（三）校企合作协同育人的社会背景

高校改革进程的逐渐深化和拓展，要求人才培养与经济发展相匹配，高等教育被赋予了新的培养目标，地位有所改观。没有一流的人才，干不出一流的事业。人才是竞争的根本，只有高素质的人才掌握高技能、运用高技能，才能产生冲击力，突破发展瓶颈，创造创新，校企协同创新无疑成为时代发展的“新宠”。校企联合实现应用型人才培养，一方面，缓解企业“用人荒”的问题，从人力资源上对企业人员流动起到补给的作用；另一方面，企业为学生提供实习机会，提供从“书本”到“实践”，从“学”到“用”的平台，磨合专业技能。校企合作协同育人模式，实现了学校与企业的无缝连接，解决了学生毕业后上岗难、有“文凭”没“实操”的尴尬局面，为企业输送合格人才节省了时间和招聘成本，也为学生提供了就业门路。

但是，现如今我们推动校企合作还是有一定的困难，基本上还处于初级阶段，企业的积极性、参与性不高，合作机制不完善，工作推进难度大，成效不显著等。有的校企合作多数仅停留在几份合作协议，甚至可以称为框架协议，并没有太多实质性的内容，合作双方没有具体职责和义务的约定，缺乏目标、制度、合作条件、保障、人才培养的合作范畴和合作内容，缺少学生评价、学校评价、企业评价的评价体系，对企业平台的使用、效果、是否接受学生就业等均未谈及，合作的时间和范围也比较模糊。

校企合作所遇到的瓶颈可以从以下几个方面来分析。

1. 高校校企合作的瓶颈

（1）上规模的高新技术企业稀缺或与地方本科院校合作意愿不强

一般地级市都设有至少一所本科院校，服务地方经济社会发展是地方本科院校的重要使命。地方院校是城市的名片，地方本科院校的综合实力与当地经济发展水平息息相关。以中部地区某地级市为例，航空装备、轨道交通装备是该市的优势产业，经过多年发展已经形成了产业集群，多家大型中央企业的一级子公司坐落于该市，年产值超过千亿。该市建有唯一一所本科院校，但校企合作推进较慢。一方面，大型央企与地方本科院校合作意愿不强，大型央企往往都建有高等级科研平台，其雄厚的资金实力、技术积累以及完善的研发团队使得其并不需要与地方院校合作研发。在省级平台共建方面，大型央企由于其本身平台较高，参与省级平台的意愿不足，而对于其供应链配套企业，对技术研发的重视度不够，校企合作难以形成良性互动。

（2）地方高校校企合作形式广度不够

当前高校校企合作形式主要包括科研项目合作、科研平台共建以及创新实践基地等。目前地方本科院校校企合作以科研项目合作为主，而科研项目主体为高校教师和博士、硕士研究生，这能在一定程度上促进博士、硕士研究生工程实践能力的提升。校企合作共建科研平台是当前科研平台发展建设的主流形式，许多省部级以上科研平台在申报时，就有要求必须有企业参与甚至需要企业牵头申报。然而，当前地方企业参与合作建设科研平台更多停留在高价值科研设备共享等层面，缺乏更深入的合作。创新实践基地是校企合作协同育人的重要平台，企业为高校提供实践场地、设备以及人员，切实帮助高校提升学生实践能力。但当前的创新实践基地有一部分流于形式，有一部分直接成为学生实训基地，并未将协同创新作为主要发展方向。

（3）校企合作深度不够

当前，校企合作以科研项目为主，在育人方面企业直接参与较少，而企业、科研院所在技术领域有天然优势，而地方院校育人又是为了服务企业转型发展，因此，企业、科研院所参与协同育人过程很重要。当前的校企合作协同育人停留在企业提供实习机会、与教师合作技术研究等方面，在师资培训、参与培养方案制定等更深层次的合作比较少。

（4）校企合作基础分工不明确，结构不完善

校企合作需要学校和企业双方配合。就企业而言，由企业的人事部与学校之间进行沟通，达成初步协议。在实际操作中，具体工作领域与人事部之间的专业关联性不高，制订校企合作的方式和内容直接关联到协同落地的效果和操作难易程度。就学校

而言，校企合作并没有形成整体行为，没有专门的部门与企业对接合作事宜。学校部分专业因技能性强，主动与校外对接，没有纳入学校整体的教学目标规划和顶层设计中，专业性和积极性弱化，动力不足。从专业性的角度看，企业和学校双方应该共同针对专业特色和企业需求进行协商沟通，构建独立运营的组织机构，完善项目的内容和合作方法，促进合作的良性运转和实际落地。

2. 高职院校校企合作的瓶颈

相较而言，高职院校校企合作形式更加宽泛，常面向企业需求设置特殊专业或开设定向就业班等。我国已经走进了由制造大国向制造强国转型发展时期，新时期对专业技术人才能力要求更高。新时代企业转型对人才的需求面也在不断拓宽，当前校企合作人才培养应面向企业经济转型的各个环节，传统合作形式无法满足当前企业需求，急需拓宽合作广度。

在现实层面，高职院校校企合作具有更为具体的瓶颈。一是动力瓶颈：以追求利润最大化为目标的企业，没有利益驱动合作，很难调动企业的积极性。二是在实现校企合作的能力上，高职院校还存在相当的能力瓶颈，对企业的实际需求把握不够，以致校企合作的方式与策略不受企业欢迎。三是制度瓶颈：制度瓶颈包括两个方面，一方面是指已经形成的校企合作方面的好经验没有以制度的形式规定下来，推广和借鉴作用受限；另一方面是在目前校企合作不断出现新问题的关键时期，制度的规范和指导作用没有发挥。

3. 中职院校校企合作的瓶颈

（1）政策操作性与约束力不强

尽管国家对校企合作、工学结合制定了相应的指导方针及原则，但缺乏具体的、可操作性的政策法规和实施规则，对校企双方在实施校企合作中的责、权、利没有明确的表达，使得职业教育相关政策法规对企业参与职业教育缺乏约束力和驱动力。

（2）缺乏足够的政策宣传和执行力度

尽管近几年来政府出台了若干政策以推动校企合作，但由于缺乏相应的宣传，导致相关政策无法得到相应的落实。

（四）校企合作协同育人的教育背景

校企合作是推进高职教育人才培养质量提升，以及教学模式完善的具体途径，而“前沿科技”是国家对高水平高职院校建设的要求。因此，要实现高职院校的长远发展，需以“前沿科技”为指导思想，逐渐完善校企协同育人合作模式，为学生创造一个更好的学习环境。

但在如今的教育背景下，校企合作协同育人的功能还未落到实处，很多高校硬件设施落后，更新速度跟不上时代进步，为节省开销，很多高校在硬件设备上通常选择修补，在原有设备基础上进行升级。与此同时，有很多高校也存在这样一种现象，在授课过程中，全班学生共用几套设备进行学习，然而由于课时有限，并不能面面俱到，从而导致很多学生没有机会学习相关设备的实际应用，从而只能被动接受通过网络所带来的新型知识理论，而知识和设备的不匹配，也导致学生一头雾水，这就导致学生需要在实践过程中重新学习。

师资力量依然有待提高，很多高校在师资建设时第一考虑要素并非教师能力而是教师的学历，在教师招聘条件上定下硬性学历要求，符合学历要求后才考虑教师个人能力与企业经历。这种刻板要求导致高校教师人员选择上流失了很多有丰富企业经历的人才，从而潜在拉低了教师的专业素养，而个别高校虽然取消了学历方面的硬性规定，但也降低了学历未达标但工作实践经验丰富人员的待遇，从而导致很难招到企业工作经历丰富，实践能力突出的教师。

企业参与校企合作的动力不足，企业经营多以营利为主要目的，大多不会把人才培养纳入企业整体发展的价值链当中，培养学生所耗费的人力物力以及时间是多数企业不愿承担的，同时也有培养学生后但学生不再在本单位工作的风险，所以参与校企合作多被视为无利可图，从而不愿与高校达成校企合作协议。即便在校企合作达成后，很多企业也仅仅只提供给学生实习实践的场所，由于担心付出的心血会白费，所以并不会派遣企业的专业人士对在校学生进行专业实操培训，从而也导致所谓的校企合作形同虚设，无法达到真正意义上的人才的有效培养模式。

尽管未来我们面临诸多的挑战与困难，但是推进校企合作是当代教育发展的必然趋势，是高校发展的必然要求。随着产教融合被写入我国经济强国建设发展战略史册，高校与企业将进一步打破思维枷锁，破除领域藩篱，校企融合协同育人将稳步推进并不断呈现多元化、多模式发展趋势。未来，协同创新育人将成为校企融合不断深化的重要衔接和人才培养的重要模式，不仅将促进高校新工科建设和应用型人才的培养，而且会为企业的创新发展提供强大的人力资源支持。随着信息化技术与人工智能的应用与普及，高校人才培养与企业人力资源开发将通过校企融合协同育人智慧化平台相互嵌入。随着校企融合不断深化，企业的育人主体作用将更加充分发挥，大学生因其参与校企融合的积极性和创造力将被调动和开发，自身或将成为协同育人的重要主体。另外，由于我国高度重视产教融合和新工科发展，创造了良好的制度保障和生态环境，因此，校企融合协同育人质量保障体系也将日益健全。

复习与思考

（1）我国对校企合作出台的政治文件有哪些？

（2）我国校企合作教育还有哪些不足？怎样去提升？

任务二　国外校企合作协同育人的发展现状

学习目标

（1）了解国外校企合作的模式。

（2）了解国外校企合作机制的教育模式。

（3）了解国外校企合作模式的价值。

知识目标

（1）掌握国外校企合作的模式。

（2）掌握国外校企合作模式的优势。

“校企合作”的办学模式，一直是各个职业院校研究的重点，它不仅关系到教育的成果，也关系到职业学校的发展。究竟什么样的校企合作适合高校的发展，国内外学者专家都进行过研究。校企合作研究和实践起步较早的是国外，德国宪法于1871年首先提出将职业技术教育列为义务教育。1900年，德国主要职业培训责任由企业承担，因此，职业学校和企业之间互相协调、互相合作、互相补充，从而形成了职业技术教育的“双元制模式”。国外校企合作协同育人的形式主要有以下几种。

（一）学校主导、企业支持的办学形式

美国的“学工交替”教育和英国的“三明治”教育属于学校主导、企业支持形式。这种校企合作形式的特点：一是在培养目标上培养适合企业需要的应用型人才，方式主要是利用学校和企业的两种不同的教育资源和教育环境。二是在学校教学活动中设置工作场景进行工作训练，使工作训练这项内容成为学校教学活动中不可或缺的重要组成部分。三是学生在进行工作场景时有劳动报酬，这种带薪工作与过去学校派学生到企业实习，只能旁观却不能动手的方式截然不同，可以提高学生工作的积极性，更加有利于学生对于工作方面的知识的掌握。四是企业在职业技术教育中的作用是非常重要的，由政府进行宣传和强化。五是学校的作用，在给学生安排工作时，应该使学生主动适应企业的需要，学校在对学生培训的时候，应该尽可能地考虑企业的要求，使企业更加愿意接受学员工作。

（二）企业为主、学校为辅的办学形式

这种校企合作形式的典型代表是德国的“双元制”职业教育模式。这种校企合作形式的培养目标非常明确，而且能够坚持贯彻始终。无论是教学模式还是教师配备与教学内容，都以企业的要求为主，由企业和政府共同承担办学经费。

（三）企业与学校合股的办学形式

这种办学模式，可以使发达国家扩大学校自主权，有利于推动职业教育的发展。这种形式与其他办学形式不同之处在于：一是学校是自主办学、独立经营的实体，不隶属地方教育当局；二是学校按照企业运转模式实行董事会制。

（四）企业独立创办学校

这种形式是由企业完全掌控学校，企业完全负责设置学校的培养目标和学生的培养过程。根据自身需求和现实需要，企业来建立和创办职业技术学校，培养企业所需要的人才。发达国家校企合作的模式非常成功地促进了学校和企业的融合，发展了职业教育，也促进了企业的发展，为企业减少了成本。发达国家的校企合作也积累了许多的经验。

国外学者关于“产教融合、校企合作”协同创新人才培养模式研究主要集中在企业主导模式、校企并重模式、学校主导模式等几个方面。Allan Klingstrom（1987）认为“产教融合，校企合作”协同创新人才培养模式是将企业生产与教学内容相融合的一种育人模式。Jon Whittle（2012）提出职业院校的发展不仅要符合市场经济发展规律，还得顺应院校自身发展需要。而 Harald Knudsen（2015）则指出职业院校“产教融合，校企合作”协同创新人才培养模式的质量高低主要与相关的利益主体有很大关系。随着我国现代化职业教育体系建设步伐的加快，国内学者也展开对“产教融合、校企合作”协同创新人才培养模式的研究。学者杨善江（2014）提出在“产教融合、校企合作”协同创新人才培养模式中政府起着极为重要的作用。柳友荣、项桂娥、王剑程（2015）认为产教融合需要校企之间相互融合、相互协作，共同在人才培养的全过程中发挥作用。鲍桂楠（2016）指出“产教融合、校企合作”协同创新人才培养模式中最重要的是实现制度协同、机构协同、专项经费协同和人力资源协同。顾绘（2017）认为产教融合的运行机制包括了动力机制、互动机制、共享机制和评价机制，并指出模式创新、专业对接、课程深化融合是产教深度融合的重要途径。李梦卿（2018）指出把握内涵、健全机制是我国当前产教融合人才培养模式中十分重要的内容。综上，国外有关“产教融合、校企合作”的理论与实践探索为本文提供了极其丰富的借鉴，但囿于中国现代职业教育体系建设的特殊性，还需要采取马克思主义的“扬弃”态度，批判吸收。而我国在这方面的研究，尤其理论方面尚不够深入，还需要

进一步深入研究。因此，本文以“产教融合、校企合作”协同创新人才培养模式的理论内涵及运行机制等理论分析为逻辑起点，试图为“产教融合、校企合作”提供坚实的理论基础，在此基础上对我国职业教育“产教融合、校企合作”协同创新人才培养模式运行机制存在的主要问题进行探讨并提出相应的政策建议，为构建我国完善的现代职业教育体系提供参考。

各国的校企合作模式具体如下。

(1) 德国双元制（Dual Training System）培养模式

德国的大学有三种类型：综合性大学、应用科技大学、双元制大学。双元制大学在2009年前叫职业学院。德国曼海姆和斯图加特是德国创立最早的两所双元制大学。“双元制”具有以下特征：清晰的法律保障，学生入学前需向企业提出申请并签订“职业培训合同”，根据培训合同到学校登记注册，受训者同时具备企业学徒和职校学生的身份。德国联邦《职业教育法》和《青少年劳动保护法》中对培训者和受训者的权利和义务作出了明确的规定，学生、企业、学校的利益均得到保障。“双元制”教育的优越性在于，通过实训促进学生对理论的理解，理论又能在实践中得到强化，学生学到最先进的技术和企业组织管理，缩短进入企业后的见习期，增强了团队合作能力，提高了职业竞争能力。在这种培养模式中，教职员工专业性强，专职教师必须获得博士学位，同时有多年的企业工作经历。兼职教师主要来自企业和行业领域，具有很强的技术能力，掌握最新的技术和工艺，熟悉企业生产过程和管理过程。这种校企合作形式培养目标非常明确，而且能够坚持贯彻始终，无论是教学模式还是教师配备与教学内容，都以企业的要求为主，由企业和政府共同承担办学经费。

(2) 新加坡的“教学工厂”模式

“教学工厂”模式是由新加坡南洋理工学院校长林靖东创建的。这种模式实际上是德国“双元制”模式的改进版，更加适合以华人社会为主体的社会生态环境。教学工厂模式将现代企业的管理理念、经营理念、项目管理经验引入学校的课堂教学，为学习者或者培训者提供与企业相似的工作环境和经验学习环境，把企业的项目案例和资源引入学校的教学活动中，形成学校、实习中心、企业三位一体的教学环境。“教学工厂”模式具有以下特点：

①完善的科研体系。各个教学单位不设置普通学校常见的“教研室”，而是根据专项科技的特点设置“专业科技中心”。专业科技中心以生产、教学、科研为一体的教学模式是校企合作的对接与应用平台，作为展开各项专业教学活动的主体，专业科技中心能够为“教学工厂”办学模式的教学实践、横向课题的开发、高技能学生的培养提供服务与保障。

②阶梯递进型人才培养模式，即前两年进行基础和专业学习，课堂中使用企业实际项目案例进行教学，课余时间到专业科技中心做实验并从事实际的项目研究。第三学年，半年的时间不再上课，专门从事企业项目的开发与研究。

③注重专业教师师资的培养和老教材的开发，坚持实践能力和各种技能培训方面，学校每年都会投入大量经费，项目研发能力列入教师技能开发系统。通过实施教师技能转型计划，鼓励教师参与企业项目研发。教师利用在项目开发过程的经验，开发校本教材，以保证技术的新颖性。

（3）美国的合作教育模式

辛辛那提大学的赫尔曼·施奈德教授于1906年创建了合作教育，在这之后，合作教育逐渐演变为两种模式：辛辛那提模式和安提亚克模式。辛辛那提模式具有的特点是学生的工作时间相对集中，是以学习学期与工作学期相互交替来完成的，如学生一个学期上课，一个学期在企业工作。学生具有双重角色，既作为学生在课堂中学习，又作为企业人员在工作岗位上实践。该模式把校企合作的优点以一种具体的形式展示在人们面前。但这种模式也有比较明显的缺点，它把校企合作限制在应用技术学科范围，影响了校企合作教育在职业教育中的多个学科领域中展开。为了能让更多学生享受到校企合作教育带来的好处，给学生提供更灵活的学习、工作时间，安提亚克大学推出了“并行模式”。学生除了在学校正常的学习外，每周还要利用课余时间做一定的被学校认可的工作任务。采用学习和工作交替的形式，学生半天在校学习，半天完成工作任务。

总体来说，美国合作教育有如下特点：法律健全，可操作性强。一方面，其有明确的财政支持。美国法律规定，联邦政府必须拨出专项资金来支持合作教育。据统计，1994年后，美国联邦政府连续三年相继投入校企合作的资金分别是2.45亿美元、3.05亿美元和4亿美元。另一方面，美国国会通过的《卡尔D·波金斯职业教育法案》《国防教育法》《高等教育法》《职业教育法》以及2000年的《美国教育规则》等纲领性的法律、法规，从实施和管理上促进了“校企合作教育”的发展。

这种校企合作形式的特点，一是在培养目标上培养适合企业需要的应用型人才，方式主要是利用学校和企业的两种不同的教育资源和教育环境。二是在学校教学活动中设置工作场景进行工作训练，使工作训练这项内容成为学校教学活动中不可或缺的重要组成部分。三是学生在进行工作场景时有劳动报酬，这种带薪工作与过去学校派学生到企业实习，只能旁观却不能动手的方式截然不同，可以提高学生工作的积极性，更加有利于学生对工作方面的知识的掌握。四是企业在职业技术教育中的作用非常重要，由政府进行宣传和强化。五是学校的作用，在给学生安排工作时，应该使学生主动适应企业的需要，学校在对学生培训的时候，应该尽可能地考虑企业的要求，使企业能够更加愿意接受学员工作。

（4）西方“现代学徒制”培养模式

德国“双元制”在西方国家引进后，逐渐发展成为新的培养模式——现代学徒制。现代学徒制具有“双元制”的特点，工学结合，校企共同培养。但现代学徒制发展到现在，也出现了多元化的发展趋势。Hilary Steedman将学徒制分为了两个大类，即供给引导型和需求引导型。需求引导型的特点是雇主责任感高，企业培训占主导作用，学徒制与全日制教育结构相分离。供给引导型的特点是雇主责任感低，企业培训相对较弱，学徒制与全日制教育结构进行了较为密切的整合。在澳大利亚，其现代学徒制所涉及的合作单位远远超出了“学校”和“企业”的范围。昆士兰从 2004 年开始实施的“学生教育与培训计划”，就是一个具有双元甚至多元特性的校企合作机制。在为学生提供基础教育与专业教育的同时，还提供在企业工作和生活环境中的实践任务。澳大利亚还为多元校企合作教育制度的政策性成果建立了监控和评估机制。这个资源共享、拥有共同驱动力和持续对话的校企合作机制，逐渐融合了职业院校的学科、专业，形成了新的信息共享、平台共用的网络，促进了合作者之间的交流和合作，提高了学校与企业或者其他合作者的交互、资源利用和决策能力。“产学结合、校企合作”能发挥学校和企业各自优势，共同培养社会与市场需要的人才，是职业教育的显著特征之一。近年来各大专业学校紧紧围绕培养既有理论又有很强的实践能力、创业能力，能在生产一线从事生产、管理、服务的技术应用型和技能型人才的目标，开始注重区域校际、校企的多层次联合办学的大胆尝试与探索，在校企合作工作方面取得了初步成效。本文在对国外校企合作机制发展现状深入研究的基础上，分析了国内校企合作机制的优势与特点，为高职院校的教学改革提供了一定的参考依据。

（五）国外校企合作模式的价值

校企合作，决定着职业教育的质量和前途。世界各国在发展职业教育的同时，都将校企合作摆在了至关重要的位置。培养产业转型升级和企业技术创新需要的发展型、复合型和创新型的技术、技能人才是国家转变经济增长方式的基础。那么通过“校企合作”能够带来的价值如下：

1. 建立校企合作人才培养的有效机制

通过对国内外中等职业教育校企合作模式的现状了解和深入学习，利于学校或学科，根据其自身的特点、实际情况选择适合本校发展的校企合作模式，建立更加有效的校企合作办学模式，实现校企双赢。

2. 进行中职教育课程教学的改革

通过国内外中职校企合作办学模式的比较和学习，学校应该紧紧围绕企业的生产实际，以及企业对人才的需求规格标准积极推进改革。聘请企业经验丰富的技术骨干参与课程改革，在专业设置、课程设置、教学内容教学方法、师资交流等方面进行对接，增强课程教学的有效性，促进课程教学的改革，提高教育价值和教育效率。

3. 促进学生职业技能素质的培养

通过学校与企业合作促进理论学习与工作实践相结合，学生的动手操作能力、分析解决问题能力将有非常显著的进步，组织和沟通能力也得以发展，有效地促进了学生职业技能素质的培养，使毕业生能真正适应企业需求，成为企业乐于接收、愿意重用的高素质技术人才。

通过对国外“校企合作”经验的介绍和对我国“校企合作”现状的分析，我们看到了我国的职业教育与国外的职业教育仍然存在着较大的差异。但是国外的经验虽好，由于经济基础、国情、教育背景等均不同，我们也不能照抄照搬国外的一些办学模式。我们必须从我国的实际情况出发，并探索出适合我国职业学校实际的“校企合作”模式，以此推动我国职业教育的健康发展。

复习与思考

（1）国外的校企合作机制有哪些？

（2）对于国外的校企合作机制，我们能从中学习到什么？

任务三　国内校企合作协同育人的发展现状

学习目标

（1）了解国内校企合作对经济的影响。

（2）了解国内校企合作的教育模式。

知识目标

（1）掌握国内校企合作的方式。

（2）掌握国内校企合作模式存在的问题和解决办法。

随着国家经济的发展和社会转型的加快，全球发展已经进入了产业转型和发展的时期，可以说，一味模仿和追随已经无法改变和提高我国经济发展的格局。因而，在新时期要想从根本上改变和扭转国家的经济发展模式，就需要将经济向着创新型的方向转变，而这种转变最重要和最终便是人才的创新，归根结底则是对教育理念和方式的改变。从目前我国的人才结构来看，技能型人才比较短缺，尤其是高技能人才大规模缺乏，人员的素质并不能够真正满足实际需求。因而，加强校企合作也就成了目前我国高职教育发展的主要路径。

（一）我国经济发展同校企合作之间的联系

在社会发展越来越依赖于创新型人才的今天，对学生创新能力的培养也已经成了教育改革和发展的一个重要内容。企业作为国家经济发展的主要推动者和运营者，在推动产业结构发展和转变经济增长方式上都发挥着非常重要的作用，在市场经济快速发展的情况下，以创新来推动技术进步更是企业制胜的重要一环。在这种背景之下，校企合作已经成为双方共同发展和提高竞争力的重要一步。在合作的过程当中，既能够很好地表明路径的传统性和依赖性，同时又能够体现出多样性和创新化的需求。

2015 年全国 GDP 增速为 6.9%，政府努力推进改革以实现经济增长动力由出口向消费的转变。经济增长动力的转变要求企业转变原有的生产及管理模式，提高创新能力。企业根据自身需求积极寻求与高校合作，不仅可以吸收高校先进的科研成果，也可以帮助缓解日益严重的就业压力。企业在与高校合作的过程中，可以根据自身需求，要求高校定向培养符合要求的学生，企业也可以利用高校的教学及科研成果帮助实现根据自身制定的长期发展目标。企业与高校的合作将成为企业长期稳定健康发展的有效途径。企业也可制定自身的长期发展目标，利用高校的教学及科研成果帮助实现。

校企合作教育是以市场和社会需求为导向，利用企业和学校两种不同的环境和资源，共同参与人才培养过程。校企合作的实质是企业与职业教育相互依存并优势互补、共同发展模式。加强企业与院校及科研机构的合作，不仅可以提高企业员工的综合素质，也能够将职业院校学生的理论知识和实际操作训练紧密结合起来，提高高职高专学生的职业素质，为企业提供储备人才，保障企业未来发展，最终促进经济社会的发展。

（二）国内校企合作模式的现状

我国高职教育校企合作模式实际上是模仿实践教学的一种样式，也是实践教育的衍生，目前我国高职教育校企合作主要存在以下几种模式。

1. 校企合作股份模式

企业与高职院校之间以股份合作的方式进行合作，企业向高职院校注资并直接参与学校办学，直接享受学校的科研成果和人力资源。这种模式主要是校企双方为了生存、发展而进行的合作，双方的合作仍停留在项目的支持、学校基地的援建、员工的培训等方面，合作层次较浅，尚未能建立一个长期有效的合作机制。

2. 企业主导型合作模式

在这种模式下企业自行投资办学，对学校拥有管理权，独享学校的成果。由于我国校企合作的起步时间较晚，这种模式下，企业对缺少实践经验的高校合作制度的信任度不高。因此，社会企业的参与度较低，并且不积极。

3. 学校主导模式

学校自行投资兴办企业，以学校为人才培养基地，为企业提供源源不断的技能人才和技术支持。虽然现阶段这种校企合作模式发展较好，但是至今为止，仍然没有有效的、专门的制度给予规范和支持，使得校企合作机制缺乏完善的统筹机制以及合理布局。

我国于1996年颁布实施的《中华人民共和国职业教育法》，这是职业教育领域的第一部法律，不仅明确职业教育是我国国民教育不可或缺的部分，也从法律的角度要求必须建立、健全职业教育体系，并指出职业教育不仅是促进国家经济和社会发展的重要途径，还能促进国民的劳动就业。不断探索和完善校企合作的人才培养模式，是我国职业院校发展的必然趋势和内在要求。2018年2月25日，教育部等六部门印发《职业学校校企合作促进办法》的通知，强调职业院校要深化产教融合、校企合作。对国内外的经典合作办学模式进行研究，重点在于对职业院校的校企合作模式进行研究。

我国校企合作具体模式主要有以下几种。

(1)“订单”模式。

“订单”模式是指作为培养方的学校和作为用人方的企事业单位针对社会和市场需求，双方共同制定人才培养计划，签订学生就业订单，并在师资、技术、办学条件等方面进行合作，通过“校企合作、工学交替”的方式分别在企业和学校之间进行教学和实践。这种基于市场的办学模式，既结合了市场的需求，又实现了针对性的培养，同时也降低了学校的办学经费投入，减少了企业对员工的培养成本。通过这种模式培养的学生素质过硬，到企业后可以立即上岗，为企业节省了培训时间和培训资金，该模式得到较多的职业院校认同。学生在校期间不仅能够掌握理论知识，又培养了学生的职业素养，还能接触企业文化，促进了学生理论知识和实践技能的有机结合。

(2)“职教集团”模式。

2015年教育部发布的《教育部关于深入推进职业教育集团化办学的意见》指出：积极鼓励多元主体组建职业教育集团。支持学校牵头组建职业教育集团。“职教集团”模式是将企业和学校有用资源进行整合，形成资源丰富的职业教育团体，不仅加强了学校与企业的联系，而且强化了不同院校之间的合作，促使职业院校在竞争的社会环境中得到教学资源的合理分配，更促进了我国职业院校的发展。

(3)“冠名”模式。

“冠名”模式是企业向学校投入一定数量的用于建设院校的资金作为回报，院校的某一项目名称（包括学院、班级、建筑物、会议室、体育馆等）的命名含有企业名称的一种方式。进行订单式培养，使学生从思想道德到技能水平都达到企业的要求，真正实现“零距离”对接。学校根据企业的人才需求，对课程进行了适当的调整，在执行教育部规定的教学之外，将企业所需的教学内容融入选修课中，使得企业真正参与到学校的教学中来。

通过“冠名”模式，企业全程参与院校的人才培养方案的建设与行业人才的培养，同时企业还为学生提供各种类型的奖、助学金，在帮助学生成长的同时，还为学生提供毕业后的就业岗位，促使学生以准员工的角色向着企业的员工迈进。

(4)“实习基地共建”模式。

“实习基地共建”模式，破解了职业院校与企业追求的目标不同的难题，以及学生职业技能培养与企业生产成本的矛盾，学生角色与员工角色的矛盾等，通过共建校外实习基地，达到人才培养的目标。在这种模式下，一方面企事业单位可以获得厂房和技术等的支持，另一方面也为学校安排学生实习及教师参与技术研发提供了方便。南昌市卫生学校构建了校院（企）合作共建实习基地的人才培养模式，为中职院校深入开展校院（企）合作提供了有益的思路。

(5)“现代学徒制”模式。

教育部于 2014 年和 2015 年连续发布《关于开展现代学徒制试点工作的意见》和《关于开展现代学徒制试点工作的通知》两份文件，标志着我国现代学徒制改革已经进入全国范围的试点实施阶段。2015 年，人力资源和社会保障部、财政部共同印发了《关于开展企业新型学徒制试点工作的通知》，制订了《企业新型学徒制试点工作方案》。教育部于 2015 年遴选了 165 家单位作为首批现代学徒制试点单位和行业试点牵头单位，其中试点地区 17 个、企业 8 家、高职院校 100 所。现代学徒制是通过企业与学校之间的深度合作，以及师傅与教师之间的联合传授，对学生开展以技能为主的现代人才培养模式。“现代学徒制”的模式主要是由学校和企业共同育人，学生兼有学生和学徒的身份，同时企事业员工又可推荐为职业院校学习的学生，既为学生提升技能提供便利，也为企事业员工提升文化水平提供便利，是院校与企业双赢的模式之一。

（三）我国校企合作现状存在的问题

1. 企业和学校对校企合作理念认识不足

目前国内形势下，企业及学校均存在对校企合作的共赢模式认识不足的现状。对学校来说，学校在教学上常常存在“固定模式”的观念，对于校企合作往往不够积极主动，要么强调客观、原地踏步；要么被动跟风，搞花架子，反映在行动上，最终的结果往往是“坐等企业上门”，缺乏校企合作的积极性和主动性，而对于企业而言，企业需要的是技术娴熟，可以尽快上岗的人员，而高职院校的学生在校学习的理论知识在运用到实际生产的过程中还需要一段时间的适应，所以多数企业在校企合作中常常处于消极状态，使校企合作最终成为企业对学校的“公益支持”或者功利性的投资。

2. 众多合作模式存在不足

(1) 校企合作股份模式。

这种模式主要是校企双方为了生存、发展而进行的合作，双方的合作仍停留在项目的支持、学校基地的援建、员工的培训等方面。合作层次较浅，未能建立一个长期有效的合作机制。

（2）企业主导型合作模式。

由于我国校企合作的起步时间较晚，这种模式下，企业对缺少实践经验的合作制度的信任度不高。因此，社会企业的参与度较低，并且不积极。

（3）学校主导模式。

虽然现阶段这种模式的校企合作模式发展较好，但是至今为止，仍然没有有效的、专门的制度给予规范和支持，使得校企合作机制缺乏完善的统筹机制以及合理布局。

3. 校企合作不够深入

校企合作是一项比较繁杂的办学系统，因为它要求的是双方都能够互利共赢，共同发展，这就需要校企双方能够加深沟通与合作。受限于传统的教育模式，不少学校开展校企合作仍停留在聘请企业专家，举办企业家报告会，送学生去企业参观实习等浅层次的合作。院校与企业之间缺乏互动，距互动介入、相互交融、深度合作、形成院校与企业的利益共同体还有很大差距。学校运行机制和企业运行机制，校园文化与企业文化存在较大差异，还没有真正融合。这些因素制约了校企之间深入合作以及受教育者从“学员、职业人到社会人”的转变。

“十三五”期间，是我国经济结构改革、社会转型的关键阶段，党和政府鼓励创新，党的十八届五中全会提出：“坚持创新发展，必须把创新摆在国家发展全局的核心位置，不断推进理论创新、制度创新、科技创新、文化创新等各方面创新，让创新贯穿党和国家一切工作，让创新在全社会蔚然成风。”加强校企合作，企业不断吸取高职院校的科研成果和优秀人才，才能切实响应党和政府的号召，提高企业自身的创新能力，保证企业的长远发展。

4. 校企合作难以双赢

良好的校企合作需要学校和企业之间形成一种互帮互助的模式，但是从目前的校企合作来看，企业对高职学生需求不足，从其所招聘的员工来看，与企业合作的学校学生并不占优势。在这种情况下，高职学校并不能够成为企业员工培训和发展的人才来源和主体，因而两者之间的合作也会出现尴尬的局面，而且就目前校企合作采用的形式来看，基本都是学生在企业当中接受定期的实习培训，但是在实习和培训的过程当中还是以浅层次的合作为主，主要是安排一些技术人员进行指导和基本生产岗位的提供，在技术研发方面并没有紧密地结合，也没有充分考虑对于技能型人才培养的有效方式。从学校方面来看，高职学校的专业设置和课程安排也更多是从理论的角度考虑，并不能够与企业的生产和发展相对接，这也导致了在实际合作的过程当中其深度和质量都不能够达到双方的要求，因此，要全方位和多角度地达到校企双方互进共赢仍任重道远。

5. 校企合作未来充满希望

从现实情况来看，高职教育培养的学生更多的是直接地走向了工作岗位，可以说是向社会输送实用型的人才，而企业由于生产和发展的需求，也需要不断接收人才并向企业注入新鲜血液。因此，从两者来看都是具有强烈的合作愿望和要求的，这也表明其教学和生产可以通过协调达到一致。况且从理论角度来看，双方对于合作的期待和认同都比较高，因而能够更好地促进两者的结合。当然从其实际经济和人才效应考虑，校企合作本身就是提高教育教学质量和企业自身竞争力的要求。所以说，不论是在合作的领域还是从其专业性来说，双方都需要做出一定的调整和改变，这样才能够更好地实现真正的校企合作，也才能够在培养学生和企业发展规划方面更具有针对性。校企合作作为高职教育发展和企业吸收人才的一种方式，能够更好地满足两者的需求，因而双方的紧密合作令人充满期待。

6. 行业组织主导地位弱化、行业标准缺失

行业组织能够更好地管理校企合作的方向和对接点，因而也能够促进两者之间的合作，通过约束力促进企业的规范化发展。在我国教育体制和政府单位改组之后，有很多原本是隶属于行政部门的行业组织缺乏了行政力量的支撑，这样不仅会减弱企业的影响范围和竞争力，同时也减少了高职学校与企业之间的联系。在这种行业组织主导地位弱化的情况之下，行业组织并不能够有效发挥校企合作信息平台的作用，因而并不利于双方进行岗位和人才的沟通和交流。这样会逐渐淡化企业和学校之间的联系，从而导致高职院校的人才培养标准和企业对于人才需求方面不能够更好地沟通和交流。因而这种在体制和机制方面的不完善也导致了行业组织的话语权和决策权不能够很好发挥。这样则会导致校企之间的利益对接点和发展走入独立的路径，并不能够真正达到双赢。

复习与思考

（1）国内的校企合作机制有哪些？我们能从中学习到什么？

（2）我国的校企合作还存在哪些问题？应该怎样去解决？

任务四　校企合作协同育人的机遇挑战

学习目标

（1）了解校企合作的意义。

（2）了解校企合作的优势。

知识目标

(1) 掌握校企合作现阶段面临的机遇。

(2) 掌握校企合作现阶段面临的挑战。

一、校企合作协同育人的机遇

世界经济在日新月异地发生着变化，社会经济的发展带来的结果是社会产业结构的组合与调整，而产业结构变化则需要大量的人力资源作为支撑，这为地方型院校带来了历史性的发展机遇。构建校企合作办学模式，应着重考虑的是需求的吻合度、资源的整合度和成长的贡献度三个维度，是从目标定位的适应性、功能定位的互补性、层次定位的延展性三个方面找到合作的切入点，但我国的校企合作还处于探索发展阶段，存在许多的机遇和挑战，那么抓住机遇，迎接挑战就成为校企合作的必经之路。

（一）校企合作的意义

加强校企合作，校企双方互相支持、互相渗透、双向介入、优势互补、资源互用、利益共享，共同培养技能人才，对经济社会发展有十分重要意义。

1. 校企合作，有利于经济社会的发展

进入21世纪以来，随着国家经济结构调整，我国正由制造大国向制造强国迈进，经济的快速发展需要大批技能人才。近年来，各地频发“技工荒”，特别是《国务院关于大力发展职业教育的决定》明确提出，要“依靠行业企业发展职业教育，推动职业院校与企业的密切结合”，要“大力推行工学结合、校企合作的培养模式”。强调我国“高级技工荒”，已成为制约经济发展的瓶颈。因此，加快技能人才队伍建设具有事关大局的战略意义。开展校企合作，建立企业全面参与的技能人才培养制度，将在更大范围和更高层次上培养出社会和企业急需的各类技能人才，缓解化解“技工荒”，无疑是当前企业和职业院校必须面对的一项重大而迫切的政治任务。

2. 校企合作，有利于企业的发展

企业参与校企合作，既能把本企业对技能型人才的需求及时准确地反馈给培养人才的职业院校，又能直接参与到技能型人才培养的整个过程，与职业院校共同制定培养目标、确定课程设置、实训内容和技能评价标准，达到提高技能人才培养质量的目的，满足企业对技能型人才的稳定需求。同时，还能利用职业院校的培训优势，定期对在职职工进行技能提升培训，保证职工的素质和技能水平能跟得上企业发展和科技进步的脚步，进而不断提升企业的核心竞争力。

3. 校企合作，有利于职业院校的发展

职业院校通过校企合作这个平台，建立起与企业的密切联系，一是能更直接地了解企业的需求，及时调整专业设置、课程设置和教学内容，切实提高人才培养的针对性和适用性。二是推行“产学结合”“工学结合”“定向培养”“订单培养”等校企合作方式，促进人才培养模式的深入改革。三是通过设立校外实训基地，“把车间建在学校，把课堂设到车间”，不断促进教学模式改革，切实提高人才培养的实效性。四是有利于加强师资队伍建设。一方面，职业院校可以选派教师定期进企业挂职锻炼和参与实践，以实现教师的知识更新和技能提升，不断提高教师的能力水平；另一方面，企业里的技术专家、高技能人才和能工巧匠可以到职业院校兼职，直接参与到教学、教研工作中去，进一步培养和提高学生的实际工作能力。

4. 校企合作，有利于技能人才的培养

校企合作能够培养学生过硬的职业技能。在职业能力由低向高的培养过程中，学校对具有普遍性的专业基础和程序性操作方法能力进行培养，企业对学生通过在具体的岗位上“干中学”进行专业能力的培训提高，在较短时间内通过具体的实践高效率地提高学生的职业能力，使学生随着实践积累不断提高能力水平。同时，校企合作能够培养学生良好的职业意识，学生在生产、服务第一线接受企业管理，在实际生产岗位上接受师傅手把手的教学，和企业员工同劳动、同生活，可以切身体验严格的生产纪律、一丝不苟的技术要求，感受劳动的艰辛、协作的价值和成功的快乐，从而使毕业与就业接轨。校企协作也可以培养学生的组织纪律观念、良好的职业道德、认真负责的工作态度，以及艰苦朴素的生活作风、团结协作的团队精神和坚定乐观的生活态度。

（二）校企合作优势分析

1. 大学生方面

（1）大学生的可塑性强、头脑清晰、思维活跃，他们拥有创新意识和创新精神，更容易获取事业方面的创新。

（2）与学校进行合作共建，建立新的模式，帮助在校大学生进行社会实践，提高大学生的综合素质，同时可能会得到社会媒体的报道，增加企业知名度和影响力。

2. 企业方面

（1）在校学生和教师能够为企业在发展的过程中出谋划策，提出好的想法和好的建议，使企业能够在发展过程中得到高校学生和教师的大力支持。

（2）能够为大学生创造实践机会，使大学生能更好地进行社会实践，更好地支持大学生就业，并且能为大学生的发展创造条件，增加企业知名度。

（3）能够为以后储备人才干部。校企合作中，企业能在大学里面拓展一些骨干和强人，这些人才能够为企业的发展奠定人才基础。

二、校企合作面临的问题与挑战

当前我国经济正处于新常态阶段，即增长速度放缓，产业结构优化，社会稳定和谐。在经济新常态阶段，我国的政治和社会也都具有了新的特征。经济新常态也意味着社会各行业、产业、企业的发展内核转变为了创新。这就要求校企合作积极响应经济新常态的需求，为企业在经营模式、管理手段、营销方式等领域的创新发展提供更具经济效益的高素质人才和智力支撑。作为校企合作主要组成部分的职业教育，同时也是组成我国教育体制的重要部分，虽然在过去十余年间取得了快速的发展，但是也面临着巨大的压力。

（1）学院经费紧张，政府支持不足。校企合作需要投入较高的教育经费和校内外师资力量等作为支持，这样巨大的开支与学校目前自有经费的微薄量相比，形成了巨大的反差，学校受经费不足的影响，在校企合作过程中处于相当被动的状况。

（2）校企合作运行中缺乏有效的管理制度，不能对企业进行必要的约束，学校现阶段处于被动状态。职业技术学院校企合作的现状仍然存在学校方面热情似火，主动出击，而企业反应冷淡，高高在上，主要表现如下：

①突然人事变动，造成校企合作突然“断链”。职业技术学院分管集团公司副总因工作需要调任其他集团，原达成的派学生到企业进行任职实习、顶岗实习等合作意向暂时不能执行，需要学校新任分管副总重新协商。

②企业基层管理者校企合作意识不强，责任感不强，严重影响了校企合作的顺利发展。某公司作为学院的校企合作单位，其高层领导积极参与校企合作各项事务，包括实现校企互聘、参加专业研讨会、参与人才培养方案的指定等。然而，其企业内部管理存在一定问题，基层管理者执行力不强，缺乏应有的校企合作意识和责任感。在某次学校专业老师多次与该企业人力资源处部门管理者提前确认学生认知实习时间、地点、学生人数的情况下，实习当天该公司某分公司没有进行任何接待准备，最终该次认知实习被迫改为学生参观其分公司场地及设备，仅半天时间就匆匆结束。

③没有规范、具有约束力的培养标准方案。没有规范、具有约束力的培养标准方案，学生在实习过程中因企业自身情况的变化而随意变动培养进程，不利于学生的顺利成长。

④企业管理资源有限，很难实现一对一的实习指导方式。由于一些行业、企业的性质特点及其规模制约，其人力资源的有限性直接导致在面对动辄数十人的实习班级时，企业无法做到为学生安排一对一的企业指导老师，通常情况下是一个企业老师指导几个甚至更多的学生，这对学生技能的提升有一定的影响。

（3）顶岗实习学生难以满足企业要求，主要有如下表现：

①学生认知实习时间安排不符合要求。企业经营需要企业为学校提供的满足学生实习的时间存在一定阶段应激性和变数，而高职院校的日常管理必须严格按照教学计

划执行，具有统一性。这就导致了校企双方在安排学生实习时间上的矛盾。

②学院人才培养方案不符合企业要求。企业希望学校培养的学生到企业进行顶岗实习甚至就业的时候，应具备相应的专业知识，并掌握一定的实际操作技巧。然而，目前高职院校课程设置、人才培养方案制定、专业建设等方面仍无法适应社会及企业的需求，这就导致学校培养的学生到了企业之后不能立刻上岗参与相关工作，反而还需要企业花费时间、精力、人力、资金等成本对他们进行再培训。

(4) 学生在校企合作过程中缺乏有效管理，遇到突发情况缺少相关保障。由于职业技术学院属于高等职业教育，学生就业的主要方向是企业生产一线，企业的规模、地区经济发展的不平衡，直接导致参与校企合作的学生分布在城市的各区域或多个城市。面对学生实习分布的零散性，不管是从学校的师资数量还是资金方面，都不能达到将校内老师分派到学生实习的各个企业去进行跟踪管理，这就造成了学校对实习学生，特别是实习时间较长的顶岗实习学生管理的缺陷，不利于对学生进行及时的心理引导、生活关注、实习指导等。

(5) 学院现有体制，难聘企业技术人员到校授课。外聘教师为学院自行联系，经费有限，课时费不高，缺乏吸引力。根据职业技术学院目前外聘教师课时标准，来自企业的高级管理人才、技术人才，最高课时费标准相较企业高管待遇及其他本科院校外聘教师课时费标准存在一定差距。企业管理者、专家往往因自身工作繁忙，无法再承担教学、指导工作；或承担教学任务，但经常因为有其他工作任务要完成临时不能到校授课，这与学校的教学计划安排相冲突，不利于教学工作的顺利开展。

(6) 学院教师参与校企合作的积极性不高。学院教师面对校企合作企业的开发、联系、维护等工作大多积极性不高。教师往往自身承担着较重的教学工作量、科研工作量，工作压力大，存在一定的惰性，只要不是学校要求非完成不可的任务即能少一事就少一事。

三、校企合作的前景展望

校企合作，共享共赢，但在实践中遇到了一些困难和问题需要解决。比如，在制度方面：尽管国家和省、市政府相继出台了一些指导方针及原则，但缺乏具体的、可操作性的政策法规和实施细则，缺乏约束力和驱动力，降低了企业参与校企合作的积极性。在运行方面：校企合作缺乏起协调服务作用的第三方。校企合作是学校和企业两个利益主体之间的合作，应有第三方进行协调、监督和服务，这样才能保证校企合作顺利进行。在内涵方面：合作的层次比较低、范围比较狭窄，基本停留在学生就业和企业招工层面。这些都制约了校企合作的广泛深入开展，但随着经济社会的不断发展和企业的不断壮大，校企合作的前景一片光明。

1. 政府的引导作用进一步增强

各项优惠政策将不断推出并得到全面落实，责、权、利对等的运行机制和激励机制逐步形成。一是鼓励企业建立健全职工培训制度，借助职业院校的培训优势，有计划地对职工进行职业技能培训、继续教育培训和高技能人才培养。二是认真贯彻《中华人民共和国企业所得税法实施条例》有关规定，对于支付给学生实习期间的报酬、意外伤害保险费等费用，资助和捐赠给成员学校的用于教学和技能训练的资金和设备费用等，进行税前扣除。三是建议把是否积极参与职业教育和高技能人才培养，作为和谐企业、和谐园区和优秀企业家评选等评先评优活动的约束性指标之一。四是充分发挥各种媒体作用，大力宣传高技能人才以及为高技能人才培养做出突出贡献的企业典型，营造良好的舆论氛围，激励企业积极参与校企合作。

2. 企业参与校企合作的主动性和积极性进一步提高

作为职业教育的直接受益者，企业不能只满足于用人，还应积极参与人才的培养。随着经济发展、产业格局的逐步形成，将有更多具有战略眼光和一定经济实力的企业成长起来，随之而来的是企业参与校企合作的主动性和积极性进一步增强。企业参与校企合作，一是可以提升企业的社会责任感，增强企业的知名度和社会影响力。二是可以为企业的发展培养和储备更多的技能人才，保持发展的不竭动力，不断提高企业的核心竞争力。

3. 校企合作内涵进一步拓展

一是要充分发挥与市经信委战略合作框架协议的桥梁作用和职教联盟的平台作用，建立校企合作的长效机制，构建更加广泛、更为巩固的校企合作关系。二是积极探索“把学校建在企业，把企业建在学校”新的校企合作模式，吸引企业融资合作办学，吸引更多的骨干企业进校园，提升校企双方的融合程度和合作水平，共同做好技能人才的培养、培训工作。三是加大“订单培养”合作力度，在所有专业和班级都建立相对稳定的校企合作平台，逐步扩大定向班的比例，真正实现招生与招工同步，教学与生产同步，实习与就业同步。

总之，校企合作是深化职业教育改革的一个正确方向，是又好又多又快地培养技能人才的一个有效途径。同时，它又是一个复杂的系统工程，在政府部门、职业院校和产业企业的共同努力下，随着经济社会发展脚步的不断加快，校企合作道路一定会越走越宽。

企业与高校进行校企合作并且回报社会，是一项具有重要意义的事业，也是贯彻科教兴国和人才强国的战略，构建和谐社会建设的有益实践和重要举措，为企业培养后备人才提供更便利的条件。从学校角度分析，希望以产、学、研合作关系为纽带，进一步加强与企业合作，在产、学、研结合上能够取得突破，并且实现学校与用人单位合作的“双赢”，在完善现代教学模式方法的同时能为社会培养更多合格、优异的人才，达到校企和学生的利益一致化。

校企合作的主体，一个是人才的输出者，一个是人才的接收者，它们互相依存、互相促进。为此，校企合作双方必须建立起一套完整的内部运行机制，建立起校企平等互利、责权相应、双向互动的管理制度，在制度层面规范校企双方合作关系。实现企业对学校的办学思想、培养目标、教学质量保障、科学研究、办学基础设施建设，到办学经费投入，能实现实质性地指导和引导，并能从办学经费和教学科研设施等方面给予学校大力的支持与扶植；同时实现学校能够对企业提供有效的服务，协助企业解决生产过程中的技术和管理问题，增强企业的技术创新与市场竞争能力，真正实现资源共享，互惠共赢。

复习与思考

(1) 校企合作所面临的机遇和挑战有哪些？

(2) 对于校企合作面临的挑战有什么有效的解决办法？

项目二 校企合作协同育人与职业院校学生职业生涯发展规划相关名词

任务一　相关名词

学习目标

（1）了解校企合作的概念及内涵。

（2）了解协同育人的概念及内涵。

（3）了解生涯目标的概念及内涵。

知识目标

（1）能够正确认识校企合作。

（2）能够正确理解协同育人的概念。

一、校企合作

校企合作是指学校与企业建立的一种合作模式。

当前社会竞争激烈，包括教育行业，职业院校为谋求自身发展，抓好职业教育质量，采取与本校培训专业基本一致的企业进行合作办学的方式，有针对性地为企业培养人才，注重人才的实用性与实效性。

校企合作是一种注重培养质量，注重在校学习与企业实践，注重学校与企业资源、信息共享的“双赢”模式。校企合作做到了应社会所需，与市场接轨，与企业合作，实践与理论相结合的全新理念，为教育行业发展带来了一片春天。

二、协同育人

虞丽娟教授在《立体化素质教育理论》一书中指出，协同育人主要包括协同教育、协同管理、协同学习等论点。

王宝强、刘宏博认为：“协同教育是具有时代特征和现实意义的新时代教育理念，主要是指学校、家庭、社会等多方面教育资源、教育力量的整合与集聚，通过主动协调、积极合作，实施同步教育，从而形成合力推进学生的全面发展。”

李运林教授认为：“家庭、社会、学校三大教育系统中，某一系统那些独有的要素或信息进入另一个系统与另一个系统的要素互相联系与作用，产生协同效应，影响了该系统的教育功能，这种现象称为协同教育。”

随着现代信息技术的发展，对协同教育的概念有了新的认识。南国农认为：“协同教育是一种新的教育方式，它是联合对学生有影响的各社会机构的力量，对学生进行教育，以提高教育的效果、效率和效益。”这一定义从发展的眼光，对协同教育进行了新的尝试，信息沟通交流的范围超越了家庭、学校和社区的局限，而是在搭建信息平台的基础上，整合更丰富的教育资源，集中更雄厚的教育力量，对学生进行教育，以提高教育的效果、效益和效率，尤其指出“信息技术环境下的协同教育，不是一般的协同教育，而是指联合学校、家庭、社区的理论，三位一体合作利用现代信息技术对学生进行教育”。

三、职业生涯目标

职业生涯目标是指个人在选定的职业领域内未来时点上所要达到的具体目标，包括短期目标、中期目标和长期目标。

职业生涯目标的确定包括人生目标、长期目标、中期目标与短期目标的确定，它们分别与人生规划、长期规划、中期规划和短期规划相对应。通常情况，首先要根据个人的专业、性格、气质和价值观，以及社会的发展趋势确定自己的人生目标和长期目标，然后再把人生目标和长期目标进行分化，根据个人的经历和所处的组织环境制定相应的中期目标和短期目标。

（一）人生规划

人生规划是指整个职业生涯的规划，时间长至40年左右，设定整个人生的发展目标，如规划成为一个有数亿资产的公司董事。

（二）长期规划

长期规划是5～10年的规划，主要设定较长远的目标。如规划30岁时成为一家中型公司的部门经理，规划40岁时成为一家大型公司副总经理等。

（三）中期规划

中期规划一般为2～5年内的目标与任务。如规划到不同业务部门做经理，规划从大型公司部门经理到小公司做总经理等。

（四）短期规划

短期规划为 2 年以内的规划，主要是确定近期目标，规划近期完成的任务。如对专业知识的学习，2 年内掌握哪些业务知识等。

个人事业的成败，很大程度上取决于有无正确、适当的目标。没有目标如同驶入大海的孤舟，四野茫茫，没有方向，不知道自己走向何方。只有树立了目标，才能明确奋斗方向，目标就犹如海洋中的灯塔，引导你避开险礁暗石，走向成功。

四、生涯发展

生涯一词，在古希腊原意为两轮马车，引申为道路，主要指个体一生的道路或路径。生涯发展，顾名思义，指的是一个人一生的发展过程。生涯发展由时间、广度、深度三个层面构成，其中生涯发展的时间是指生涯发展的阶段或时期，包括生长、探索、建立、维持及衰退 5 个发展阶段；生涯发展的广度是指一个人一生所要扮演的各种不同角色，如儿童、学生、公民、员工和父母等；生涯发展的深度是指个体扮演每一个角色所投入的程度。

生涯发展规划是以个人生涯发展为着眼，以脑功能发展的差异性为基础。脑功能发展的差异性研究发现，人的个体差异是永远存在的，一方面来自遗传，如外貌特征（如身高、体重、长相等）、智力的遗传上的差异，另一方面来自后天的早期教育与环境的影响。到目前为止，我们进行了 18 年的研究和应用，发现每个人都有最佳的优势结构模型，如果每个人能在一生中善于利用自己的长处，就能够使自己的潜能得到最大化的开发，获得真正的成功。

生涯发展规划，是对人一生发展的规划，内容主要包括学习规划、职业规划、家庭婚姻规划和财务规划等。

（一）学习规划

常言道："活到老，学到老。"学习是一生都要持续的活动，学习规划是生涯发展规划的重要组成部分。适合自己的学习内容、时间安排、学习方法等，都是学习规划的内容。

（二）职业规划

随着社会的发展和竞争的日益激烈，职业不再像过去那样一成不变，在职业的变换面前，人们往往无所适从，疲惫不堪，无形中也浪费了很多的时间和财力。如何选择自己喜欢、适合自己并能充分发挥自己潜能的职业，是职业规划最重要的任务。

（三）家庭婚姻规划（资深规划师要掌握的内容）

如何找到适合自己的那一半？怎样知道对方适不适合自己？如何做到性格互补？怎样在价值观、信念体系上达成一致？如何组成一个幸福的家庭？如何使家庭成为爱情的天堂而不是坟墓？怎样处理婚姻中的矛盾？……这些都是家庭婚姻规划要解决的问题。

五、职业生涯

根据中国职业规划师协会定义：所谓职业生涯，是指人的一生中的职业历程。人的职业生活是人生全部生活的主体，在其生涯中占据核心与关键的位置。人们一生的职业历程，有着种种不同的职业；造成人们职业生涯差异的原因，有个人能力、心理、机遇方面的问题，也有社会环境的影响。

生涯，“生”，即“活着”；“涯”，即“边界”。广义上理解，“生”，自然是与一个人的生命相联系；“涯”，则有边际的含义，即指人生经历、生活道路和职业、专业、事业。人的一生，包含少年、成年、老年三个阶段，成年阶段是最重要的时期，这一时期之所以重要，是因为这是人们从事职业生活的时期。

职业生涯（Career）这个概念的含义曾随着时间的推移发生过很多变化。在20世纪70年代，职业生涯专指个人生活中和工作相关的各个方面。随后，又有很多新的意义被纳入“职业生涯”的概念中，其中甚至包含了生活中关于个人、集体以及经济生活的方方面面。

职业生涯就是一个动态的过程，是指一个人一生在职业岗位上所度过的、与工作活动相关的连续经历，并不包含在职业上成功与失败或进步快与慢的含义。也就是说，不论职位高低，不论成功与否，每个工作着的人都有自己的职业生涯。

任务二　校企合作

学习目标

（1）了解校企合作的必要性和优势。

（2）了解校企合作模式。

知识目标

（1）能够理解校企合作的建议。

（2）能够理解校企合作的前景和“三赢”。

一、校企合作的必要性

教育，是培养新生一代、培养国家事业继承人的过程，因此教育培养的人才就必须适合社会之需，面向社会，面向市场。

当前，普通高校的传统教育模式大多数是重理论而轻实践甚至无实践，培养的人才很难适应当前社会的高速发展。著名教育学家吕型伟曾撰文对中国传统教育进行回顾与总结：教学内容死板，课程标准多年不变；单纯的知识教育，旧有经验的复制，忽视实践，没有培养学生动手能力；以考试分数论高低；忽视人文教育，没有进行全面素质教育等。

各地涌现的各类大中专院校，特别是民办职业教育院校，通过对中国传统教育的反思，对新教育模式的不断摸索，逐步形成不同于传统教育的教育模式。职业教育采用“技能＋学历”的教育方式，在对职业院校学生进行技能培养的同时，也对学生进行素质教育，采用“实践模块总课时必须大于50％”的教育模式，以学生为中心，因材施教，在社会上掀起一股职业教育风潮。校企合作模式，就是职业教育中探索出来的一条新途径。

二、校企合作的优势

首先，校企合作适应社会与市场需要。校企合作，是指学校通过生产企业对职业技能人才需求与反馈，有针对性地培养职业技术技能人才，结合市场需求导向，注重职业学生实践技能，更能培养出社会需要的专门的职业技术技能型人才。

其次，校企合作是一种“双赢”模式。校企合作，做到学校与企业信息、资源共享，学校利用企业提供设备，企业也不必为培养人才担心场地问题，实现让学生在校所学与企业实践有机结合，让学校和企业的设备、技术实现优势互补，节约教育培训机构与企业成本，是一种“双赢”模式。

三、校企合作范例

以信阳航空职业学院和民航飞机重修的校企合作为例。

（一）方案背景

在借鉴《教育部关于全面提高职业教育教学质量的若干意见》等文件精神的情况下，希望能充分利用省内优质职业教育资源，加强院校与企业之间的合作，培养更多的高素质技能型人才，推进校企双方可持续发展，本着“以服务为宗旨，以就业为导向”的方针，着眼“精细化培养，高位化就业”的目标，加强优势互补，实现互惠共赢。这也是信阳航空职业学院航空工程学院针对民航运输公司和民航飞机维修企业技术人才定向培养的有力尝试，也是中国民航飞机维修行业校企合作的典型模式。

（二）方案内容

1. 合作模式

（1）学校和企业围绕民航飞机维修专业对应岗位的职业知识能力素质要求，联合制定民航飞机维修技术专业建设方案和人才培养方案，重构民航飞机维修课程体系，共同实施教育教学、共同评价民航飞机维修专业人才培养质量，派遣专业课及实训课师资对学生进行定向培训、考证。

（2）学生第一年在学校接受民航飞机维修职业公共基础及专业基础课程学习，第二年由上海东方航空有限公司等民航运输公司和民航飞机维修企业与学院专任教师共同组成民航飞机维修专业专任教师团队对高职民航飞机维修专业的学生实施职业专项技能的全面培训，达到或接近民航飞机航线维护和车间修理双重职业技能的全覆盖，全面提升高职民航飞机维修专业的学生的职业素养。第三年由上海东方航空有限公司接收本院高职民航飞机维修专业学生到该公司各下属企业进行顶岗实习。

（3）由院校提供实训场地及相应资源，负责学生日常教学及管理，并配合上海东方航空有限公司等民航运输公司及民航飞机维修企业做好安置学生就业相关工作。

2. 相关说明

（1）针对中国民航总局及中南民航分局对民航运输公司及民航飞机维修企业的要求，民航运输公司及民航飞机维修企业对民航飞机维修技术人员要求持证上岗的，校企双方组建民航飞机维修专业专任教师和专家团队对该专业定向班培养的学生进行统一的岗前理论与实操培训，全面强化民航飞机维修专业学生的职业能力与职业素养。

（2）学生在企业工作实习一年后，合作的民航运输公司及民航飞机维修企业以每名学生为单位，向学院支付一定金额的学生培养管理费用。

（3）培养方向：本专业毕业生主要从事民用飞机机体、动力装置及电气系统的维修技术工作及管理工作。具体的工作范围如下。

①在航线维护工作中，能遵守地面安全规则和民航行业标准，从事飞机航前、航后、短停时飞机机体、动力装置及电气系统维护、勤务及故障隔离与排除工作；

②在航修厂维修工作中从事飞机机电设备的定期检查、测试、维护和更换；

③在车间维护工作中，能较熟练地运用各种工具、量具、设备和设施，从事飞机机体、动力装置及电气系统附件的修理及飞机定检工作；

④在生产、技术和管理工作部门，从事飞机维修文件、资料的收集、整理及维修质量监控工作。

（4）合作时间：3～8 年。

3. 合作对象

民航运输公司和民航飞机维修企业等。

四、校企合作模式

（一）校企合作模式一：学校引进企业模式

将企业引进学校后，也就是将民航飞机维修企业的一部分生产线、民航飞机维修车间建在校园内，就可以在校内实行“理论学习”和“顶岗实训”相结合的办学模式。这种模式既可以解决民航企业场地不足的问题，同时也解决了民航职业学校实习实训设备不足的问题，真正做到企业与学校资源共享，获得校企“产学研”相结合的共赢途径。

（二）校企合作模式二：岗位见习、顶岗实习和专业教学相结合、工学交替

这种实施方式大致采取了如下两种。

（1）工读轮换制——把同专业同年级的学生分为两半，一半在学校上课，一半去民航运输公司和民航飞机维修企业接受实际飞机维修培训与实习，按学期或学季轮换。

（2）全日飞机维修生产、工余上课制——学生在民航运输公司和民航飞机维修企业被全日雇佣，顶班实习，利用工余进行其他专业课程的理论学习，通过讲课、讨论等方式把学习和民航飞机维修的职业岗位需求联系起来，学生在学校学习的是系统课程，到企业去是进一步提升训练民航飞机维修专项技能。西方有些国家，如德国有的职业技术院校就是这种模式，中国一些民航飞机维修职业院校也需要探索这种模式。

（三）校企合作模式三：校企互动式模式

由民航运输公司和民航飞机维修企业等合作单位提供实习基地、飞机维修（检测）设备、耗材，企业参与职业学校的定向班专业人才培养方案和课程标准及教学实施计划、专业教学教案等教学文件的制定，并指派专业人员参与职业学校的专业教学。

民航飞机维修企业优秀管理者或民航飞机维修专业工程技术人员到职业学校授课，促进校企双方互聘，企业工程师走进学校给学生授课，同时职业学校民航飞机维修专业专家、教授给民航飞机维修企业员工培训，提高民航飞机维修企业中飞机维修专业员工的职业素质。通过校企双方的互聘，使民航飞机维修专业职业学生在教学中获得飞机维修技能训练的过程，既是提高飞机维修专业技能的过程，也是为民航飞机维修企业生产产品、为企业创造利润价值的过程，既解决了职业院校专业实训耗材费紧缺的矛盾，又练就了民航飞机维修专业学生过硬的飞机维修专项技能，真正实现在育人中创收、在创收中育人。

通过校企合作不仅使民航飞机维修企业得到本专业的实用型专门人才，职业学生也得到民航飞机维修职业技能，还能促进职业学校专业建设的发展，从而实现职业学校与民航飞机维修企业“优势互补、资源共享、互惠互利、共同发展”的战略共赢。

（四）校企合作模式四：“订单”式合作

职业院校学生入学就有工作，毕业就是就业。实现职业院校招生与招工同步、教学与生产同步、实习与就业联体，职业学生由学校选拔的学生和企业招收的员工组成，职业教育的实施由民航飞机维修企业与民航飞机维修职业学校共同完成，培训和考试内容来源于民航飞机维修企业的需要，学校开设为民航飞机维修企业所需的专业技能和专项技能课程，民航飞机维修企业在具体的职业培训中发挥着更为重要的作用。

根据需要，民航飞机维修企业对民航维修专业学生进行短期的民航飞机维修技能培训，民航飞机维修技能培训完后，经民航运输公司和民航飞机维修企业组织职业技能鉴定等考核内容，对民航维修专业学生考核合格后就可按合同上岗就业。这种合作针对性强，突出了职业技能培训的灵活性和开放性，培养出来的职业学生适应性强，就业率高，就业稳定性好。这种合作模式的不足之处是，职业学校很被动，培养多少人，什么时候培养，完全根据企业需要，学校没有主动权。这是一种初级的合作模式，一般在中等职业学校运用得比较多。

五、校企合作解惑建议

（一）校企合作时无法制定保障措施

中国职教界的校企合作还处于民间状态，尽管国家已制定了相关政策来支持校企合作，但没有真正的法律保障措施，一些地方把校企合作停留在口头上。学校主动，企业被动甚至不动，缺乏合作办学的内在动力，一边热一边冷。无经费保障，劳动准入制度执行难到位。因此，国家应尽快制定相关法律，并切实抓好法规文件的执行，以促进校企合作的良性发展。

（二）认识观念有待提高

不少地方的“普高热”仍旧制约着职教的发展，上好大学仍是整个社会公认的最优选择目标。“学而优则仕”等观念还制约着校企合作的推进。国家必须彻底打破旧的人才观念，把“工匠型”技能人才尤其是高技能人才的社会地位和职业待遇等予以提高，并以一定的法规文件形式体现出来。

（三）学分互认还有难度

专业人才培养方案和课程标准及教学实施计划、专业教学教案等教学文件的制定权还在职业学校，教学实际与岗位需求仍有距离，民航飞机维修职业技能鉴定标准、民航飞机维修1+X考证等滞后，这些因素制约着民航飞机维修企业的发展。因此，中国民航局必须要在民航飞机维修专业技术技能型人才需求动向上和职业岗位的确定上有前瞻性，并早于人才市场需求出台对应的职业技能鉴定标准。

（四）学院的教育改革措施还不配套

教学计划的制定和企业对人才的需求标准存在很大差距，按照学校的教学计划培养的人才只能是大众化的需求，远远不能满足企业用人的实际需要。

（五）教学体制有待改革

学院应该鼓励各部、系（二级学院）充分发挥主观能动性，积极主动地探索校企合作模式，不但在政策上给予支持，而且要在资金上给予保障。实际上，还有其他诸多因素制约着职业院校校企合作的运行进程。

建立校企合作的新机制，特别是在现行市场经济环境下，要以校企两方“双赢”为目标，政府应采取措施，让企业在确立市场需求、人才规格、知识技能结构、课程设置、教学内容和成绩评定等方面发挥相应作用。学校在时刻关注企业需求变化的同时，教育管理部门应有相应的指导机构，指导学校进行专业方向调整，确定培养培训规模，在开发、设计、实施灵活的培训方案上起积极的先导作用，真正把校企合作、培养高素质技能型人才的文章做好。

六、发展前景

未来中国经济形势良好，而市场迫切需要的行业、产业专业技术技能人才匮乏；同时，教育制度改革被提上议程，围绕职业教育教学改革的相关工作稳步推进。企业的成长离不开学校的大力支持，企业的壮大亦会反哺学校的发展。校企合作，不仅提高职业教育培养各行各业所需的技术技能人才的力度，也有利于行业、产业的发展壮大，这种“双赢”模式注定将在中国职业教育发展中不断壮大。

七、校、企、学生“三赢”

（一）学校方面

校企合作符合职业教育发展的内在规律，有利于促进职业教育快速有序地发展。职业学校在合作过程中有效提高教学质量，进一步加强与企业的合作，实现学校与用人单位的“双赢”。学校在合作中挑选今后的行业合作伙伴，在建立实训基地等“初级层面”的合作关系外，还将逐步推广到合作探索、合作改革现有人才培养模式、课程标准及专业教学课程体系等其他形式，促进职业学校及企业加速健康发展。

（二）企业方面

校企合作符合企业培养人才的内在需求，有利于企业实施人才战略。企业获得了实惠与利益，提高了参与教育培养人才的积极性，主要表现：学校让合作企业优先挑选、录用实习中表现出色的学生，使企业降低招工、用人方面的成本和风险；使企业感受到接受学生顶岗实习不仅不是负担，而且成为有效的劳动生产力，降低劳动力成本；校企合作内容包括学校协助企业将人力资源开发计划与学校的专业人才培养方案与课程标准对接，也鼓励企业将员工培训委托学校进行，使企业人力资源开发和学校教学环节紧密结合，降低企业的人力资源开发与职业培训成本；职业学生在企业学习专业技术，企业的能工巧匠等工程技术人才通过带教实习学生实现教学相长，提高职业能力；通过校企合作项目，将企业文化与行业、职业理念传输给职业学校的教师和学生，扩大企业品牌与无形资产的影响，成就企业的潜在合作伙伴和客户群体。

（三）学生方面

校企合作符合职业学生的职业生涯发展需要，促进解决职业学生就业，也有利于职业学生提高就业竞争力。通过校企合作模式运行，使职业学生普遍具有良好的职业素养，在合作企业实习中初步具备相应岗位顶岗生产的职业能力，职业学生在行业企业的生产、服务第一线接受企业管理，在实际生产岗位上接受企业师傅手把手的带、教，并和企业员工共同劳动、共同生活，可以切身体验严格的企业生产纪律、一丝不苟的专业技术要求，感受企业劳动过程的艰辛、协作的价值和职业项目成功独立完成的喜悦，使毕业与就业接轨。也对培养职业学生的组织纪律观念、良好的职业道德、认真负责的工作态度，以及艰苦朴素的生活作风、团结协作的团队精神和坚定乐观的生活态度都有极大的帮助，同时在一定程度上增加经济收入，进而缓解部分家境较困难学生的经济压力。

任务三　协同育人

学习目标

（1）了解协同育人的发展和主要内容。

（2）了解协调学习的概念和主要要素。

知识目标

（1）能激发积极的校企合作协同育人创新意识。

（2）能够正确认识协同育人和协调学习。

协同育人模式对传统单一的课堂育人模式产生了巨大冲击。在现代社会，社会分工日趋明显，人与人之间、组织机构之间的协作发展与交流互动愈发重要。团队精神、合作精神成为现代社会对人才素质的基本要求，不但学生要在学习中发挥良好的协作精神，基于对大学生成才环境和人才素质结构要素的分析，高等学校作为育人的主体，其育人模式、培养系统也需要资源整合，形成互动统一、协同育人的培养体系。从教育学、心理学、管理学的相关理论看，协同育人模式可以丰富学习者的知识、对提高学习者的能力、塑造学习者的人格等有着积极的意义。

虞丽娟教授在《立体化素质教育理论》一书中指出，协同育人主要包括协同教育、协同管理、协同学习等论点。

一、协同教育的概念、发展及主要内容

（一）协同教育的概念

王宝强、刘宏博认为，协同教育是具有时代特征和现实意义的新的教育理念，主要是指学校、家庭、社会等多方面教育资源、教育力量的整合与集聚，通过主动协调、积极合作，实施同步教育，从而形成合力，促使学生全面发展。

李运林教授认为，“家庭、社会、学校”三大教育系统中，某一系统那些独有的要素或信息进入另一个系统与另一个系统的要素互相联系与作用，产生协同效应，影响了该系统的教育功能，这种现象称为协同教育。

随着现代信息技术的发展，对协同教育的概念有了新的认识。南国农认为：“协同教育是一种新的教育方式，它是联合对学生有影响的各社会机构的力量，对学生进行教育，以提高教育的效果、效率和效益。”这一定义从发展的眼光对协同教育进行了新的尝试，这种新教育方式使信息沟通交流的范围超越了家庭、学校和社区的局限。这种教育方式中的信息交流在搭建信息平台的基础上，整合更丰富的教育资源，集中更雄厚的教育力量，对学生进行教育，以提高教育的效果、效益和效率。尤其指出“信息技术环境下的协同教育，不是一般的协同教育，而是指联合学校、家庭、社区的理论，三位一体合作利用现代信息技术对学生进行教育”。

（二）协同教育的提出与在我国的发展

20 世纪 60 年代，德国 Hermann Haken 提出了协同学的基本理论和观念，并把协

同学的理论、理念向计算机科学和认知科学领域延展。协同学是作为一门独立科学诞生的，吸纳了系统理论的精髓，同时与自然科学领域的系统论有机结合，从而架设起了不同学科之间联系沟通的桥梁。

美国霍普金斯大学“学校——家庭——社区合作”研究专家艾普斯坦则将家校合作的含义扩展为学校、家庭、社区合作，并强调了学校、家庭和社区对学生的教育和发展负共同的责任，论述了学校、家庭和社区三者对学生的教育发展的相互影响。

协同教育，实现了学校教育由单一封闭育人模式向协同开放模式的转变，顺应了素质教育的发展趋势。近年来，协同教育理论在我国素质教育实践中得到了运用，并取得显著成效。尤其是信息技术的发展，使协同教育有了更加广阔的发展前景。伴随协同教育自身技术的日趋成熟，家庭、学校和社区的信息沟通和资源共享有了现实的依托载体和顺畅的传播路径，家庭、学校和社区全方位、一体化促进学生发展的协同教育成为可能，信息技术支持下的协同教育成为教育改革发展的方向和趋势。《中国教育改革和发展纲要》《中华人民共和国教育法》等法规中都明确提出了协同教育问题，协同教育正逐步纳入现代教育理论体系中来。

（三）协同教育的内容

1. 横向协同教育

横向协同教育，倡导学校、家庭、社区“三位一体”的协同培养体系，把“家校协同”的外延扩展到社会领域。诸如产学研一体化合作单位，人才需求单位等相关的社会组织，国内外高等学校和校友会等组织均成为协同培养体系中的育人主体，协同教育的组织网络得以建构。

横向协同教育是对传统教育资源创新，对其他社会资源，尤其是各种新的现代教育资源、文化资源和先进理念加以整合的基础上形成的新的教育范式。该范式强调人格、能力和知识结构的综合与协同，重视资源的整合与开放，摒弃封闭单一、各行其道的培养体系，通过正式场合与非正式场合的学习相结合、结构化学习与非结构化学习相结合，将学生课堂内外、校园内外的学习资源和手段整合统一起来。人格塑造方面，着力提升学生的思想品德、民族精神、理想信念。能力发展方面，着力提升学生的思维能力、学习能力、实践能力和创造能力。知识拓展方面，强调基础化、综合化和前沿化，主张拓展渠道，丰富形式，使学生在整合的先进教育理念下，充分享受优质的教学资源，形成知识、能力和人格协同发展的素质教育培养格局。

2. 纵向协同教育

纵向协同教育，由学校内部教育组织协同和教育者协同两部分组成，学校、学院、系、班级及各种学生组织之间的沟通合作、资源共享，支撑联动构成了学校教育机构的协同教育。纵向协同教育基于当代合作理论，教育理论以师生关系为出发点，主张建立平等和谐的良好人际关系，注重学生主体性的发挥，彰显学生的价值和尊严，塑造学生的健全人格，强调教师在育人过程中的主导性和引导作用，教师致力于双向互动、平等、民主课堂气氛的营造，形成师生合作学习的生动画面。以人际关系和谐发展为导向，形成了促进纵向协同、教育多样化的合作手段与具体方略。具体而言，纵向协同理论主张全方位合作，倡导全员参与和过程管理的全面协同育人，进而将既定的培养目标内化成学生的素质。

3. 协同教育教学

协同教学源于建构主义的教学观，协同式的教育教学环境，通过师生之间、同学之间的互动交流，通力合作某一课题或学习内容合作加以探究、讨论和论证，让学生积极主动探究，致力寻求合作的学习热情和潜能得到最大限度的激发，使学生学会主动发现问题并通过合作去处理解决问题，在协同环境下培养能力，提升素质。教师则可以通过协同环境，激发引导学生充分运用和吸纳共享资源，掌控好学生的学习计划和步骤，了解学生的兴奋点与注意力，动态把握跟踪学生的学习实践活动以及思想动态，并对学生进行有效的激发、客观的评估和及时的反馈。

协同教学又称团队教学，是指两个或者两个以上的人一起参与教学或共同教学，完成教学目标。在信息化时代，这种教学方式已超出了传统教学的范围，跨出学校的限制，能够促进教师跨校际合作进行备课、教研和开展教学活动，协同教学已成为促进教育发展，提高教育教学质量的一种新型教学模式。协同教育具有跨时空性、主动性、交互多样性、便利性和多向性的特点。

李琦把协同教学归为四类，第一类是着重于教师之间的分工与合作；第二类是偏向教师专业或学生的能力兴趣；第三类则侧重指学科间的整合；第四类则是认为前三种含义兼而有之的综合取向。

李琦、陈国强对协同教育环境加以结构设计，协同教育环境的特点如下。

（1）注重以学生为中心进行教学。教师不是知识的传播者、灌输者，而是学生意义建构的帮助者、促进者；二是注重在实际情景中进行教学，强调提供复杂的、一体化的、可信度高的学习环境；三是注重协作，通过学习者的相互合作，可以使理解更加丰富和全面；四是注重提供充分的资源，注重学习环境的设计，为学生建构知识的意义提供各种信息条件。

多层次协同教学环境结构分为五层。

第一层为网络通信层，构成通信框架层。系统中所有的信息和工具都通过这个框架进行交流和共享。

第二层为硬件设备和通用系统软件层。主要是一些桌面工具、图形支持设备、文字处理、分布数据服务、多媒体处理等。

第三层为教学资源库层，由一系列领域教学数据文档构成。资源库基于 Web 技术提供多元化的教学素材，它应包括各个学科的内容，并以各种媒体形式，以多种展示方式组织、存储、管理，便于使用者查询、下载、应用等。教学资源库可分为多媒体素材库、课件库、案例库及试题库，通过资源库的门户网站、目录结构、浏览器及定制的引擎搜索，用户可以快速查找到感兴趣的学习资源。

第四层为工具层，包括搜索工具、下载工具、课件生成工具、试卷生成工具、资源上传工具、资源库管理工具，协同教育者将这些工具提炼出来进行通用设计，提高系统的重要性和互操作性。

第五层为用户层，该层为教师和学生，提供教学、测试、讨论的用户接口，以及访问各种资源库的接口，包括 Web 浏览器、控制器等。这是一种搜客户机模式，可根据实际需要下载应用程序。

二、协同管理的主要模式、组织结构和运行机制

（一）计算机支持的协同工作原理

伴随着网络信息技术的飞速发展，用计算机技术来支持人们协作工作有了更为广阔的发展空间，如合作教学、合作设计、合作诊断及远程会议等，打破了空间局限，提高了工作效率，节约了成本，改善了工作质量，一个全新的多学科交叉的技术领域、用来支持改进协同工作的 CSCW（Computer Supported Cooperative Works）应用系统被开发出来并成功运用于实践。它是与协同学习 CL（Collaborative Learning）的理论与方法相结合的产物。因此，它把计算机技术、信息技术与教育学、心理学、管理学、社会学等理论有机结合起来，基于 CSCL 平台的支持，学生学习的方式实现重大变革，可以跨越时空限制进行同伴互教、以小组为单位进行合作学习、共同研究、集体讨论，通过协作学习深化了学习内容，拓展了学习空间。

计算机支持的协同工作（简称 CSCW），最早由美国的 MIT 的 Irene Greif 和 Paul Cash man 于 1984 年提出，他们将 CSCW 定义为“一个关于计算机在群体工作中独特的研究领域”，可以用这样的观点来描述这一新兴领域：在计算机支持的环境下，特别是计算机网络环境下，一个群体协同工作完成一项共同的任务。CSCW 技术将传统的支持个体的设计方案改变成支持群体的设计方案，可以有效增进设计群体内部的沟通，减少群体设计中存在的冲突，避免重复设计和异地设计导致的时间和经济上的损失，代表着设计技术发展的最新方向。CSCW 是一个多学科相互交叉渗透的研究领域，系统由应用子系统、信息共享平台、协同工作平台、协作管理平台以及网络传输平台五大部分组成，创新空间巨大，应用前景广阔。凡是具有协作特质的组织或群体均可以采用该技术来提高组织工作效率，改进群体成员间的协作关系，提高系统的整体功能和质量。CSCW 综合运用吸纳经济学、管理科学和工程、网络信息技术等诸多领域的创新理论和实践成果，以共同的目标和富有挑战性的任务为引导力和驱动力，提供一个资源共享的端口，创建一个精诚合作的环境，营造一个和谐共享的氛围。

（二）构建协同平台的原则、模式和方法

随着高等教育的深刻变革，学校管理模式、组织结构、运行机制等方面也呈现出全新的发展变化。学校的办学理念和人才培养模式面临挑战，而分布式实体结构的办学模式十分普遍，具体表现在多校区分散办学等方面。这就要求考虑如何消除模式上的差别、空间上的距离，将学生、教师、教学管理人员有机地联系在一起，使它们之间实现畅通的信息沟通交流，并对共享资源进行协同操作，提供创设一个虚拟的工作空间，建立一个支持协同工作和协同学习的平台至关重要。协同平台就是基于这种发展和需求建立起来的，该平台致力于满足资源共享、信息交流、同异步工作学习的需要。平台不仅依靠网络化信息技术、一般的数据共享和数据传输，更注重挖掘“人”的核心价值，发挥“人”的巨大潜能，运用群体协作的智慧。CSCW 对于信息的传输和群体的协调起到了主导作用。

李琦在研究中提出了协同学习平台构建的原则，提出了构建协同学习平台的模式和方法。构建协同学习平台时应遵循以下几项原则。

（1）专业的团队。协同教育是由两个或两个以上的教师组成的教学团队，团队成员可依据各自的兴趣、专长等进行分工合作。作为一种教学组织的形式，它不是教师个人单独的教学行为，主要凸显了教师之间的合作关系；教师可以是同一个学科领域，也可以是不同的学科；在教学前、中、后，教师都以专业平等的方式进行频繁而专业的对话。

（2）以学生为中心。协同教育的基本目标之一就是满足学生个性发展的需要，团队以生活化、个性化的教学措施满足不同学生的学习需求。

（3）整合的教学资源。不同专长的教师通过对各种教学资源整合，为学生提供更加丰富多样的职业技能。

（4）弹性多元的教与学，学生群体可以以不同的方式组成，如大班教学、小组讨论、独立研究、个别学习等。教学活动形式的组合也是多元取向的，如单科协同、多科协同、同学年协同、跨学年协同、校内协同、校外协同等，还可依据不同的主题、学生的个别差异、活动的地点、学习内容进行教学。此外，协同教育的评价方式也同样具有多元性。

（5）时空的开放性，网络化协同教育打破了传统上固定的教学时代、固定场所、固定人员的班级式的上学模式，取而代之以弹性多样的时空规划，使传统的、自我封闭的组织文化形态朝向自主、开放的方向发展。

李琦把构建协同学习平台的模式和方法归结为以下五种。

（1）PBL 基于问题的学习。PBL 是以学生为主体的前后相关的学习方法，该方法认为学生是因解决问题而产生，而不是仅仅因为要掌握内容。主张将教学从被动的知识阐述转移为主动的、较少依赖于教师的学习法。

（2）探究性学习。探究性学习本质上是数据库系统和情报检索技术的教学应用，能按照学生的提问从学科数据库中检索出有关信息，诸如历史、地理、生物等涉及大量数据的领域。学生利用系统的信息服务功能，通过信息搜集和推理之间的智能智力活动，得出对预设问题的解答。

（3）基于自愿的学习。基于自愿学习就是要求学生利用各类丰富的电子化资源进行自学，包括数字化图书馆、电子阅览室、网上报刊和数据库、多媒体电子书等。学习者只要掌握了一定的网络通信操作技能，就可以通过各种网上检索机制，方便快捷地获取自己所需要的知识，进行高效的学习。

（4）案例研习。案例研习为学生提供一种丰富的信息环境，系统中包含了从实际案例中抽取的资料，让学生以调查案例角色去调查案情，通过资料收集、分析和决策得出问题的结论。

（5）支架式学习。支架式教学是教师引导教学过程的运行，使学生掌握、建构和内化所学的知识技能，从而使他们进行更高水平的认知活动。支架式教学强调教师指导成分的逐渐减少，最终使学生达到独立发现的地位，将监控学习和探索的责任由教师为主向学生为主转移。它强调教师与学生的地位在教学中的动态变化，而不是按某种比例做静态的组合。

（三）协同结构下管理模式的转变

在协同结构下，管理模式由传统的递阶结构向网络结构转变。

（1）协同群体间信息沟通得到强化，联系范围和途径拓展，有利于打破时空界限，突破课堂内外、不同专业、不同学科、不同部门之间的障碍壁垒，丰富教育内容，扩大教育范围，优化教育管理，整合教学资源。

（2）实体中的管理层级简化，模块层级清晰，实现了系统的协同性、虚拟性、智能化，管理成本降低，管理效率提高。

（3）由于基层自主权的扩大，控制权回到了具体实际工作人手中，分权的理念得以实现，出现了管理科学化、现代化、自动化程度的提高，一线管理人员被赋予更多的管理任务和使命，实体组织由传统的三角形转变为扁平形结构，管理职能得到强化，管理主体更加明确，管理方式趋于科学。

（4）组织分解促进了各个管理团体的形成，管理过程更为简单透明，应变能力提升，灵活性、开放性增强。各个组织负责人和组织中的每一个成员都拥有充分发挥和展示的空间，产生了合作的动力，这些成为管理工作不断创新、充满生机活力的有力保证。

这种新的协同结构类似人工智能的多 Agent 系统。每个协同工作组或个人都成为具有信念、承诺、能力、行为的 Agent 实体，都能独立引导一个工作流并协同工作。

这种协同结构必然会促进学生主体性发挥、合作意识的强化、合作空间的拓展，并从多元智能方面积极建构知识、发展能力、历练品德，从而使教育学、心理学等学科领域中与素质教育相关的理论得以在协同育人中实现。

（四）协同组织的特点及新变化

伴随着组织理论的发展，历经传统组织结构、扁平化组织结构的演化，在如今网络环境下，发展到协同组织结构。协同组织注重协同理念，强调该组织中人员和系统构成部分之间通过良好的沟通合作，实现绩效的提升和整体的最优。

1. 组织设置网络化

组织设置网络化是指各组织构成部分在保有核心组织机构的基础上，依托其他组织机构的优势，形成各自完整的组织结构的一种方式，实际上这样的方式扩大了组织结构的范围和界限，密切了与其他组织结构之间的联系，可快速对外界环境的变化做出响应。

2. 组织结构扁平化

组织结构扁平化，即通过减少组织中纵向的管理层次，增加横向的管理幅度来建立一种紧缩的组织结构。扁平化组织灵活而具有弹性，扁平化组织结构可节约大量成本、传递信息快捷并提高组织管理效率。

3. 组织运行团队化

协同组织中的工作团队的出现和发展，使得协同组织具有良好的自我学习能力、具有一定的开放性和较强的独立性，能进行自我管理、决策和建构以及自我整合，通过延伸管理幅度、缩短管理层次的方式，进而降低组织运行成本及提高组织的运行效率。

4. 组织形式虚拟化

虚拟组织是依托计算机网络进行信息传递和管理的跨边界的组织形式，它强调虚拟性，即将组织作为一种临时的而不固定的存在体，借用“外部资源整合”策略，代替以往的“内部资源选择策略”，按照某一任务进行组织的建构和解体。它完全突破了组织界限，是一种用来对企业外部环境作出迅速反应的动态联盟，其虚拟性表现在不具备传统的具体部门或职能机构，它通过虚拟化联盟，实现以往传统组织结构行使的所有职能。

虚拟化是指打破原有的纵向一体化组织结构，组建小型、自主、自立、创新的管理单元，以网络制为横向一体化的形式的组织结构。虚拟组织结构的特点是以一个清晰明确的目标集合为工作中心，组织内的人员以自己的核心优势结成伙伴关系的联盟，依赖网络技术的应用和发展，建立在伙伴和联盟信任与合作的基础上，它通过打破地域界限、加强协作，从而实现资源共享，通过对这些资源的重新组合创造更大的竞争优势。

在传统模式下，信息自下而上汇总，由管理者做出决策，再由上而下传递决策结果，分层级执行。这种决策过程时间周期长，运行效率低，执行过程中易受干扰，造成决策结果变形走样。而网络化育人平台的建立，使得信息采集更加快捷，分析评价趋于科学，全体员工参与管理成为现实。

由此看，协同成了现代教育组织结构的核心要素，并表现出以下的特点，首先是管理重心的下移，组织结构向扁平化发展，其次是项目管理上纵横交错，实现矩阵式操作。

三、协同学习的概念、要素及主要形式

美国的约翰·斯莱文教授认为，协同学习是指学习者在小组中从事学习活动，并依托他们整个小组的成绩来获取奖励认可的课堂教学技术。

北京师范大学黄荣怀教授认为“协同学习”是学习者以小组形式参与。为达到共同的学习目标，在一定的激励机制下，为获得最大化的个人和小组学习成果而合作的一切的相关行为。

由以上观点可见，协同学习是一种创新的教学设计，学习者学习的形式是小组学习者有共同的学习目标，协同学习的结果不仅使自己从中获利，而且他人乃至整个小组都能从中获利。

协同学习主要包括以下几个要素，一是积极互赖，又包括目标的积极互赖、资源的积极互赖，设立奖励机制。积极互赖关系中的不同角色建立小组的标识，激发归属感，增强凝聚力；二是个人责任；三是面对面的促进性交互；四是人际和小组相处技巧；五是小组的自我评价。

协同学习理论基础主要有两个，一是苏联心理学家维果斯基的社会学习理论。他认为，学生在协作交互活动中获得的能力能够内化而变成他们的独立发展成果。在他看来，与教师和学习同伴在学习环境中的社会交互是协作式学习的一个重要因素，能够唤醒一系列的内部发展过程，形成临近发展区域。根据维果斯基的理论，社会交互对认知发展起着最基本的作用，在教师及同伴的协助下得到的发展，远远胜于独立的发展。因此，协作对学习和发展起着至关重要的作用。二是建构主义学习理论。建构主义认为，知识不是通过教师直接传输得到的，而是学习者在一定的情景及社会文化背景下，借助教师或学习伙伴的帮助，利用必要的学习资源，通过意义建构的方式获得的“情景”“协作”“会话”和“意义建构”是学习环境的四大要素。协同学习把同学和教师当成一种学习资源和环境，通过协作和互动获得知识，是建构主义学习理论的一种体现。协同学习的环境包括组织环境、空间环境、硬件环境和自然环境。协同学习环境是给学习者以及管理者提供协作学习的空间，是协作学习的重要组成部分。协同学习环境中，学习者通过交流进行协作学习，完成意义建构，从而实现协同育人

的目标。

协同学习主要包括以下几种形式。

1. 合作学习（简称CL）

合作学习最早兴起于美国，迄今已经发展成为一种富于积极意义和卓有成效的教学理论与策略机遇。合作学习的内涵有以下几个方面，一是合作学习，是以合作学习小组为基本教学组织形式的一种教学活动；二是合作学习是同伴之间的合作互助活动；三是合作学习是一种目标预设的教学活动；四是指合作学习的评价标准和奖励依据是以小组为基本单位，是一种按照小组总体成绩来进行奖励的教学策略；五是合作学习，是一种以教师为主导和以学生为主体的教学活动。

合作学习的要素归结为以下几个方面：一是异质分组，是指在组建合作和学习小组时，应依据学生的学习能力、性别、种族及社会背景等，将学生分配到不同的小组中，尽量保证一个小组内的学生各具特色，能够相互取长补短，彼此相互指导，相互学习；二是积极互赖，包括积极的目标互赖、积极的奖励互赖、积极的角色互赖和积极的资料互赖；三是面对面的促进性互动；四是个人责任，小组成员，每一个人都必须尽职尽责，不能“搭便车”；五是社交技能，学生之间彼此认可和相互信任，准确交流，彼此接纳和支持，建设性地解决问题；六是小组自评，总结有益的经验，分析存在的问题及相关的原因，明确发展的方向和目标。

合作学习的特点：一是充分体现教师主导地位和学生主体地位；二是互动思想贯穿整个合作学习的过程；三是开放教学课堂，综合生成学习内容，学生成功机会均等。

合作学习的类型有师师互动型合作学习、师生互动型合作学习、生生互动型合作学习和全员互动型合作学习。

全员互动是指教学各动态因素之间的相互合作，包括教师与教师、学生与学生、教师与学生、学校与社会，一般教育、特殊教育的全面合作。全员互动合作学习的理论是前三种合作学习活动取向的综合与统一。它把师生互动型合作学习的纵向合作与师生、师师互动型合作学习和生生互动型合作学习的横向合作结合在一起，认为教学系统中的各动态因素都是教学活动中不可缺少的人力资源，全员互动型合作学习强调全部教学动态因素之间的相互合作从平面状态走向多维立体状态，全员互动型合作学习代表了当今合作学习领域的最高水平和发展方向，代表着目前为止最高层次上的合作学习。

合作学习的有效性：一是体现在以此改善社会心理气氛，提高学生的成就动机；二是有助于学生团队精神的养成与合作意识的强化；三是合作学习有助于整体和个性的协同发展。

2. 网络支持的协同学习（简称CSCL）

网络支持的协同学习是由CSCW与CL理论和教育方法结合而成的一种新的学习

方法。它是指在一个协作的环境内，通过信息技术的辅助，使用协作学习的技术资源进行小组之间的交互，使师生、学生之间在讨论、协作与交流的基础上进行协作学习。这种学习方法不仅让学生利用网络平台自己解决问题，拓展学习知识的途径，而且形成合作学习小组，小组之间相互分工协作，既通力合作，又相互竞争，但在目标的达成方面是一致的。

基于网络的协同学习理论基础有以下几点。

（1）分布式认知理论。分布式认知理论有以下特点：第一，分布式认知要求在系统的各要素之间共享认知活动；第二，在分布式认知系统中存在系统要素的协同努力；第三，为了使个人能分享分布式系统的结果，必须以外在于个体的形式对观点加以表征；第四，分布式学习的学习环境取决于个体和小组学习的特征和正在学习的知识。

（2）群体动力学理论。所谓群体动力，是指来自集体内部的一种能源动力。它来源于多种途径，包括个体原动力、群体压力、骨干的向心力、核心的吸引力等。当所有人聚在一起为了一个共同的目标而工作的时候，靠的是相互团结力量，相互依靠，互勉，互助，互爱。

CSCL 较以往的协同学习有以下几方面的发展，一是拓展了学习空间，二是协作规则上走向法制化轨道，三是丰富了共享学习资源。

3. 基于网络的校际协作学习

基于网络的校际协作学习是指利用互联网开展校际的共同课程和学习活动，并关注不同的学校间学习的差异性，学习这一差异，并相互利用这一差异开展学习，由此加深对知识的深化理解和相互认识，或提供情景化的综合实验项目研发，通过协作小组的积极努力，共同解决类似于真实情景的问题。在具有这种特征的学习活动中，参加学习的伙伴之间是一种相互协调、互相补充的合作关系，由此成为基于网络的校际协作学习。它是在学校组织下的以小组为单位有组织、有计划的一种学习活动，虽然设计课题时充分考虑到学生的兴趣，但学习活动未必是基于学生兴趣。

基于网络的校际协作学习具有鲜明的特点：一是协作学习者的差异性更大，交流的空间更大；二是教师在基于网络的校际协作学习中得到更大的成长。基于网络的校际协作学习，教师之间共同设计学习单元内容和综合实验项目，这样就加强了不同教师之间的联系，通过共同的设计，实际上形成了教师共同体；三是现实与虚拟相结合。基于网络的校际协作学习的要素有学习目标、学习者、教师、网络平台、信息平台、规划策略、分组分工、学习成果、学习对象等几个方面。

任务四　生涯目标

学习目标

（1）了解职业生涯目标规划的分类。

（2）了解影响职业生涯目标确立的因素。

知识目标

（1）能够制定个人职业生涯规划。

（2）能够制定职业生涯阶段性的目标。

一、职业生涯目标的规划

（一）人生规划

人生规划是指整个职业生涯的规划，时间长至40年左右，设定整个人生的发展目标。

（二）长期规划

长期规划是5～10年的规划，主要设定较长远的目标。

（三）中期规划

中期规划一般为2～5年内的目标与任务。

（四）短期规划

短期规划为2年以内的规划，主要是确定近期目标，规划近期完成的任务。

个人事业的成败，很大程度上取决于有无正确、适当的目标。只有树立了目标，才能明确奋斗方向，目标就犹如海洋中的灯塔，引导你避开险礁暗石，走向成功。

二、影响职业生涯目标确立的要素

踏入社会的人们都要选择自己的职业，制定职业生涯发展目标，并在社会复杂的环境中趋利避害，使自己的职业生涯发展目标得以实现。

影响职业生涯目标确立的客观要素主要有环境要素和职业要素。

（一）环境要素

环境要素包括社会环境要素、组织环境要素和经济环境要素。

1. 社会环境要素

（1）社会经济发展水平：在经济发展水平较高的国家和地区，企业相对集中，企业规模大且水平高，优秀企业数量多。在这样的环境中个人选择职业的空间大，机会多，有利于个人职业生涯的发展。

（2）政治制度和政治氛围：经济和政治是相互制约、相互影响的。政治不仅影响一个国家的经济体制，还会影响企业的组织体制，进而直接影响个人的职业生涯发展。

（3）社会文化环境：社会文化环境包括教育条件和水平、社会文化设施等。一个社会具有良好的文化环境氛围，能使社会成员受到良好的教育和熏陶，为职业生涯目标的实现打下坚实的基础。

（4）价值观念：在一定社会环境中生活的人们，其价值观念不可能不受社会价值观念的影响，并且大多数人的价值取向，甚至是被其所处的社会价值取向左右的。

2. 组织环境因素

（1）企业文化：广义的企业文化是指企业所创造的具有自身特点的物质文化和精神文化。狭义的企业文化是指企业所形成的具有自身个性特点的经营宗旨、价值观念和道德行为准则的综合理念。人们一般希望到企业文化氛围较好的场所工作，为自己的职业生涯发展争取空间。

（2）管理制度：管理制度包括合理的考核制度、晋升制度、奖惩制度等。企业的价值观念、经营哲学也只有渗透到管理制度当中，才能得以贯彻执行；员工职业生涯目标的实现，归根到底要靠管理制度作保障。

（3）领导者的素质和价值观念：企业的文化和管理风格与一个企业领导者的素质和价值观念直接相关，企业领导者的经营管理理念往往就是企业的经营管理理念。

3. 经济环境因素

经济模式是经济环境中重要的因素，它已由过去的工业经济转向知识经济。知识经济是以知识为基础的经济，是与农业经济和工业经济相对应的一个概念，是一种新型的富有生命力的经济形态。创新是知识经济发展的动力，人才资源是知识经济的主体。因此，在制定个人职业生涯目标时，需要考虑和分析社会对以下几种人才的需求。

（1）创造型人才：知识经济是一种创新经济，创新经济需要创造型人才，而创造型人才，不仅需要较高的智力因素，还要有较高的非智力因素，甚至在某种程度上非智力因素比智力因素更重要。有创造性思维，但缺乏勇气胆识、献身精神和执着的坚强意识，自然也就不能享受创造成功的愉悦。

（2）个性化人才：就是人的个性要得到充分发展，个性的发展必须与社会的需求和组织的需求相吻合，这是个性化发展的基本前提。因此，有的经济学家把知识经济又称为个性化经济。个性化经济呼唤个性化人才的产生，它为人才的成长指明了个性的前进方向。

(3) 复合型人才：包括知识复合、能力复合、思维复合等多方面。具体是指多种专业技能的复合，如自然科学与社会科学的复合，智力因素与非智力因素的复合。

在知识经济时代，想成才就要创造。创造必须依靠多种知识和技能的综合运用才能完成，社会越发展，创造的复杂程度越大，对创造者综合知识能力及非智力因素复合程度的要求就越高。复合型人才是知识经济时代必需的人才。

(4) 合作型人才：在知识经济社会，由于现代科技的发展，人际关系高度社会化，有的学者认为，知识经济社会的价值观是合作，因此，合作型人才是知识经济社会需要的人才。

（二）职业因素

职业锚是制定职业生涯目标时必须考虑的一个因素。所谓职业锚又称职业系留点，职业锚实际就是人们选择和发展自己的职业时所围绕的中心。

1. 职业锚的类型

(1) 技术/职能型：追求在技术/职能领域的成长和技能的不断提高，以及应用这种技术/职能的机会。

(2) 管理型：追求并致力于工作晋升，倾心于全面管理，独自承担整个部分的责任，并将公司的成功与否看成自己的工作。

(3) 自主/独立型：希望随心所欲地安排自己的工作及生活方式，追求能施展个人能力的工作环境。

(4) 安全/稳定型：追求工作中的安全与稳定感。稳定感包括诚信、忠诚及完成老板交代的工作，并不关心具体的职位和具体的工作内容。

(5) 创业型：希望通过自己的能力去创建属于自己的公司或产品（或服务），而且愿意去冒风险，并克服面临的障碍，向世界证明靠自己的努力能获得成功的能力。

(6) 服务型：服务型的人指那些一直追求他们认可的核心价值的人，即使变换公司，他们也不会接受不允许他们实现这种价值的工作。

(7) 挑战型：挑战型的人喜欢战胜强硬的对手，克服无法克服的困难障碍等。新奇、变化和困难是他们的终极目标。

(8) 生活型：生活型的人喜欢允许他们平衡并结合个人需要、家庭需要和职业需要的工作环境。他们希望将生活的各个主要方面整合为一个整体。

上述八种职业锚之间可能存在着交叉，但都有一个最突出、最强烈、最易识别的特性。

2. 职业锚的功能作用

职业锚在员工的工作生命周期、组织的事业发展过程中，发挥着以下重要作用。

（1）职业锚使组织获得正确的反馈：职业锚是员工经过搜索、确定的长期职业贡献区或职业定位。这一搜索定位过程，依循员工的需要、动机和价值观进行，因此，职业锚清楚地反映出员工的职业追求与职业理想。

（2）职业锚为员工设置切实可行、有效的职业渠道：职业锚准确地反映员工职业需要及其所追求的职业工作环境，透过它，组织可以获得员工正确信息的反馈，就能够有针对性地对员工的职业发展设置可行、有效、顺畅的职业渠道。

（3）职业锚使员工工作经验增长：职业锚是员工职业工作的定位，它不但能使员工在长期从事某项职业中增长工作经验，同时也能使员工的职业技能不断增强，从而直接产生提高工作效率的明显效益。

（4）职业锚为员工奠定好中后期工作的基础。之所以说职业锚是员工中后期职业工作的基础，是因为它是员工通过工作经验的积累后产生的，反映该员工的价值观念和被发现的才干。员工抛锚于某一种职业工作的过程，就是其自我认知的过程，就是把职业工作与自我认知相结合的过程，开始决定着成年期的主要生活和职业选择。

职业生涯目标的确立还受到兴趣、气质、性格、价值观等主观要素的影响。

三、职业生涯阶段性目标的制定

根据美国职业生涯理论代表人物萨帕对人的职业生涯发展的划分，大学生正处于职业生涯的探索阶段，是个体进入劳动力市场或专门训练机构进一步完善自己的关键时期，学会如何规划自己的职业生涯，明确自己每一阶段的发展目标，将为自己顺利实现长远目标打下良好的基础。

（一）职业生涯阶段性目标的重要性

在近几年接触到的职业咨询案例中我们发现，大多数带有困惑的学生希望我们直接帮他们作出决定，有些学生甚至仅仅在简短的交流后就直接问道："老师，我今后到底该怎么做？你能明确地告诉我吗？"持有这种态度的人，真正的职业生涯还没有开始，自己就已经被自己击败，这样被动的人是难以正确认识自己，树立较为合理的目标而取得持续成功的。尤其是在我国实行"双向选择、自主择业"的就业制度之后，大学生被赋予了择业的自主权，却缺乏自主择业、自主发展的能力，这是造成目前大学生就业被动的一个重要原因。

人的职业生涯是长期的、连续的发展过程，职业生涯规划不仅仅是在面临就业时才需要考虑的一件事，而且还是服务于人的一生的发展，应贯穿人的一生。同时，职业发展可以分为连续的若干阶段，把自己的长期目标分解为一个个阶段目标后，就有了具体的行动计划、步骤和推动力，这样做有助于对自己的职业生涯发展进行有效管理。只要方向是正确的，是适合自己的，那么只要遵循化整为零、循序渐进的规律，稳扎稳打，最终就会“功到自然成”。

（二）职业生涯阶段目标的特点

阶段目标的制定是一个系统工程，不同阶段的任务重点会有所不同，不同阶段的目标应该是可持续的。阶段目标的实现，是一个循序渐进的过程。阶段目标制定得合理与否，主要在于个人自我认知和对世界的认知。阶段目标具有以下特点：

1. 关联性

阶段目标应服务于长期目标，与长期目标保持一致；各阶段目标之间也彼此关联，前一个阶段目标是实现后一个阶段目标的基础，后一个阶段目标是实现前一个阶段目标的方向；阶段目标与长期目标都是相对的，当阶段目标一个一个逐步实现后，原来的长远目标也会转变为阶段目标。

2. 可行性

阶段目标的制定应建立在明确的自我认知和世界认知的基础上，应通过各种途径不断加深对自我和工作世界的认知，明确每一个阶段的主要任务，在此基础之上确立与之相适应的阶段目标。

3. 挑战性

制定阶段目标的目的在于指明不同阶段的努力方向，具有挑战性的阶段目标，更能激发人的斗志，更具有导向性。

4. 可调适性

阶段目标的完成可能因为种种未知因素提前或推后，它应随着具体完成情况而适当调整，调适的最终目标是个体能够把握阶段重点任务，从而使职业生涯规划更加合理。

（三）职业生涯阶段目标的设计思路

充分了解阶段目标的特点之后，在开始制定阶段目标设计之前，还需要树立正确的观念，排除非理性观念，其次要厘清设计思路。

1. 克服非理性观念

著名的职业辅导理论家克朗伯兹将影响个人职业决策的因素划分为四类：遗传与特殊能力、环境与重要条件、学习经验和技能。他认为，这四种因素交互作用的结果，形成了个人对自我和世界的推论或信念。这些推论不一定完全正确，要视个人的学习经验而定，但是人们往往以偏概全，在一两次深刻经历的基础上得出一些刻板的印象和先入为主的偏见，这就是所谓的非理性观念。对于非理性观念，如果适当做出调整，改为“我希望如此”，而不是“必须”“应该”等如此，如果不能实现，也能接受，调整阶段目标或寻找更好的解决办法。

2. 厘清阶段目标的设计思路

大学生要学会对总目标进行分解，明确每一阶段的主要任务，集中精力解决每一个主要任务。每个人的阶段目标都不同，思维方式、切入的角度也不一样，阶段目标的设计思路当然也有差异。“倒推法”是大学生设计阶段目标较为常用的思路。大学生可以根据实现长远目标所需要的经济、知识技能（专业、通用）、工作成果、心理素质、观念、时间等，进行由远及近的推演设计，并进行合理规划，以分阶段弥补差距为台阶，选择搭建阶段目标的主线。阶段目标设计的主导思想是不断完善自我，缩小与发展目标之间的差距。

四、制定职业生涯目标应注意的问题

作为新世纪的大学生，应有自己的理想和职业价值观念，做好职业生涯发展规划，为将来走向社会打下坚实基础。但在制定职业生涯目标时，应注意以下问题。

（一）根据社会需求制定职业生涯目标

选择职业作为一种社会活动必定受到一定的社会制约，任何人选择职业的自由都是相对的、有条件的。因此，大学生在职业生涯设计时，应积极把握社会人才需求的动向，把社会需要作为出发点和归宿，以社会对个人的要求为准绳，自觉服从社会需要。

（二）根据所学专业制定职业生涯目标

用人单位在选择毕业生时，一般首先以专业课的优良和专业能力强为依据，但是，大学生除了要精通所学的专业知识外，也需要加强专业基础知识、人文社会知识。

（三）根据个人兴趣与能力特长制定职业生涯目标

制定职业生涯发展规划要与自己的性格、气质、兴趣、能力特长等方面相结合，充分发挥自己的优势，扬长避短，实现人尽其才、才尽其用，应在对自己的能力特长有一个正确的自我认知和评价的基础上，根据自己的真才实学和能力特长制定职业生涯规划。

（四）善于从小事、从最具体的职业岗位做起

善于从小事、从最具体的职业岗位做起，只要这种小事、具体的事与自己的最终职业目标一致，有利于个人职业目标的实现，都可以选择其确定为自己的最初职业岗

位。职业生涯发展规划就是这样一件可以由若干件小事所组成的大事，立足于小事，才能成就大事。

（五）建立与职业生涯目标相一致的学业规划

高职院校的学制一般为 3～5 年，每一学年，学生的学习重点与心理特征都不同。大学生可以按学年为阶段设置阶段目标，进行自己的职业生涯发展规划，并按照每个阶段的不同目标制订一些有针对性的实施方案。

五、实施职业生涯目标的意义

（一）职业生涯目标的实施是把计划和理想变成现实的需要

“临渊羡鱼，不如退而结网”。即使职业生涯规划做得完美无缺，如果不采取行动，不付诸实践，它始终是一份计划、一张纸，时间一长，很可能变成一张废纸。俗话说，成功是 1％的灵感加 99％的汗水，理想一旦确定，唯一要做的就是采取行动。

（二）职业生涯目标的实施可以使方案进一步优化

古人云“谋定而后动”，强调的是采取行动之前一定要先做好计划。计划都是事先制订的，影响职业发展计划的因素很多，有的可预测，有的难以预测。尤其在环境的动态变化与个体的内在状态不断波动起伏的过程中，大学生需要时时审视自己的职业选择、职业目标及职业发展路线是否适合自身的发展。有时正确的选择会因外部环境的变化而显得不合时宜，因此，要使职业生涯目标行之有效，就要不断对目标进行评估和修订。同时，个体对自我的认知是不断变化、日趋成熟的，随着一个人的年龄增长，其兴趣、能力、经验等自变量也都在不断地变化，对职业的倾向性和判断也在不断地发生变化，在实施中调整计划是不可避免的，也只有及时准确地评估与修正计划，才能使目标方案得到优化，使其有效性得到进一步的加强。

（三）职业生涯目标的实施有利于发掘自我潜能、提高自身实力

人的潜能是可以激发的，职业生涯目标的实施是实现一个个阶段性目标，从而最终实现职业生涯终极目标的过程。只要目标切合实际又具有挑战性，加之坚定的执行力就可激发出个体的潜能，使个体实力得以提升。同样，职业发展路线、人生目标都伴随个体的不断成长而随之评估、修正并进行反馈。这种评估和反馈贯穿职业发展实施的整个过程，使之更加符合个人的长期发展，更加有利于一个人聚集智慧发挥优势，在职场上取得成功。

六、实施职业生涯目标的方法

计划贵在落实执行，措施也贵在行动。因此，要争取时间，创造时机实现自己的

职业发展的最终目标。想要做人生的智者，就必须少说空话，多做实事，为自己的职业理想打拼、奋斗。

（一）掌握时间

“少壮不努力，老大徒伤悲”。这句话告诉我们要珍惜时间。事实上，时间就像海绵里的水，挤一挤总会有的。只要看准了自己感兴趣、想做的事情，就一定会找到时间去做。

（二）找出执行措施的影响因素

做好计划，付诸实践是执行职业发展目标的重要措施，而执行职业发展目标的力度及效果同样重要，除了受执行人自身情况影响外，还受目标制定情况的影响，在执行的过程中要及时发现问题并纠正，让目标规划更加合理流畅。

（三）根据原则执行措施

任何规划的实施都会有相应的执行原则，想要顺利实现职业发展目标，执行过程一定要遵守规划原则，并且认真执行制定目标的主要步骤。

七、职业生涯目标的评估

（一）评估的内容

1. 目标评估

假如在实施目标的过程中一直无法找到自己希望的学习机会和工作，那么应根据现实情况重新调整职业发展目标。

2. 路径评估

当出现更适合自身发展和职业发展目标的机会或选择，而原定发展方向缺少发展前景的时候，就要尝试调整发展方向。

3. 实施策略评估

一份有效的实施策略是实现职业发展目标的行动计划和指南，一旦发现职业发展路线设计与实际不符，或是计划在实践时存在困难，那么应根据实际情况重新审视制定的策略，必要时可改变行动策略。

（二）评估的方法

1. 调查法

在实现职业生涯目标的每一个近期目标后，要对下一步的主客观环境、条件作出调查与分析，看看条件是否发生变化，以便做到心中有数，可以根据变化了的情况对计划进行修改。

2. 反思法

在实施职业生涯目标的过程中，要适当回顾制定的目标时间表，及时总结是否有新的收获和新的体验，同时找出存在的不足和问题，总结经验，吸取教训。

3. 对比法

每个人都有一份属于自己特质的职业目标，因此不同的人所追求的方法也不尽相同，那么就可以利用对他人职业发展目标分析的同时，帮助自己修改职业发展目标。

4. 求教法

自我反思往往十分困难，但别人能从旁观者的角度清楚地看到自己的弱点。因此，可以利用身边的人脉资源优势，通过他人对自己的职业生涯目标进行评估。

（三）需要注意的问题

任何形式的评估都可以归结为自我素质和行为对现实环境的适应性判断，特别是针对变化的环境分析自己，找出偏差并修正。

1. 抓住最重要的内容

在职业发展的某一阶段，总有一个最重要的目标，通过优先排序，重点评估那些可能达到这个核心目标的主要策略执行的效果。

2. 分离出最新的需求

针对已变化的内外环境，要善于发掘什么样的策略才是最有效而且最有新意的。

3. 找出突破方向

分析先前职业发展目标中的策略方案，找出对目标的达成具有突破性的影响的一条。某一点的突破性进展有时可能让整个局面发生意想不到的改变。

4. 关注弱点

管理学中有个著名的木桶理论，即一只沿口不齐的木桶，其容量的大小不取决于最长的那块木板，而取决于最短的那块木板。在评估过程中，要发现自己的素质与策略的“短木板”并加以修正。

八、职业生涯目标的调整

职业发展目标实施的过程也需要不断调整。在实施职业生涯目标的过程中难免会出现这样或那样的问题，如与社会发展、职业发展、个人兴趣爱好发生冲突，这时就需要对职业发展目标进行调整。

一个好的职业发展计划，需要具备可行性，需要有实施计划的具体措施和时间。

在影响职业发展的许多因素难以预料的情况下，要使职业发展行之有效，就必须具有足够的弹性，在实践中不断进行评估和调整。

在职业发展计划的初期，给自己制定出合理的职业发展目标及相应的职业定位，并不断地加以调整。只有讲求实际，合理准确地评估自己，并不断地加以调整，才能合理定位职业发展方向，才能以自己的聪明才智和良好的职业素质，为自己今后的职业发展开拓出宽广又通畅的发展道路，将职业发展机遇牢牢掌握在自己手中。

任务五　生涯发展

学习目标

（1）了解格林豪斯的职业生涯发展阶段理论。

（2）了解施恩的职业生涯发展理论。

知识目标

能运用职业生涯发展规划理论指导自己进行职业生涯规划。

在个人漫长的职业生涯中，尽管个人具体的情况、职业选择与职业转换等情况各不相同，但是，职业生涯发展是每个人的共同追求。职业生涯发展是指个体逐步实现其职业生涯目标，并不断制定和实施新的目标的过程。职业生涯发展有不同的阶段，不同的学者对阶段的划分不同。

一、格林豪斯的职业生涯发展阶段理论

美国心理学博士格林豪斯（Greenhaus）的研究侧重于不同年龄段职业生涯所面临的主要任务，并以此为依据将职业生涯划分为5个阶段：职业准备阶段、查看组织阶段、职业生涯初期、职业生涯中期和职业生涯后期。

（一）职业准备阶段

典型年龄段为0～18岁。这时期的主要任务是发展职业想象力，对职业进行评估和选择，接受必需的职业教育。

（二）查看组织阶段

18～25岁为查看组织阶段。这时期的主要任务是在一个理想的组织中获得一份工

作，在获取足量信息的基础上，尽量选择一种合适的、较为满意的职业。

（三）职业生涯初期阶段

处于此期的典型年龄段为25～40岁。这时期的任务是学习职业技术，提高工作能力；了解和学习组织纪律和规范，逐步适应职业工作，适应和融入组织，为未来的职业成功做好准备。

（四）职业生涯中期阶段

40～55岁是职业生涯中期阶段。这时期的任务是需要对早期职业生涯重新评估，强化或改变自己的职业理想；选定职业，努力工作，有所成就。

（五）职业生涯后期阶段

55岁以后直至退休是职业生涯的后期。继续保持已有职业成就，维护尊严，准备引退，是这一阶段的主要任务。

二、施恩的职业生涯发展阶段理论

美国麻省理工学院斯隆管理学院教授、著名的职业生涯管理学家施恩（E. H. Schein）立足于人的生命周期的特点和人生不同年龄段面临的问题和职业工作主要任务，将职业生涯分为9个阶段。

（一）成长、幻想、探索阶段（0～21岁）

（1）发现和发展自己的需要、兴趣、能力和才干，为进行实际的职业选择打好基础。

（2）学习职业方面的知识，寻找现实的角色模式，获取丰富信息，发展和发现自己的价值观、动机和抱负，作出合理的受教育决策，将幼年的职业理想变为可操作的现实。

（3）接受教育和培训，开发工作世界中所需要的职业能力。在这一阶段所充当的角色是学生、职业工作的候选人、申请者。

（二）工作世界（16～25岁）

（1）查看劳动力市场，谋取可能成为一种职业基础的第一项工作；

（2）学会如何寻找、评估和申请一项工作，并作出现实有效的第一项工作选择；

（3）个人和雇主之间达成正式可行的契约，个人成为一个组织或一种职业的成员。

（三）基础培训阶段（16～25岁）

这时个人已经迈进职业的大门，并担当实习生的角色，这一时期应该注意以下要点。

（1）了解、熟悉组织，接受组织文化，并融入工作群体，尽快取得组织成员资格；
（2）适应日常的操作程序，承担工作，成为一名有效的成员。

（四）早期职业的正式成员资格（17～30岁）

其角色是取得组织新的正式成员资格，这一时期应该注意以下要点。
（1）承担责任，成功地履行与第一次工作分配有关的任务；
（2）发展和展示自己的技能和专长，为提升或查看其他领域的横向职业成长打基础；
（3）重估当初追求的职业，决定是否留在这个组织或职业中；
（4）寻求良师和保护人。

（五）职业中期（25岁以上）

处于这一职业发展阶段，其角色是正式成员、任职者、终身成员、主管、经理等，这一时期应该注意以下要点。
（1）选定一项专业或进入管理部门；
（2）保持技术竞争力，在自己选择的专业或管理领域内成为一名专家或职业能手；
（3）承担较大责任，确认自己的地位；
（4）开发个人的长期职业计划。
（5）寻求家庭、自我和工作事务间的平衡。

（六）职业中期危险阶段（35～45岁）

（1）现实地估价自己的才干、动机和价值观，进一步确认、明确自己的职业抱负及个人前途；
（2）就接受现状或者争取看得见的前途作出选择；
（3）建立与他人的良师关系。

（七）职业后期（40岁以后直到退休）

可以说，这时处于职业后期阶段，此时的角色主要有：骨干成员、管理者、有效贡献者等。
（1）成为一名良师，学会发挥影响，指导、指挥别人，对他人承担责任；
（2）扩大、发展、深化技能，或者提高才干，以担负更大范围、更重大的责任；
（3）选拔和培养接替人员；
（4）如果求安稳，就此停滞，则要接受和正视自己的影响力和挑战能力的下降。

（八）衰退和离职阶段（40岁以后直到退休）

一般在40岁之后到退休期间，不同的人在不同的年龄会衰退或离职。此时期应注意以下问题：

（1）学会接受权力、责任、地位的下降；

（2）基于竞争力和进取心下降，要学会接受和发展新的角色；

（3）培养工作以外的新的兴趣、爱好，寻找新的满足源；

（4）评估自己的职业生涯，着手退休。

（九）离开组织或职业——退休

离开组织或职业的年龄因人而异。在失去工作或组织角色之后，面临两大问题或任务，具体如下：

（1）保持一种认同感，适应角色、生活方式和生活标准的急剧变化；

（2）保持一种自我价值观，运用自己积累的经验和智慧，对他人进行传、帮、带。

需要指出的是，施恩的理论较为丰富，阶段划分依据更为科学、具体和实际，但阶段划分过繁，相比之下，格林豪斯关于职业生涯发展阶段的划分简洁、明了。吸取各家所长，本着科学性、现实性、简明清晰的原则，倾向于将职业生涯发展划分为4个阶段：职业准备和选择阶段、职业生涯早期、职业生涯中期、职业生涯后期。

任务六　职业生涯

学习目标

（1）了解职业生涯规划的概念和意义。

（2）了解职业发展规划的意义。

（3）了解大学生职业发展规划的特点。

知识目标

（1）能运用职业生涯发展规划的理论指导高职学生进行职业生涯规划。

（2）能决策和管理职业生涯规划。

一、职业生涯规划的重要性

（一）职业生涯规划的概念

职业生涯规划，又称职业发展规划，是在对一个人的职业生涯的主客观条件进行测定、分析、总结的基础上，对其兴趣、爱好、能力、特点进行综合分析与权衡，结合时代特点和个人的职业倾向，确定其最佳的职业奋斗目标，并为实现这一目标做出行之有效的安排。

职业发展规划的理论基础是生涯发展理论，诞生于20世纪初，波士顿大学教授帕森斯提出了人格特性和职业因素匹配理论，他提出“职业指导”的中心内容是帮助人们选择职业。20世纪60年代后，职业生涯的内涵发生了变化，先后有麻省理工学院的施恩提出“职业锚”理论和舒伯提出“生涯”概念，使职业指导从最初的“帮助人择业”变成一项“协助个人发展，接受适当、完整的自我形象，同时发展并接受完整而适当的职业角色形象”的工作，其名称也从最初的“职业指导”变成了“职业生涯规划”，即职业发展规划。

（二）职业生涯规划的意义

柏拉图说过，“我不知道哪条道路肯定能够通向成功，我只知道有一条路肯定会导致失败——这就是未谋而先动。”职业生涯规划对人的一生有着非常重要的意义。

1. 有助于正确认识自己

认识自己是进行职业发展规划的基础。通过职业发展规划，可以引导你更好地认识自己，包括个性特质、兴趣和能力倾向，以及优势和劣势等，为未来职业生涯打下良好的基础。不同个性的人，其职业偏好是不一样的。

子曰：“知之者不如好之者，好之者不如乐之者。”兴趣是最好的职业导师，要通过职业发展规划，更加充分地认识自己，并努力将自己的兴趣和未来职业发展结合起来。

2. 有助于作出适合的选择

当今时代是一个快速变革的时代，选择往往比努力更加重要，只有选择好，方向走对，努力才会有成效。职业发展规划强调的是个人如何为自己做出适合的选择，焦点也集中在探讨个人如何规划自己未来的生涯发展。职业发展规划的目的是帮助个人按照自己的资历条件找到一份合适的工作，也是帮助个人真正了解自己，审时度势，为自己筹划事业发展蓝图，选择一生的发展方向。

美国电气和电子工程师协会院士、前微软公司全球副总裁、前Google公司全球副总裁兼中国区总裁、创新工场董事长兼首席执行官、世界知名的计算机专家李开复博士，在回顾自己人生发展的轨迹时，对自己在职业兴趣方面的重大抉择至今难以忘怀。他说：“大二的一天，我做了一个重大的决定，放弃此前一年多在全美前三名的哥伦比亚大学法律系已经修成的学分，转入哥伦比亚大学默默无名的计算机系，大学后三年每一门功课都要拿A。”有了正确的选择，生活才有方向；有了事业上的追求，生活才有动力。通过职业生涯规划，让自己有合适的选择。

3. 有利于明确奋斗目标

车尔尼雪夫斯基说过，“人的活动如果没有理想的鼓舞，就会变得空虚而渺小”。明确的职业发展规划，可以把理想与现实的努力结合起来，脚踏实地地学习与工作，一步步走近自己的职业理想。

很多时候，我们的职业生涯受挫是由于职业发展规划没有做好。美国哈佛大学有一项关于“目标对人生的影响”的跟踪调查，其调查对象为一群智力、学历、环境等条件大体相同的年轻人。调查结果表明，3%的人有清晰的长期目标，且25年中从未改变过，25年后他们成为创业者、行业领袖和社会精英；而27%的无目标的人，他们生活在社会底层，经常失业，靠救济为生，常常抱怨社会。不怕我们现在处在哪里，怕的是走错方向。职业发展规划可以帮助我们明确目标，走对方向。

4. 有利于提高职业竞争力

职业发展规划也可以帮助大学生提升应对职业竞争的能力。当今社会竞争激烈，要想使自己在激烈的竞争中脱颖而出并立于不败之地，必须设计好自己的职业发展规划。从人力资源的角度出发，用人单位非常看重新员工的职业生涯发展规划是否明确，是否与公司的发展一致。有一位大学毕业生在求职书中描述了自己的发展规划：“乐意从最基层的工作做起，用3～5年的时间熟悉业务，掌握相应经验，然后向高级主管职位挑战。”尽管其面试成绩在众多竞争者中很一般，却应聘成功。即使其生涯规划只有5年甚至更短的时间用于为本企业工作，用人单位也乐意聘请这种目标明确、规划透明的人。

5. 有利于减少人力资源的浪费

知识经济时代，人力资源已成为第一资源。一方面社会需要大量的高素质人才，另一方面大学生就业难。如何配置人力资源，已成为目前面临的突出问题，职业发展规划与职业指导目的是改变这种现象，做到人职匹配，人尽其才；使员工能充分地了解组织发展对人才的需求，从而找到最适合自己的职业和最能发挥自己才能的位置，实现人力资源合理配置。

6. 职业生涯规划是为幸福人生做准备

生涯规划是一个人尽其所能地规划未来生涯发展的历程，在充分认识自我、认识外部世界、考虑个人的才能、性格、价值及阻力和助力的前提下，妥善安排、调整自己在人生中的位置，从而实现所得即所求。

人生的大部分需求都要通过职业生涯来实现，因而职业生涯的发展直接影响生活质量和对生活的满意度。随着职业发展程度的不断加深，人的需求也逐渐向追求事业成功、人生价值感和幸福感等靠近。职业不只是谋生的手段，更是实现人生价值、追求美好生活的重要途径。因此，我们应对自己的职业生涯进行积极有效地开发和管理，才可能拥有成功的职业生涯，实现幸福人生。

（三）大学生职业生涯规划的特点

处于不同职业发展阶段的人，所面对的环境要求不同，自身素质积累不同，个人的职业发展规划应根据规划时所处的阶段、职业发展现状而进行。大学生的职业生涯发展规划有其一定的特点。

1. 设定目标不同

一般的职业生涯规划的总体目标是获取一定的职业地位或取得一定的职业成绩。一般职业发展规划的阶段目标划分并不明晰，视个人的总体目标和现实差距而定。

大学生的职业生涯规划，最根本也最现实的目标是初次就业成功，能拥有一个与自己的兴趣、爱好、能力等相匹配的职业岗位。大学生职业生涯发展规划的阶段目标十分明朗，如一年级应达到什么要求，二年级应完成什么计划，毕业时要实现什么目标等。

2. 规划年限不同

职业生涯规划按时间类型可以分为短期规划、中期规划、长期规划和人生规划四种。一般的职业者可以按照自身的条件和客观环境的特点，制订期限可长可短的职业发展规划。

大学生的学习生活是一个完整和固定的阶段，其时间维度上有一个标准的划分方法，即学制的长短为学习生活的起止时限。如目前高职学生都是 3 年制，学生从进校开始进行职业发展规划一般就是 3 年。

3. 实施策略不同

一般的职业生涯规划其实施策略主要是根据职业发展目标，制订一定职业范围内的学习培训、专业技能提高、职场人际关系沟通、企业文化融合等行动计划。

大学生处于职业的准备阶段，其职业生涯规划的实施策略主要是了解和探索职业，完成与未来可能从事职业相关的学习、培训任务，提高基本能力和素质，行动计划必须与大学生本身的学习任务和校园活动密切联系。

二、职业生涯规划的步骤

大学生要树立职业生涯规划的观念，学会规划自己的大学生活和未来的职业生涯，这是一项重要的自我管理技能。大学生制定职业生涯发展目标主要包括三个方面：一是个人基本情况，包括自己的兴趣爱好、特长、能力、性格、价值观及个人健康状况、学习状况、工作经验、性别、年龄、家庭经济状况、人脉资源，还要考虑自己的智商、情商与个人的目标与需求等因素。二是对自己所具有的优势与劣势进行评估，在此基础上设定自己职业生涯发展的目标，设定此目标的原因、达到目标的途径及在实施过程中可能获得的助力与受到的阻力等。三是个人外部环境因素分析，社会的需求、经济的兴衰、政策法规的影响、家庭的希望、用人单位的需求，以及自己在职业生涯发展规划方面的计划等情况。

在综合全面考虑以上因素的基础上，就可以制定自己的职业生涯发展目标，步骤主要分为以下几个方面。

（一）自我评估

体现个人价值首先要明确个人价值。要清楚自己究竟想做什么，能做什么。职场人应自问：我的定位是什么？核心竞争力有哪些？身价有多少？一般来说，衡量个人价值一方面要根据自己的市场竞争力，另一方面则是市场需求。构成竞争力的基本要素是个人素质（包括知识、经验、技能、阅历及解决问题、处理人际关系的能力）、工作绩效、职位高低、知名度等。自我评估的目的是认识自己、了解自己，从而对自己所适合的职业和职业生涯目标做出合理的抉择。

（二）职业生涯机会的评估

职业生涯机会的评估，主要是评估周边各种环境因素对自己职业生涯发展的影响；环境因素评估主要包括组织环境、政治环境、社会环境、经济环境。在制订个人的职业生涯规划时，只有对环境因素充分了解和把握，才能做到在复杂的环境中趋利避害，使职业生涯规划具有实际意义。

（三）确定职业生涯目标

俗话说："志不立，天下无可成之事。"立志是人生的起跑点，反映着一个人的理想、胸怀、情趣和价值观。在准确地对自己和环境作出评估后，可以确定适合自己、有实现可能的职业生涯目标。合理、可行的职业生涯目标的确立决定了职业发展中的行为和结果。

（四）选择职业生涯发展路线

在职业生涯目标确定后，向哪一路线发展，如走技术路线，还是管理路线，是走"技术＋管理"即技术管理路线，还是先走技术路线，再走管理路线等，在职业生涯规划中，必须对发展路线做出抉择，以便及时调整自己的学习、工作，使各种行动措施沿着预定的方向前进。

（五）制订职业生涯行动计划与措施

在确定了职业生涯的终极目标并选定职业发展的路线后，落实目标的行动措施，主要包括工作、培训、教育、轮岗等，并对应自己的行动计划将职业目标进行分解，即分解为短期目标、中期目标和长期目标。分解后的目标有利于跟踪检查，同时可以根据环境变化制订和调整短期行动计划，并针对具体计划目标采取有效措施。

（六）评估与反馈

影响职业生涯规划的因素很多。在此状态下，要使职业生涯规划行之有效，就必须不断地对职业生涯规划执行情况进行评估。首先，要对年度目标的执行情况进行总结，确定哪些目标已按计划完成，哪些目标未完成。其次，对未完成目标进行分析，找出未完成原因并制定解决问题的对策及方法。最后，依据评估结果对下一步的计划进行修订与完善。

三、职业生涯决策与行动

诺贝尔说：“有什么样的选择，就有什么样的人生。”的确，选择浪漫，你就有了浪漫多姿的人生；选择求知求学，你便有一个拼搏进取的人生……当你站在纵横交错的人生路口，在职业生涯发展等相当重要的选择上更是如此。

（一）职业生涯决策

决策是个人在两个以上可能选择之间挑选、决定的过程。职业生涯决策，是对所要从事的职业进行选择的行为。整个职业生涯发展过程都会不断面临决策问题。职业生涯决策的过程，是综合个人对自我的认识，以及对教育与职业等外在因素的判断，在面临生涯抉择时所作出的各种反应。其构成要素包括决策者个人目标、可供选择的方案与结果，以及对结果的评估，而其历程与结果，则受到机会、结构、文化等社会因素，以及个人价值观与其他内在因素的影响。

1. 决策风格

每个人的决策风格都不同，在职业生涯的决策上亦是如此。根据学者哈瑞恩（Harren）的观察，大部分人的职业生涯决策方式可以归纳为理性型、直觉型、依赖型和犹豫型四种类型。

（1）理性型

此种型态的决策逻辑性强，系统地收集充分的生涯相关信息，且分析各个选项的利弊得失，按部就班地做出最佳的决定。优点是得出的结果较为合理，缺点是需要在前期信息资料的收集上花费工夫，有错失良机的可能。理性型的决策型态是做出合理客观决策的充分保障。大部分职场成功人士在规划自己的职业生涯时，都是非常理性的。

（2）直觉型

此种型态的人是以自己在特定情境中的感受或者情绪反应，做出直接的决定。他们做决定往往跟着感觉走，较为冲动，缺乏系统地收集相关信息，很难在同一工作上晋升到较高的职位。因而，直觉型的人可能常常会对结果不满意，直觉型的决定是自发性的，在时间紧迫的情况下非常有用，缺点是容易受主观意见影响。

（3）依赖型

此种型态的人是指等待或依赖他人为自己收集信息且做决定，较为被动和顺从，十分关注他人的意见，个人行为的目标是满足他人和社会的需求。对于此类型的人而言，社会赞许、社会评价、社会规范是决策的标准。由于传统文化的影响，亚洲地区的孩子比较倾向于这种决策类型。

（4）犹豫型

此种型态的人因为选择的项目太多，所以无法从中做出取舍，经常处于挣扎状态，下不了决心。这种类型比较容易延误良机，是对个体负面影响最大的决策风格。犹豫型的思路往往会“冻结”我们的生涯决策，从而对良好的决策制定产生消极的影响，优点是可以收集充分、完整的信息资料。

2. 影响决策的因素

决策何以难为？这是因为决策总是具有风险性，要求我们为其后果承担责任，另一个主要原因是它的复杂性——有诸多因素可能会影响到我们的决策。著名的职业辅导理论家克朗伯兹（Krumblotz，1979 年）将影响个人职业决策的因素划分为四类。

（1）遗传和特殊能力

遗传和特殊能力即个人得于遗传的一些特质，如种族、性别、外表特征、智力、音乐能力、美术能力、动作协调能力等，这些决定了个人的职业表现或影响到个人的生涯。身高、体形、健康状况等先天条件在诸如模特、文艺工作者、军人等职业的招募中对是否有机会参与面试和被录用占据了重要的地位。

个人的特殊能力也会影响其在环境中的学习经验，伴随学习经验而来的兴趣与技能，对个人未来规划职业等也有较大影响。

（2）环境和重要事件

影响职业生涯规划的因素中，有许多来自外部环境，这些环境状况和事件来源于人类活动（如社会、文化、政治、经济活动、家庭）的影响和自然力量（如自然资源的分布或自然灾害）的影响。很显然，家庭的社会经济地位（偏远农村还是沿海城市，是否为困难家庭）、家庭对于个人的期望（如是否重视教育）、所在地区的教育水平等，都会在很大程度上影响个人的求学背景和发展机会，例如像“改革开放”这样重大的社会政治、经济变革，也极大地改变了社会中许多人的人生轨迹。

（3）学习经验

这里所说的“学习”是广义的学习，即每个人在日常生活中不断积累的经验和认识。每个人独特的学习经验，在决定、规划其职业生涯路径时扮演重要的角色。比如，某小学生恰好遇上了一位特别和蔼可亲、循循善诱的数学老师，于是对数学产生了浓厚的兴趣，对老师这一职业也怀有美好的向往。成年后，他很有可能最终选择数学教师作为自己的终身职业。由此可见，每个人在其成长过程中都积累了无数的个体独特的学习经验，而这对于个体的职业生涯选择又具有重要的影响。

(4) 任务取向的技能

受到上述种种因素的作用，个人在面临一项任务时，会表现出特定的工作习惯、解决问题的能力、心理状态、情绪反应和认知的历程，称之为“任务取向的技能”。比如，面对找工作这件事情，同一个班里所有的同学都没有经验，但其中有人可能会积极地面对困难，会想到利用学校就业指导中心所提供的各种信息和资源，并向自己身边的“人力资源”请教，之后会开始探索和思考着手联系实习单位，这样当他们就业时已经积累了不少的信息和资源，能做到胸有成竹，而另外一些人则不能正视就业困难，到毕业季开始着急，最后草草找一个职位了事。在这个过程中，不同的人所表现出来的心态、习惯和能力，其实反映了他们不同的任务取向的技能。

在克朗伯兹所说的这四类影响职业决策的因素中，前两大类因素通常都在个人的控制之外，而后两大类因素则是个人在成长过程中可以不断积累和更新的。克朗伯兹认为：上述四种因素交互作用的结果，形成了个人对自我和世界的推论或信念。这些推论不一定完全正确，人们往往会以偏概全，在一两次深刻经历的基础上得出一些刻板的印象和先入为主的偏见，这就是所谓的“非理性观念”。例如，因为家庭经济上的困窘，就牢牢记住了“没钱就会让人瞧不起”，从而在职业选择上将收入作为考虑的首要标准。

这些“非理性观念”的不合理之处，在于其绝对化。“应该”“必须”这样的表述方式都体现了思想观念上的束缚，将个人的选择限制在狭小的范围内，缺乏弹性，最终阻碍了个人长久、健康的发展。日常生活中，你可以有意识地多审视自己的观念，不断反思和更新自己的观念，这是个人成长的重要内容之一。

(二) 职业生涯决策的方法和技术

1. 职业生涯决策要素与步骤

(1) 职业生涯决策的要素

每个人面对职业生涯决策的情境虽然不同，但做出任何一个合理决策，都需要考虑和分析决策的目标、选择、结果、评价这四大要素。

①目标是指要达到的目的，这也是决策这一行为之所以存在的根本。

②选择是在达成目标的过程中有多种途径，采取哪一种途径就是作出选择。

③结果是指每一种选择所衍生出的附加物。

④评价是指对各个选择后的结果进行合理的评估。

比如要从上海到香港，“去香港”是一个目标，可以选择的途径有“乘飞机直达”或者“乘火车到深圳再轮渡”，乘飞机和乘火车就是个人面临的两个选择；如果选择乘飞机，“节省时间、方便但花钱多”就是结果；如果选择乘火车，“时间长、不太方便但节省花费”就是结果。而最后你认为你更看中“节省时间”，还是“费用”，抑或是“方便与否”，就成为你的评估结果。

在进行职业生涯决策时，还要考虑以下几个问题，以确保目标、选择、结果、评价这四大要素的合理性。

①我可以做什么：分析环境中的挑战与机遇。

②我能够做什么：分析自己的优势与不足。

③我想要做什么：个人的价值取向、兴趣爱好等。

④我应该做什么：是否符合社会价值、家庭期望、个人期望等。

这些是进行职业生涯决策之前必须要考虑的问题，它们会使我们的生涯决策更加务实。

(2) 职业生涯决策的步骤

由于我们的个体差异和个人偏好，很难对职业生涯规划或问题解决建立一个精确的按部就班的程序。可运用认知信息加工理论（Cognitive Information Processing）的CASVE循环模型来了解生涯决策的过程。CASVE决策模型认为一个良好的决策需要经历5个步骤：C（沟通）、A（分析）、S（综合）、V（评估）和E（执行）。

①沟通。在这个阶段，通过信息交流，发现理想和现实之间存在差距，识别问题的存在并作出选择。

信息交流包含内部和外部的信息交流。内部的信息交流，是指个体自身的身心状态，如在毕业找工作时，可能在情绪上会感受到焦虑、抑郁、受挫等，在躯体上会有疲倦等反应，这些情绪和身体状态都是提醒你需要进行内部交流沟通的信号。外部的信息交流是指外界的一些对你产生影响的信息，如同宿舍其他同学开始准备简历就是给你提供了一种外部信息。通过内部和外部沟通，你意识到自己需要解决某些问题。

②分析。对自我知识及各种环境知识进行分析，尽可能了解造成在第一阶段发现的差距的原因，通过大量信息的收集和准备了解自己及自己的各种选择。

自我知识包含兴趣、能力、价值观、人格，我是内向的还是外向的？我关注宏观抽象的事物还是具体细节？我倾向理性思考还是感性体验？我习惯于有条不紊还是随机应变？

环境知识包含职业世界、家庭需要等。例如，对于考研来说，需要付出什么努力？花多长的时间准备？读研之后的生活是什么样的？研究生毕业之后的求职情况如何？而对于找工作也需要了解每一份职业相关的信息。

③综合。通过分析阶段，对自我有了更多了解，每一个方面都对应着很多职业，把这些职业列出来，就会得到一个范围很广的选择列表，把最可能从事的职业限定到

3～5 个。然后问自己："假如我有这 3～5 个选择，是否可以解决问题?" 如果可以，就进入评估阶段选出最适合的选择，如果不能，就需要重新回到分析阶段了解更多信息。这个先扩大后缩小、综合细化的选择清单过程非常重要。

④评估。对于综合阶段得出的 3～5 个职业进行具体的评价，评估获得该职业的可能性，以及这个选择对自身及他人的影响，从而进行排序。例如，可以问：a. 对我个人而言什么是最好的？b. 对我生活中的重要他人而言什么是最好的？c. 大体上，对我所处的环境而言什么是最好的？等等。

⑤执行。这是实施选择的阶段，把思考转换为行动。以第一选择作为目标构建计划，实施我的选择。很多人都觉得在执行阶段，制订行动计划是令人兴奋和有价值的，因为他们终于可以开始采取积极行动去解决问题。

CASVE 循环是一个不断重复的过程，在执行阶段之后，生涯决策者又回到沟通阶段，以确定已经选取的选择是不是最好的，是否能最有效地消除理想与现实间的差距，否则就要启动新的 CASVE 循环。

CASVE 决策方式，无论是对解决个人职业生涯决策问题，还是解决团体问题都非常有用。用系统的方法思考这 5 个步骤，能够提供一个有用的工具，使你成为一个更有效率的人。

2. 职业生涯决策的阻力

不是每个人都能成功地做出职业生涯决策，这当中会有阻碍因素不利于我们做出决定，或是职业选择不顺利，或是造成生涯发展困扰经常无法突破。一般来说，职业生涯决策过程中遇到的阻力包括三个方面。

（1）来自个人的生涯决策阻力

①意志薄弱。个人生涯选择受到父母、他人影响的情形相当明显，因而大学生往往忽略真正适合自己的选择，或虽有少数能立定志向的大学生却往往因为不能持之以恒而放弃想要发展的方向。这时该去想一想：我的理想是什么？我的生涯目标是否投射了他人的期待？真正适合我发展的方向在哪里？哪些因素影响着我做适当的决定？我应该坚持哪些部分，然后朝自己掌握的方向去努力。

②行动犹豫。许多人虽然有着自己的想法与目标，但可能因为担心、害怕或缺乏信心等而无法展开实际行动。这类人往往只想、只计划，却不能起而行之。这时若能先建立信心，或利用一些策略进行自我督促便可改善。

③知识和信息缺乏。有些大学生知道该为自己的职业生涯作决策，但由于缺少决策经验或缺乏决策技巧等相关知识，对于目前社会或工作环境的信息不了解，而无法做出适当的决策。这类大学生应通过学习掌握信息收集的方式，强化信息的收集与整理，并加强生涯决策相关知识的学习。

④依赖他人。有些大学生缺乏自信心，职业选择容易受到外界的影响和干扰。比

如当自己喜欢做研究，家人或朋友却认为男生做销售好、赚钱多时，他或许就会放弃既定的目标。这类大学生应加强自信心的锻炼，学会有选择地接受他人的观点，坚持自己认为正确的主张。

⑤方向选择未定。有些大学生受阻于未来发展方向的模糊，而无法明确规划并付诸努力。这些大学生属于“方向选择未定”一族。这时应去探索自己的兴趣、能力、社会现状等，先找出方向才不会做错选择。

（2）来自他人的生涯决策阻力

人是社会的人，是在人际关系中存在的人，一个人往往与周围很多人有着千丝万缕的联系，这些联系往往影响做出的决定。研究家庭系统和生涯决策的学者们已经观察到，那些与家庭其他成员关系极其密切的人，也就是在家庭中个人界限不是很明确的人，往往在决策中很难保持自己情绪和心理上的独立。这时需要个体明确自己的界限才能做出自己的决策，什么时候需要自己做决策，什么时候考虑到其他家庭成员的因素，当阻力产生时，适当的沟通是非常必要的，这样才能让自己的生涯决策得到他人的理解和支持。

（3）来自社会的生涯决策阻力

决策的时候还需要考虑社会这个大环境因素。社会大环境中，经济、历史、文化的力量都在干扰着个人做出有效的决策。

经济衰退、政局动荡不安，都是影响个人生涯决策的重大阻力；性别歧视和刻板印象也严重阻碍着个体的生涯决策。这些社会阻力确实存在，需要在决策过程中慎重考虑，有效的生涯决策应该通过调整、修正、扬长避短，克服来自社会的干扰，做出有效的决策。

3. 职业生涯决策的方法

（1）五 W 法

“五 W 法”是一种被许多人士成功应用的方法，从问自己是谁开始，如果能够成功回答五个问题，就有最后的答案了。

①五个 W 的内涵：

Who am I?（我是谁?）

What do I want?（我想做什么?）

What can I do?（我能做什么?）

What can support I?（环境支持我做什么?）

What can I be in the end?（我的最终目标是什么?）

以上五个 W 涵盖了目标、定位、条件、距离、计划等诸多方面，只要在以上几个关键点上加以精心设计，使自身因素和社会条件达到最大限度的契合，对实施过程加以控制，并能够在现实生活中趋利避害，就能使职业生涯规划更具有实际意义。

②如何思考五个 W：

a. 我是谁？必须把自己的优点和缺点一一列举出来，形成一个比较清醒的、全面的自我认识。

b. 我想做什么？要求我们对自己的职业发展心理进行检查。每个人在不同阶段的兴趣和目标并不完全一致，但随着年龄和经历的增长，个人的兴趣和目标会逐渐固定下来，并最终形成自己的终身理想。

c. 我能做什么？个人职业的定位及职业发展空间的大小取决于自己的潜力，因而，必须对自己的能力与潜力进行全面总结。

d. 环境支持我做什么？环境对于职业选择的重要影响包括两个方面：一是客观方面，如家庭支持、朋友关系、同事关系、领导态度、亲戚关系等。对于涉世未深的大学生来说，第二点的个人因素对职业选择的影响更加明显，事实也证明，人脉资源越丰富的大学生找工作越容易。

e. 我的最终目标是什么？明晰了前面四个问题，就能从各个方面找到对己有利的和不利的条件，从而发现不利条件最少、自己想做而且又有希望实现的最终生涯目标。

(2) SWOT 分析法

SWOT 分析法又称为态势分析法，是由美国旧金山大学的管理学教授于 20 世纪 80 年代初提出来的，是一种能够较客观而准确地分析和研究一个企业现实情况的方法，其中 SWOT 以其很好的分析模式被广泛应用于个人的自我分析之中。

在制定生涯目标时，一要考虑自身内部因素，二要考虑外部环境因素。SWOT 分析法是一种有效的自我诊断方法，可以帮助分析个人的优点和弱点，并且评估出自己所感兴趣的不同职业道路的机会和威胁。S 代表 Strength（优势），W 代表 Weakness（弱势），O 代表 Opportunity（机会），T 代表 Threat（威胁），其中，S、W 是内部因素，O、T 是外部因素。从整体上看，SWOT 可以分为两部分：上半部分为 S、W，主要用来分析内部条件；下半部分为 O、T，主要用来分析外部条件。

进行 SWOT 分析应注意的方面有：①要对个人的优势与劣势有客观的认识，不要过分夸大自己的优势，也不要过于自卑，把自己看得一无是处，应客观全面。同时要区分个人的现状与前景。②要与其他专业的同学或计划从事同一职业的竞争者进行比较，了解自己的优势与劣势。同时，进行 SWOT 分析时，要注意 SWOT 分析法的简洁化，避免复杂化与过度分析。

(3) 职业生涯决策平衡单

在进行职业选择时，有时会碰到两个甚至两个以上不同的职业发展方案的选择问题，此时，如果能进行直观量化，可能会使我们对自己的职业生涯目标更加清晰。职业决策平衡单方法和技术可以通过打分的方式，量化我们的各项职业选择的分数，帮助我们进行职业生涯目标的决策。它能帮助人们把复杂的情况条理化、模糊的信息清晰化，使用表单的形式，系统地分析每一个可能的选项，判断分别执行各选项的利弊得失，然后依据其在利弊得失上的加权计分排定各个选项的优先顺序，最终帮助人们做出正确的决策。

四、职业生涯管理

（一）职业生涯早期管理

职业生涯早期主要是指从进入组织之前的职业选择、职业培训到进入组织的一段时间。这一段时间一般发生在20～30岁之间，是一个人由学校走向社会、从学生转变为员工的过程。在此阶段，一个人开始择业、择偶的选择，其中择业居于首位。一个能发挥自己才能、有成长空间的职业能使一个人获得良好的经济地位和社会基础，它是实现自己人生目标的重要保证。

在这个时期，职业生涯管理可以分为两个阶段：进入组织之前的一段时间和进入组织之后的一段时间。进入组织之前，主要是个人选择适合自己的职业，为了实现自己的职业生涯目标而进入理想的组织，主要以自我职业生涯管理为主；在进入职业生涯之后，便开始逐渐适应新环境、新岗位，检验自己的知识、技能、经验和能力是否适合新岗位的需要，逐渐融入组织并建立自己的地位，进入组织后的职业生涯管理，既有组织的职业生涯管理，又有自我的职业生涯管理。

1. 职业生涯早期的特点

职业生涯早期阶段，员工处于青年时期，这一阶段无论是从个人生物周期、社会家庭周期还是从生命周期来看，其任务都比较单纯、简单，个人的主要任务是适应企业，会好好地工作。职业生涯早期的特点是个人进行职业生涯管理的基础，所以有必要了解职业生涯早期的特点。职业生涯早期的特点主要表现在以下几个方面。

（1）员工的个人特征

这时的员工刚进入职场，有一种新鲜感，并且有很强的上进心，在各方面都严格要求自己，内心潜在的力量不断地推动着他们前进和发展。除了在事业上的拼搏，职业生涯早期的员工开始组建家庭，承担家庭责任。另外，从心理方面来看，职业生涯早期的员工主要解决依赖与独立的矛盾。依赖是独立的前提，当经过一段时间的学习和积累之后，工作经验和能力都会有所提高，这时就应该寻求独立，否则，一味地依赖会成为职业生涯发展的绊脚石。

（2）职业发展情况

员工在进入自己向往的职业领域后，开始接触职业生涯领域的知识、技能，并逐步尝试在职业生涯领域积累知识和经验。对组织环境和组织文化需要不断地适应，不断地学习。

2. 职业生涯早期问题

职业生涯的早期，也是职业生涯发展的关键时期。这一时期选择适合自己发展的职业，进入合适的组织并发展是关键。在职业生涯早期需要解决的问题可以归纳为以下几点。

（1）职业选择问题

每个人都有自己的梦想，而且可能不止一个，有时候可能还会发生变化。年少时选择职业，以特长等方面来决定自己的发展方向；长大后想当作家、企业家等。但并不是一定要根据自己的职业价值观、爱好决定行为的方向，职业兴趣和职业能力则是维持一个人永远对职业保持激情的保证。

此外，在进行职业选择时，社会因素也不可忽视。一个人可以把握自己，但却不能操纵社会。走向社会之后，才发现社会提供的选择和机会自己并不愿意接纳，而自己想从事的喜欢的职业却不一定有机会从事，如何处理这种矛盾成为许多人面临的难题。

（2）确立职业生涯目标

职业生涯目标的确定，要考虑自我因素和外部环境因素。自我因素主要是认识自我，前已叙述，在此不再重复。下面主要讲一下对外部因素的认识。

首先，要对社会的宏观发展趋势有基本的认识。比如，自己所选择的职业在将来会怎样发展，社会热门职业的需求情况以及发展前景等。

其次，要分析自己即将进入的企业的外部环境。这包括该企业所从事的行业的发展状况及前景、在行业中的地位和发展趋势、竞争能力等。

（3）个人与企业、组织文化冲突问题

组织在挑选员工的时候，价值观和能力与组织的要求相符合的人就会入选，如果企业、个人双方对选择都没有意见，那么这些新员工就会很快地融入组织这个大家庭之中，建立良好的同事关系；如果员工发现自己的价值观与组织所宣传的价值观或自己感受到的价值观发生冲突，产生摩擦，就需要组织或个人之中的某一方做出让步，即进行工作调适，会使员工与组织出现相互的接纳。

如果调适失败，个人可能就会离开组织。

3. 职业生涯早期管理

职业生涯的早期管理同样可以从组织和个人两个角度来考虑，这里主要介绍一下个人自我职业生涯管理。

（1）进入职业之前需要做好思想准备

要有取得成功所必需的态度和价值观，要有积极的工作态度，要对企业有积极的认知和理解，要培养积极的情感，不管对企业是怎样的一种感觉，当你融入其中时，都要以饱满的热情来工作，这也是事业成功的一个法宝。对于自己所选择的职业，要认识到它对自己的重要性，要充满信心，只有兢兢业业、努力工作，做出自己的成绩，才会有发展的前景。

(2) 进入组织后，熟悉工作环境，形成良好印象

新员工在进入一个新的组织之后一定要注意建立良好的形象，否则会影响到自己今后的发展。第一，要适当地讲究着装；第二，要有时间观念；第三，尽快熟悉工作，明确岗位责任，争取出色地完成第一件任务；第四，积极利用非正式场合熟悉周围的员工；第五，不断总结，改进工作；第六，注意交往的技巧；第七，熟悉企业的文化、制度和发展策略等。

(3) 掌握职业技能，学会如何工作

掌握职业技能，提高工作能力。第一，弄清岗位职责，明确工作任务。第二，要克服依赖心理，自己积极主动地工作。第三，从小事做起，树立良好的职业形象。

(4) 适应组织环境，学会与人相处

新员工进入企业之后，尽快融入企业必然要经历一个适应环境的过程。积极适应组织环境，和同事友好相处，应该注意以下三个方面的问题：第一要接受企业现实的人际关系。第二要尊重上司，学会与领导融洽合作。第三寻找个人在企业中的位置，建立心理认同。

(5) 正确面对困难，努力提高自己

对于刚工作的新员工来说，在工作中遇到困难和障碍是在所难免，这时候不要惊慌，也不要退却，摆正自己的心态，用积极乐观的态度来解决问题。

(6) 找准目标，少走弯路

“只有轮回的四季，没有轮回的人生”，一个人如果没有明确的努力目标，不考虑自身的特点，总是变换自己的目标，那么一生的宝贵时光都要在摸索中度过，最后很可能一事无成。

(二) 职业生涯中期管理

职业生涯中期阶段是一个时间长、富于变化的阶段。这个阶段既有可能获得职业生涯的成功，又有可能出现职业生涯危机。这一时期作为人生最漫长、最重要的时期，其特殊的生理和家庭特征使其职业生涯发展面临特定的问题和任务。

职业生涯发展中期主要由两种方法来界定。一是根据个人的职业生涯发展状况来区分，即从立业到退休的一段时期；二是根据年龄来划分，即 30～50 岁。这里我们按照年龄的标准来划分职业生涯，因为按照职业生涯发展状况来决定职业生涯中期，时间段的差异比较大。

1. 职业生涯中期特点

职业生涯中期是个体生命周期中最重要的阶段，也是个人职业生涯周期中最重要的时期。在这一阶段，职业生涯周期处于发展和提升的时期，并逐步达到高峰，而生物周期则由精力旺盛到逐渐衰弱，家庭周期由组建家庭到生育、培养子女，直至子女

成家立业；在这一时期，个人的生命周期和心理素质呈现出明显的阶段性特征，具体表现为以下几个方面的特点。

（1）个人能力和职业生涯特征

①职业能力稳步提升并逐渐成熟。在职业生涯中期阶段，员工的职业能力不断提高，各方面逐渐趋于成熟。这时的员工已经到了中年，价值观和世界观都成熟稳定，绝大多数人的事业心、责任心增强，逐步形成了沉稳、踏实和一丝不苟的工作作风。此外，处理人际关系和各种事情的能力也在不断提高，趋于成熟。

②创造力旺盛，工作业绩突出。在职业生涯中期，员工在企业中已经具有了一定的地位，一般都已成为企业的骨干。此时，个人也具备了创造一番辉煌业绩的潜在的实力。

③职业发展轨迹呈倒“U”形。职业生涯中期长达20多年，在中期的初始阶段，职业发展轨迹呈现由低到高逐步上升的趋势，在职业生涯中期的中间段出现职业顶峰，经过辉煌的职业高峰之后，职业轨迹就会呈现下降的趋势，整个过程呈现为一个倒“U”形的曲线形状。

（2）个人总体生命空间特征

职业生涯中期处于三个生命周期完全重叠的时期。人的生物周期贯穿人的一生，职业生涯周期从20岁左右开始到60岁（或更长）结束，家庭生命周期则从20岁左右开始贯穿人的后半生。如果从30岁开始算起到50岁为职业生涯的中期，那么三者重叠的时间长达20年，相比之下，职业生涯的其他发展阶段三者重叠的时间则相对较短。

①职业生涯中期的生物社会周期运行任务繁重。面对工作、婚姻家庭状况、教育子女和其他方面的责任，个人需要重新确立目标，进行职业自我发展的重新选择。

②家庭生命周期在这一阶段也发生显著的变化，伴随产生一些新的问题，需要承担新家庭的责任及担当。

③职业中期阶段，个人职业生涯运行和发展任务重。在职业生涯中期阶段，职业发展呈现复杂化和多元化特征，既要想方设法在自己的专业领域保持领先地位，以自己的经验和知识获取更多的报酬和地位，又要面对职业生涯中期的危机，职业发展任务繁重。

人的三个生命周期之间是相互影响、相互作用的，既有相互促进、相互推动的正面作用，又有相互矛盾、相互制约的负面作用。

（3）个人的心理特征

职业生涯发展中期由于工作状况和家庭状况的变化，个人的心态也发生了不同于职业生涯早期的一系列变化。

①职业认同感遭到冲击，同时感到职业机会有限。进入职业生涯中期，特别是人到中年以后，开始面临梦想和现实成就之间的冲突，青春期曾发生的选择职业和生活

道路时的矛盾再度出现。家庭成员价值观和所取得的成就未必认同，这样就会加重他们对自己职业生涯的不满和疑虑。这些感情和心理的变化会给中年人的职业生涯发展带来一定的影响。一部分人会重新评估自己的工作，甚至寻找新的职业，探索新的发展空间。同时，人到中年会逐渐意识到职业机会随年龄的增长越来越受到限制，个人更加难以做出职业选择，从而产生焦虑不安的情形。

②家庭结构和内部关系改变。人到中年，“空巢”家庭下的夫妻两人开始重新处理彼此的关系；不再需要支付给子女养育和教育费用，家庭负担减轻，休闲支出增加，还要处理好与父母的关系。

③在进入职业生涯发展阶段的中后期时，开始意识到个人学习能力正在下降，感到力不从心，总觉得没有时间和精力完成自己梦寐以求的事，从而感到抑郁，心理负担较重。

2. 职业生涯中期问题

从职业生涯中期的发展特点可以看出，职业生涯发展中期主要存在以下问题：职业生涯发展机会减少，而个人的发展愿望不能得到满足，组织成为个人发展的瓶颈；个人对职业生涯的发展产生困惑，或探索新的职业领域，或继续过平庸的生活；在职业生涯上升时期，家庭需要投入，从而产生个人与家庭的冲突；工作压力大，身心健康容易受损。

（1）职业中期危机问题

职业生涯中期阶段，正值复杂人生的关键时期，由于个人三个生命周期的交叉运行，面临诸多问题，导致某些员工存在职业问题，形成所谓的“职业生涯中期危机”。这些危机主要表现在以下三个方面。

①缺乏明确的组织认同和个人职业认同。这种情况往往会出现两种结果：一是放弃工作，更多地转向关注工作之外的自我发展和家庭生活。二是对工作本身失去了“反应”，其积极性、兴奋点、注意力已不在工作上，而是放在了组织福利奖酬上，例如对报酬、津贴、安全等问题的计较等。

②现实与职业理想不一致。有些人在职业发展中期会陷入一种自我矛盾之中，因为其现实职业发展同早期的职业目标、职业理想不相一致，主要表现为：一种是虽然从事自己理想的职业，然而并未取得自己所期望的成就；另外一种情况是职业锚完全不同于最初的设想。与抱负相比，更需要职业以外的其他东西来弥补。

③职业生涯发生急剧转折或下滑。在职业生涯中期，特别是人到中年以后，每个人不可避免地会产生中年期的各种矛盾和心理变化，不少人还面临工作不顺心、无成就感、现实与理想矛盾的情境。如果一个人不能正确地对待和处理这些复杂的情况与变化，必然会产生职业生涯的急剧转折与滑坡。

（2）职业生涯发展的瓶颈问题

职业生涯发展的瓶颈首先来自组织结构的制约。组织对各类人员的需求量不同，初级层次的人员较多，中间层次次之，高级层次的需求相对较少。由于对初级、中级、高级人才的需求呈现金字塔形，初期和中期的竞争可能不是十分激烈，但争取高级职位就比较困难。有些人由于缺乏竞争力，对未来的前途感到迷茫。

（3）组织成熟度本身也是一个十分重要的制约因素

在组织的开拓时期，由于事业发展较快，不断需要人才配合，所以个人发展的机会也比较多；但当事业发展走向成熟期的时候，新的岗位增加缓慢，老的岗位基本已经被老员工占据，除非由于退休、离职或者其他特殊原因空出来，因此导致晋升的机会非常少，个人发展十分困难。

（4）工作与家庭的冲突问题

职业生涯中期，是家庭、工作和生物生命周期相互作用最强烈的阶段。处于这一阶段的员工，基本上都有了家庭和孩子，孩子的教育、抚养是员工需要花费时间和精力的工作；同时，这时也是事业上升的时期，需要投入很多的精力对企业做出贡献；但此时一个人的身体状况开始下降，有时会出现力不从心的现象。

（5）精神压力过大，健康状况不佳

职业生涯中期是个人发展的相对顶点，处于事业的探索阶段，在工作上比较熟练，但同时因为这个阶段处于人生的中年时期，一个人的身体健康状况开始下降，所以工作负担相对比较重。由此可见，中年是人生最劳累的阶段，事业发展、子女教育、父母赡养都需要精力，如果不能妥善地处理这些事情，往往容易出现身体疾病。有关调查显示：许多老年性疾病开始提前，如高血压、高血脂、偏头痛等，都在35～40岁的年轻人身上发现。

3. 职业生涯中期管理

职业生涯中期，各种问题和矛盾集中，如果不能妥善处理，就会成为职业生涯发展的致命伤害。这一时期，个人要面对职业生涯中期所发生的职业问题、生命周期的变化等制订有针对性的职业生涯管理措施，具有特殊意义。

（1）保持积极进取的精神和乐观的心态

诸多的问题和生命周期运行的变化，使人的中年时期成为一个关键的时刻和转折点。对于有信心和把握获得晋升和发展的人来讲，他们充满斗志，干劲十足，将来有可能进入高层领导职位，成为职业中的稳定贡献者。但是，还有相当一部分中年员工，由于面临家庭和职业生涯中期危机，职业发展遇到困难和问题较多。职业生涯中期产生的诸多问题，给个人造成巨大的压力，但同时也提供了前进的动力和机遇。如果能够正确地控制自己的感情，正视客观事实，积极寻找解决问题的方法，还可为新的发展打下坚实的基础。

（2）适当考虑降低职业生涯目标

人到中年应该以更加实际的态度对待自己，调整自己的职业目标，以更加豁达的眼光来对待自己的禀赋。如果制定的目标是通过自己的努力可以实现的，就不会生活在挫折的阴影里，而是拥有成就感。不是所有的人都能顺利获得职业生涯的成功，所以，要考虑适当降低自己的职业生涯目标。

（3）面临新的职业与职业角色选择

处于职业生涯中期的人都经历了较长时间的职业工作，同时也面临着新的职业角色选择，这时个人必须重新审视自身的生活目标和价值观，选择新的角色。如果组织缺乏合适的机会和岗位，而员工个人又有能力，可以考虑寻求新的发展机会。

（4）协调好三个生命周期

在职业生涯中期，每个人都面临着来自职业生涯周期、家庭周期和个人生物周期的生命周期问题。这三个生命周期相互影响、相互制约，因此，解决职业生涯中期的问题，正确处理三个生命周期运作之间的关系，求得三者的适当均衡，是这一阶段的人必须完成的重要任务。可以根据自我评估和再认识后的需求，综合考虑各方面的因素，妥善处理工作、家庭和自我发展三者的关系，求得三个区间的适当均衡。

（5）树立终身学习的理念

知识经济的社会，一个人要想在激烈的竞争中获得生存，需要渊博的知识作为后盾。现代社会的竞争很激烈，只有不断给自己充电，不断通过学习提升自己，才能在竞争中立于不败之地。这种发展态势要求人们不断地转变观念，更新知识，为提高自己在劳动力市场上的竞争力打下坚实的基础。

（6）注意身心保健

由于三个生命周期的影响，中年时期是人一生中负担相对比较重的时期，所以对于健康就应该特别注意。如果不注意身心健康，就会失去人生最宝贵的财富，家庭、事业都会受到影响。面对巨大的生活压力，中年人应该学会调节自己，可以从以下几个方面开始努力。

①要保持好的心态，积极面对人生的挑战。可以通过学习知识和技能来提高自己的自信心，增强自己战胜困难的能力。

②要定期检查身体，身体有疾病时及早发现问题，及早治疗。同时，要注意戒掉一些不良的生活习惯，比如熬夜、抽烟等。

③还要加强心理保健。心理健康和身体健康是相互影响的，有很多疾病都是心理的原因造成的。中年人由于压力大，容易产生焦虑不安的情绪，这样的状态就很容易导致疾病发生。

④还要注意合理地安排自己的时间。工作固然很重要，但在繁忙的工作之余，还要注意锻炼身体，进行适当的休闲活动，以减轻快节奏生活带来的压力。

（三）职业生涯后期管理

在西方，职业生涯后期通常是指45～60岁之间的一段时间，而在我国，45岁左右还是精力旺盛时期，员工经验丰富，处于职业生涯的顶峰时期。50岁左右，大多数人的学习能力和体力开始下降，适应能力也开始减弱，事业已经达到顶点，开始呈现下降的趋势。所以，把退休前的5～10年的时间确定为职业生涯的后期阶段。员工在退休前的工作主要是完成交接班，带徒弟，为退休之后的生活做准备。

1. 职业生涯后期的特点

（1）个人家庭与心理特征

处于职业生涯后期的员工，子女多数都已经成家立业，家庭出现空巢，夫妻相依为命，拥有温馨的家庭和享受人生的天伦之乐成为处于职业生涯后期员工的一大需求。个人的家庭和心理特征主要表现在以下几个方面。

①自我意识上升，怀旧、念友心重。这时的员工觉得自己已经工作一辈子了，应该是安享晚年、追求自己的兴趣和爱好的时候了。在追求自己兴趣的过程中，开始怀念逝去的岁月和曾经的朋友，自我保健意识也大大增强。

②安于现状，淡泊人生。随着个人年龄的增长，个人的精力、体力和生理机能开始退化，学习能力开始下降，工作能力开始减退，进取心也逐渐削弱。

（2）个人职业特征

处于职业生涯后期的员工，个人职业特征主要体现在以下几个方面。

①职业竞争力、进取心和职业能力明显下降。而科技的发展，需要知识和技能不断更新，处于职业生涯后期的员工已经没有更多的精力来学习，竞争力和职业能力明显下降。

②责任和权利及中心地位发生变化，从而引起角色变化。在职业中期，正值员工年富力强、职业发展至顶峰的时期。但是当到达职业生涯后期，曾经夺目的光环就会逐渐消失，领导地位被新的员工所取代，中心地位和作用逐渐丧失。

③保留一定的优势，可以发挥余热，做出贡献。长期的职业生涯使他们拥有了丰富的经验和业务知识、人生阅历，深知企业及其发展过程，对企业有很深的情感，能在企业中发挥自己独特的作用。

2. 职业生涯后期问题

（1）职业生涯即将终结

组织中新老员工的交替是不可避免的，因为组织中的重要地位，通常是由经验丰富、能力较强的员工来担任。

这样可以让老年员工安心退休，心情舒畅地离开工作岗位，的确是组织应该考虑的问题。

（2）不安全感增多

职业生涯后期阶段的员工，不安全感增多，主要体现在以下几个方面。

①经济上的不安全感：员工退休之后，经济收入会减少，但社会消费品水平却有

可能提高，建立健全的保障制度，按时发放退休金，可以使员工的衣食住行有保障，减轻心理负担。

②心理上的不安全感：此时的员工已经接近人生暮年，他们开始寻求心理的归宿，害怕被子女、社会和家庭冷落。有的老年人晚年丧偶，感情上感到孤独无助，不安全感随之而生。

③疾病增多：此时的员工由于年纪大了，身体衰退、老化，免疫系统功能减弱，疾病就会显著增加，所以希望组织能够提供符合老年人特点的医疗服务和相关的卫生保健措施。

④不适应退休后的生活：处于退休时段的员工早已经习惯了每天用工作来填补自己的时间，突然离开自己的工作岗位，会感到失落、无奈和不适应。如果退休的员工在以前非常热爱工作的话，就更难以从中解脱出来，闲下来会感到无所适从。

3. 职业生涯后期管理

（1）面对现实，承认自己能力和竞争力下降的事实，接受新的角色

在职业生涯后期，员工的能力和竞争力下降是事实，在学会勇敢地面对和接受的同时可以另辟蹊径，寻求适合于自己的新的职业角色，发挥自己的特长和优势。比如在现实工作中，充当参谋、职业顾问的角色；充任教练，对员工进行技能培训；培养新员工，充当师傅的角色等，这都是职业生涯后期的好选择。

（2）面对权力、责任和中心地位下降的事实要学会坦然接受

从领导的位置降下来或是从核心地位转变为普通的位置，一时间心理上可能会产生落差，这时候要从思想上认识和接受这个事实。可以将自己的注意力转移到家庭和个人生活方面，在家庭、社交、业余爱好和休闲娱乐等方面寻找满足感和充实感，也可以寻找一些新职业来满足自己的需求，充实自己的生活。

（3）培养年轻人

有的组织考虑到老员工的利益和对公司的贡献，就把培养年轻人的任务交给了老员工，希望他们能够发挥自己的经验优势。其实，培养年轻人，也是一门科学。老员工要像老师一样，将自己的感受和理解以科学的方法和方式传递给年轻人。

（4）学会如何应付“空巢”问题

“空巢”是职业生涯后期的一大变化，也是人生的一大转折。处理好“空巢”问题，对于一个人职业生涯后期的发展很重要，这时应该通过多种途径密切与配偶的关系，也可以发展自己的兴趣爱好或者培养新的兴趣，以此来丰富自己的生活，充实自己。

（5）回顾自己的职业生涯，着手退休准备

职业生涯在人的一生中占据很长时间，对一个人一生的发展起着重要的作用。在职业生涯结束时，回顾一下自己所走过的职业生涯之路，并进行总结，是非常必要的。

一方面，可以总结和评价自己的职业生命周期，为自己的职业人生画上圆满的句号；另一方面，通过总结自己职业生涯成功的经验和失败的教训，对新员工进行现身说法教育。

复习与思考

（1）谈谈校企合作协同育人在高职教育中的意义。

（2）制订职业生涯规划需要哪些步骤？

（3）结合实际给自己制定一份实现近期目标的具体计划。

（4）你的职业生涯目标是什么？请用生涯决策技术分析一下自己职业选择的可行性。

（5）你比较认同哪一种职业生涯发展理论？为什么？

（6）职业生涯早期的特点有哪些？该如何合理规划？

项目三

校企合作协同育人路径与模式

任务一 高职院校校企协同育人机制的设计

学习目标

（1）了解校企协同育人机制的背景。

（2）了解高职院校校企协同育人机制的设计思路。

（3）了解高职院校校企协同育人机制的构建。

知识目标

（1）掌握“双师型”教师队伍建设机制。

（2）掌握新型学徒制的概念。

一、校企协同育人机制的背景

产教融合下的现代职业教育高质量发展的主要任务之一是完善校企协同育人机制的建设，校企协同育人机制建设涵盖产教有效融合、“双师型”教师培养、新型学徒制实施、社区教育、评价监督、信息沟通等各方面。习近平总书记在十九大报告中指出：“把发展教育事业放在优先位置，深化教育改革，完善职业教育培训体系，深化产教融合、校企合作。”由此表明，加强职业院校校企合作和深化产教融合已上升到了国家战略的高度。职业教育的基本任务是向社会输送专业基础知识扎实、实践操作技能过硬的复合型人才，确保学生在课堂中所学的知识与技能能和企业岗位需求“无缝衔接”，校企合作协同育人是其最有效的方式。

立德树人是大学的根本任务，加强和改进大学生思想政治教育工作，要进一步完善校内外协同育人机制，形成大学生思想政治教育合力，增强大学生思想政治教育的实效性，培养德智体美劳全面发展的社会主义事业的合格建设者和可靠接班人。

二、高职院校校企协同育人机制的设计思路

设计思路概括为“一目标、二要求、三原则、四融合、五对接”。

（1）一目标：培养高素质技术技能人才。

（2）二要求：深化产教融合，促进教育链、人才链与产业链、创新链有机衔接。

（3）三原则：适应性原则，要脚踏实地，适应企业用人需求，适应产业发展需求，促进就业；拓展性原则，要高屋建瓴，具有职业拓展性，为学生未来的成长提供知识与技能的储备，为产业的升级提供人才储备；创新创业原则，要培养高职学生的创新思维和创业能力，为社会提供创新创业的新鲜力量。

（4）四融合：学校即企业的平台融合，建设“教室＝工作室＝车间”的教学硬件环境，校企共建教学平台；教师即师傅的师资融合，为“教师＝师傅”的角色赋能，畅通校企师资的双向流动渠道，让师资能在企业与学校双平台创造经济效益和社会效益；学生即学徒的角色融合，通过“学生＝学徒”的角色赋能，实现“就学＝就好业”“学习＝生产”，丰富学生的职业体验，同时解就业问题；教学即生产的教学融合，制定“教学＝生产”的人才培养方案，构建教学与生产一体化的教学模式，更多地将学习与实战融为一体，促进理实融合，知行合一。

（5）五对接：招生计划与产业需求对接；专业设置与市场需求对接；院校特色与特色专业群对接；办学要求与办学评估对接；职业培训与社区教育对接。

三、高职院校校企协同育人机制的构建

（1）创新产教融合政策，健全校企合作管理规范。产教融合政策的制定要与高职院校建设的其他政策文件相呼应、相对接，如《国家产教融合建设试点实施方案》未紧密对接《国家职业教育改革实施方案》提出的“建设 50 个高水平高等职业学校和 150 个骨干专业（群）”要求，如若能与中国特色高水平高职学校和专业建设的“双高”计划相对接、相呼应、相结合，进行“争一流、创特色、提质量”的方向引领，政策会更具全面性和全局性。再比如，产教融合型城市的选取，可将高水平职业院校或示范骨干专业作为遴选的必要条件，通过政策实现“政、企、校”相互捆绑、相互激励、相互成就，既促进“双高计划”的成功实施，又保证试点建设的内涵与成效。

（2）要开展中小微企业产教融合的试点，创新相关政策，激发中小微企业在校企合作中的作用。

（3）要健全校企合作管理规范，为校企合作中的行为提供指导，让校企合作中的分歧与纠纷的解决有章可循。

（一）健全“双师型”教师队伍建设机制

1. 规范“双师型”教师认定标准和准入标准

根据“双师”之义——既是理论教师，又是实践师傅，建议将“具有 3 年以上企业工作经历并具有高职以上学历”作为标准底线，在此基础上再制定符合各专业特色、产业要求的“双师型”教师认定和准入标准。

2. 建立中国特色“双师型”教师的培养和继续教育制度

建议参考德国职业师资培养的“双元制”等经验，建立中国特色的职业教师培养制度，并落实“职业院校教师每年至少 1 个月在企业或实训基地实训，5 年一周期的全员轮训制度”，教师应真岗真事真干地完成企业工作任务。

3. 建立校企师资双向流动制度

打破身份壁垒和缩小待遇差距，对企业工程技术人员、高技能人才和职业院校教师双向流动，制定指导政策和建立双向流动制度。比如：由政府主导制定保留编制，并配套建立科学的绩效考核制度，让教师能没有后顾之忧地到企业长期任职；在职业院校中设立一定比例的流动岗位，对于职业院校急需的具有实践经验的企业高级人才，按企业同等待遇进行长期聘任，促进校企交流和合作。

（二）完善新型学徒制

1. 完善新型学徒制下的学历认证制度

严格学分认定、学习考核的管理，教育主管部门、企业、学校要共同调研协商，建立有质量保障、科学可行的学历认证机制。

2. 完善新型学徒制下的利益分配制度

在遵循市场经济的价值规律和促进校企合作的指导思想下，合理制定培训经费分担、工作价值分享、学徒工资发放、师资待遇等普适性政策。

（三）建立高职院校服务社区教育的制度

在社区教育领域，创新政策，破解时间、经费、场地、人员组织等难题，提高中小微企业、社区与高职院校等各方参与的积极性和创造性，推进全社会的职业技能提升，为“万众创新、大众创业”提供职业信息与技能支撑。

（四）健全评价监督机制

1. 建立基于产教融合的职业教育评价监督机制

设计包括产教融合度、双师培训、新型学徒制实施、“三教”改革、社区教育等考核项目在内的，全面、系统的过程考核、结果评价的动态指标体系。

2. 评价监督的主体与教育实施的主体要分离

建立专门、专业的监督评价机构，强化评价监督的社会公信力，以评促教，以评促改。

（五）建立产教融合的云信息平台

《国家职业教育改革实施方案》在组织机构设置上提出了建立国家层面的“职业教育工作部际联席会议制度”，支持组建“国家职业教育指导咨询委员会”，如能由这些组织机构牵头，充分利用大数据管理、“互联网＋”的信息手段，建立由政、产、学、研、社区各主体共同参与，统一的、独立的、跨行业、跨企业、跨地区的信息云平台，能节约产教信息获得的经济成本与时间成本，提高相关决策制订、政策调整、供需匹配、绩效评估的效率和效果。

复习与思考

（1）简述高职院校校企协同育人机制的设计思路的内容。

（2）如何完善新型学徒制？

任务二　职业院校校企合作协同育人路径

学习目标

（1）了解“人才订单”培养模式。

（2）了解“准员工 2＋1”模式。

（3）了解“工学结合”模式。

知识目标

（1）掌握职业院校校企合作协同育人路径。

（2）掌握校企合作实践探索的方式。

一、职业院校校企合作协同育人模式

（一）“人才订单”培养模式

“订单培养”又称“人才定制”，指企业根据自身发展需要，与学校接洽并签订人才培养协议，充分发挥学校与企业的优势，按照企业订单要求进行人才培养，学生通过考核后按照协议约定由企业安排就业的校企合作模式。这种模式下，职业院校把企业文化和用工标准纳入人才培养的全过程，既有助于学校教学对接行业标准，又有助于企业构建稳固可持续的员工队伍，还提高了学生的动手实践能力，降低了就业成本，最终实现校、企、生三方共赢。

（二）“准员工 2＋1”模式

“准员工 2＋1”模式是指三年制职业院校把学制划分为“前两年”＋“第三年”两个阶段，前两年学校主要对学生进行专业基础理论教学和职业素养的培育，并辅以必要的实验实训教学环节，第三年学生被分配到企业顶岗实习，按照企业准员工标准进行实践技能的培训，并结合生产实际完成毕业设计与论文。这种校企合作模式将人才培养的整个过程进行阶段性划分，职业院校负责完成理论知识的教育，企业负责专业技能的培训，产学紧密结合，可帮助学生毕业后能迅速融入企业，创造经济效益。

（三）“工学结合”模式

“工学结合”起源于英国桑德兰技术学院 1903 年实施的“三明治”教育模式，每学年分为学习学期与工作学期，采取学习与工作相结合的教学模式。这种校企合作模式强调学校与企业利用双方各自的教学资源，企业参与校内实训和顶岗实习管理，采取学习与工作相结合的“半工半读”的人才培养方式，学生在校不仅能学习到专业理论知识，同时能够参与企业实际生产，掌握岗位核心技能。

（四）校企共建共享生产实训基地模式

校企共建共享实训基地模式一般为校方解决场地和相关设施的配套，企业独资或校企共同出资建设生产实训基地，然后由师生参与企业产品研发，承接企业生产业务，把职业院校的日常教学与企业的实际生产进行深度融合。这种校企合作模式中，校、企都是培养主体，不仅能使职业院校教学更贴近实际，也能够解决企业场地、技术、用工等现实困难。学生在实训基地也是“真题真做、实战训练”，不仅能提升学生自身的技能，为企业创收，还能获得一定的劳动报酬，增加了学生的获得感。

（五）产、学、研合作教育模式

产学研合作教育模式是指企业科研与职业院校互相配合协作，发挥各自领域内的优势，把培养人才的过程贯穿研究、开发、产业化等活动，从而促进学生将理论学习与实际工作有机结合，实现培养高素质技能型人才的目标。产、学、研合作中企业需求技术，职业院校提供技术，两者相互合作，把“生产”“教学”“研究”三者相结合，提高了应用技能型人才的培养质量，可实现技术创新、成果转化、社会服务等功能。

二、职业院校校企合作协同育人路径

（一）发挥政府作用，健全法律制度，完善管理运行机制

第一，政府要将校企合作纳入地方发展规划，根据经济发展建立健全校企合作法律法规与合作办法，明确合作主体的责任和义务，切实保障双方的权益，并设立校企合作的管理机构，通过高效的管理与完善的制度平衡与化解双方的分歧与冲突，对校企合作的办学效果进行监督和评估。

第二，政府需明确校企合作奖励办法，充分调动企业参与的积极性，在政策扶持、税收、补贴等方面给予企业切实的优惠，对校企合作的优秀典型予以大力表彰。

第三，政府财政要设立校企合作专项支持资金，鼓励社会资本参与，降低合作各方的成本。

第四，政府要坚持职业院校办学的主体地位，引导企业积极参与职业院校的招生就业、人才培养方案制定、课程设置与改革、师资培养与建设、实验实训指导、考核评价实施等，以深化校企合作。

（二）实行混合办学体制，完善校企共建共享实训基地规范

以往校企合作，企业参与的积极性不高，主要是因为职业院校人才培养与企业需求脱节，而采取新的“二元制”混合办学体制，有利于职业院校与企业形成责任、利益、荣辱共同体，促进企业文化充分融入教学过程，促使学校教学手段根据企业要求不断更新，使教学管理充分尊重双方意见，保障校企沟通平台运作顺畅高效，实现双方的资源共享和优势互补。校企共建共享实训基地的建设与管理首先需搭建“共建、共管、共享”的信息化平台，职业院校要针对实训基地专门制定师资培训、设备管理、学生激励方面的规章制度，明确共建实训基地双方的责任与义务，建立反馈与评价体系；政府要监督规范企业行为，促使实训基地能够更好地服务于人才培养。

（三）加强师资队伍建设，合作共建课程体系

拥有一支素质过硬的“双师型”队伍对于职业院校的人才培养至关重要。第一，职业院校招聘新教师时不能唯学历和职称，要把企业经历纳入招聘条件。第二，要建立起科学完整的“双师型”教师培养体系，将“双师型”教师建设纳入常规管理工作，工资待遇与职称晋级适当向“双师型”教师倾斜。第三，加大学校、企业双方共同培养教师的力度，承认企业兼职教师的合理地位，实现学校、企业双方教师身份互认、角色互通。在专业与课程建设方面，政、校、企三方要紧密协作，充分共享资源和信息，依据地区产业发展和人才需求调整专业设置，建立富有特色的专业群。学校、企业双方要共建课程开发团队，组织双方专家和骨干教师共同制定课程标准，编写课程

教材，建立优质课程资源库，并将其用于学生培养和企事业单位培训，三方共享课程收益。

三、校企合作的实践探索

（一）实践探索的背景

在校企合作双元育人的探索实践中，一直存在企业资源不足的现象：首先，符合条件的企业资源不足。院校方在选择合作企业时，要综合考察企业是否有能力提供足够的资源，诚实守信、合法依规地完成校企双元育人的计划，实现人才培养的目标。其次，没有足够的利益相关性，中小微企业参与度不高。正是基于以上因素考虑，现阶段国家将产教融合的试点任务主要交给的是大型企业及企业集团。2019年10月出台的《国家产教融合建设试点实施方案》中，参与试点企业都是行业领先的大型企业。2019年9月教育部颁布的“首批全国职业教育教师企业实践基地”有102家，这些企业也是联想、比亚迪、中国中铁等耳熟能详的大型企业集团。以上国家级产教融合的试点成效在短期内还难以评估。各职业院校与中小微企业的校企双元育人合作仍是个体行为，合作中断、劳动纠纷、利益分配等困扰一直存在，影响合作的稳定性和合作成效。

（二）“双师型”教师队伍建设

高职院校普遍重视教师队伍的双师素质建设，能充分利用现有资源，多措并举地提升在职教师的双师能力。如：校企合作申请骨干教师国培项目、院校、企业、政府共同举办职业竞赛、举办“1+X”证书培训等。同时，各高职院校从自身出发，提出了自己的“双师型”教师的培养要求。各院校在新进高职教师的准入资格中，对于“具有企业工作经历并持有中高级职称或高级技术等级证书”的企业高技能人才适当放宽了学历的要求。如：湖南财经工业学院在教师招聘中有规定“持有注册会计师证书的人员学历起点为本科”。“双师型”教师队伍建设存在的主要问题仍是：双能培养的时间和机会不足，高职院校教师在企业真岗真做的实训机会较少和实训时间较短，不利于实践经验的积累和教改推进。校企师资双向流动的渠道还未畅通，高职院校的教师不能无后顾之忧地投入企业生产、研发，企业高技能人才不能全程参与职业教育，在身份、报酬、成果分享等方面都还未形成统一的规范性制度。企业参与双师培训的动力和资源不足。

（三）新型学徒制建设

因地制宜地实施新型学徒制。工科类专业通常能在校企双环境教学，财经商贸类专业，更多的是利用现代信息技术，模拟实践操作环境，进行仿真教学。新型学徒制改革中要关注的主要问题有：学徒身份下的管理责任、成本分担和利益分配。“三教”改革与新型学徒制的推进要相辅相成。对于不便提供真岗实战的财经类等实训，要增强仿真实习环境、实训平台、实训软件的研发和创新实训方式方法。

（四）社区教育

高等职业院校一直承担着农民工培训、下岗工人培训等各类国家专项培训任务，以及承接企事业单位独立请求的在岗职工培训。但在“重点服务企业特别是中小微企业的技术研发和产品升级，加强社区教育和终身学习服务”这几方面，受限于信息、资金、时间、身份、组织管理等因素，参与度远远不足。

（五）评价监督与信息机制

校企合作的成效现已纳入“双高校”“双一流”高职院校的评价指标中，随着校企合作经验的丰富，相关考核指标仍可细分，并调整指标的权重，推动高职院校主动破局，创新思维，全面系统地完成教育现代化改革的任务。各政府部门、行业学会、规模化企业、职业学校普遍都在各自的网站中建有产教融合的专栏，在普及产教融合的办学理念，传递教育改革的信息，探讨教育改革的新思想，发布产教融合的政策等方面起到了有益的作用。

复习与思考

（1）高职院校校企合作协同育人模式有哪些？

（2）有哪些校企合作的实践探索？

任务三　产业学院协同育人

学习目标

（1）了解产业学院的内涵。

（2）了解产业学院的建设原则。

（3）了解产业学院的建设内容。

知识目标

（1）掌握产业学院的建设目标。

（2）掌握产业学院建设的措施。

一、产业学院协同育人的内涵及原则

（一）产业学院的内涵

产业学院是为了服务行业或企业，与院校、政府、企业、协会多方协同共建，采用企业化管理方式、现代化治理结构、市场化运行机制、综合化功能定位的创新型办学模式。在建设内涵上发挥行业企业的主体作用，发挥行业企业实践育人的长处，提升行业企业高技能人才内在动力，全面提升人才培养质量，重视治理体系与治理能力建设，是政府、院校、企业、行业四方资源建设的平台，是教育链、产业链、创新链与人才链衔接的平台，更是实施职业院校全面深化职业教育综合改革的平台。

（二）产业学院建设原则

1. 育人为本

全面落实立德树人根本任务，主动面向区域经济社会发展和未来战略必争领域产业需求，推进人才培养供给侧和航空产业需求侧结构要素全方位融合，创新人才培养模式，加强航空产业创新型、应用型、技能型人才培养体系，培养大批符合航空产业发展需要的高水平工程师和高技能人才。

2. 服务产业

紧紧围绕河南及中原地区区域经济社会发展需要，科学研判新一轮科技革命和航空产业变革及新经济发展趋势，精确分析学科专业与产业链、创新链的对应关系和供需要求，充分发挥信阳航空职业学院专业特色和优势，面向产业整合学科专业教学资源，推进航空机务维修和无人机应用专业建设和传统专业改造升级，分类定位、切实服务区域新旧产业和发展动能转换，支撑河南航空及临空经济发展。

3. 融合发展

推动产业学院将人才培养、技术创新、科技服务、成果转化、产业引领等功能深度融合发展，把产业学院打造成为集“产、学、研、转、创”多功能、多主体深度融合的新型办学实体，积极探索产教资源要素互相转化、互相支撑，形成产教深度融合、良性互动的教育发展新生态。

4. 共建共管

充分发挥信阳航空职业学院、信阳市政府、西北工业大学爱生公司、河南航空职教集团等各方办学主体作用，建立校地互动、产教融合、校企合作的管理体制与运行机制，推行多个办学主体共同建设、共同管理、共同育才、共享资源、共担责任的管理体制，最终实现多方共赢、互惠互利。

二、产业学院建设目标

（一）创新体制机制，建立产业学院校企命运共同体

探索校内不具有法人资格的内设二级产业学院管委会治理模式，赋予现代产业学院建设发展所需的人权、事权、财权，建设科学高效、保障有力的制度体系；优化创新资源配置模式，增强“自我造血”能力，打造高校产教融合的示范区。

（二）重构课程体系，建立“岗课证赛工学交替”人才培养模式

促进课程内容与技术发展衔接、教学过程与生产过程对接、人才培养与产业需求融合。协调推进多主体之间开放合作，整合多主体创新要素和资源，凝练产教深度融合、多方协同育人的应用型人才培养模式。

（三）专业集群带动，提升航空类专业人才培养质量水平

依据行业和产业发展前沿趋势，推进与企业合作成立专业建设指导委员会，引入行业标准和企业资源积极开展实质专业认证，促进专业认证与创业就业资格协调联动，提高专业建设标准化水平。

（四）推进“三教改革”，校企合作开发项目化课程资源

引导行业企业深度参与教材编制和课程建设，加快课程教学内容迭代，关注行业创新链条的动态发展，推动课程内容与行业标准、生产流程、项目开发等产业需求科学对接，建设一批高质量校企合作课程、教材和工程案例集。

（五）共建实训基地，打造“专创＋育训”结合的实训高地

构建基于产业发展和创新需求的实践教学和实训实习环境。构建功能集约、开放共享、高效运行的专业类或跨专业类实践教学平台。建设1～2个兼具生产、教学、研发、创新创业功能的校企一体、产学研用协同的大型实验、实训实习基地。

（六）校企横向流动，打造“双师双能”高水平专业教学团队

依托现代产业学院，探索实施产业教师（导师）特设岗位计划，完善产业兼职教师引进、认证与使用机制。将现代产业学院建设成“双师双能型”教师培养培训基地，打造高水平教学团队。

（七）拓展社会服务，搭建产学研技术应用成果转化服务平台

强化校企联合开展技术攻关、产品研发、成果转化、项目孵化等工作，大力推动

科教融合，将研究成果及时引入教学过程，促进科研与人才培养积极互动，发挥产学研合作示范影响，提升服务产业能力。

三、产业学院建设内容及措施

（一）构建产业学院管理运行的体制机制

产业学院是由学院和公司深度融合而建立，航空产业学院运行管理中心，由学院航空工程学院和飞机学院推荐1名院长担任中心主任，另外分别从学院和公司各推荐1名副主任，分别承担产业学院的教学科研及学生工作和产学研训创及社会服务工作，充分发挥运行管理中心的领导核心作用，坚决落实中心主任负责制，着力引导职业学生形成正确的世界观、人生观、价值观，培养职业学生的职业能力、创新精神和社会责任感；致力发挥产业学院对当地产业发展的专业集群力量和带动作用。

（二）打造高水平专业集群

继续推进学校《高水平专业建设行动计划（2018—2020年）》《国家职业教育改革实施方案》要求，结合院校制定“十四五”教育事业发展规划的总体目标和设计思路，深入研究产业、行业发展和社会需求，以服务产业和服务区域经济的专业集群为基本架构，整体推动学校专业建设高质量发展。深入推进产教融合、校企融合、军民融合，完善专业建设的制度保障、条件保障、经费保障、环境保障，聚焦主业，准确定位，发挥行业优势，产教融合打造职业教育人才培养的高地和技术技能创新服务平台，形成具有世界影响力的技术规范、专业标准、教学资源、育训方案和管理制度。

（三）岗课证赛，创新人才培养模式

按照职业岗位的任职要求，参照职业技能考试标准和技能大赛标准，重新设计岗、课、证、赛深度融合的课程体系。将职业资格标准、技能大赛标准与专业课程标准紧密衔接，初步形成了由公共基础课程、专业考证课程、职业岗位课程、技能大赛课程组成的课程体系。课程体系重构后，学生考证率、就业竞争力、技能竞赛水平明显提高。协调推进航空类多元办学主体的开放合作，不断凝练、固化、推广产教深度融合、多方协同育人的航空类应用型人才培养模式，推动人才培养供给侧和产业需求侧结构要素全方位融合。

（四）凝练特色，提升人才培养质量

主动适应区域性产业转型发展攻坚和战略新兴产业布局，聚焦服务产业行业高质量发展，凝练特色优势专业；探索多专业跨学科交叉复合的、支撑产业链若干关联专业快速发展，培养适应和引领产业发展的高素质应用型、复合型、创新型人才。推进

行业企业、政府、协会等多方共同成立专业建设指导委员会，引入产业行业标准，促进职业能力认证与创业就业资格协调联动，提高专业建设标准与生产技术标准紧密融合的标准化、国际化水平。

（五）产教融合，开发校企合作课程

推动现代产业学院将行业产业的新技术、新工艺、新规范纳入专业课程教学标准和教学内容中，加快课程教学内容迭代，实现专业课程教学内容与行业产业生产标准、生产流程、项目开发等产业需求进行科学对接，建设一批高质量校企合作课程、教材和实训指导书。以职业学生的职业能力培养为核心，校企合作开展课程建设与改革，增加综合型、设计型实践教学比重，引进行业产业专业课程，使用真实生产线等环境开展浸润式实景、实操、实地教学，着力提升民航飞机维修专业职业学生的职业能力。

（六）统筹资源，产教融合共建实训基地

以创新驱动为核心，探索产学研协同创新和科技成果产业化模式，构建科技研发、科技转化、产业孵化和人才培养与聚集平台，利用校企双方现有科研平台，借助高校科研师资力量开展科研活动，进行科技前沿、示范应用等深度合作，共同研发新产品、新技术、新工艺。引入产业行业最新技术和真实项目，打造一批集校企合作协同育人的“产、学、研、训、创”等多功能为一体的高水平专业协同育人基地。为在校学生提供实习场所，协助学校相关专业制定教学课程，提供相关场地、仪器设备等，提高学生实操技术能力。同时，进一步总结经验，积极创新人才培养模式，全面提高人才培养质量。

（七）引培并举，建设“双师型”教师队伍

鼓励民航飞机维修产业学院培育和引进民航飞机维修企业行业中民航飞机维修领军人才、大师名匠担任民航飞机维修专业带头人。探索实施民航飞机维修产业教师（导师）特设岗位计划，完善航空产业兼职教师引进、认证与使用机制，建设民航飞机维修产业学院教师工作室（坊）、“双师型”名师、“大师”工作室，并有计划地派遣民航飞机维修专任教师到民航飞机维修企业挂职工作和实践锻炼，将民航飞机维修产业学院建设成“双师双能型”教师培训基地。开展校企导师联合授课、联合指导，着力推进民航飞机维修专任教师激励制度探索，为民航飞机维修产业学院打造一支数量充足、专兼结合、结构合理的高水平民航飞机维修“双师型”教师队伍。

复习与思考

（1）产业学院建设的目标有哪些？

（2）产业学院建设的措施有哪些？

任务四 校企合作协同育人的质量评价

学习目标

(1) 了解当前高职院校实践教学质量评价体系存在的问题。
(2) 了解实践教学质量评价的目的。
(3) 了解实践教学质量评价的组织机构。

知识目标

(1) 掌握实践教学质量标准和评价指标体系的构建原则。
(2) 掌握开展实践教学质量评价的主要手段。

推进协同育人是职业教育改革发展的必然途径。实践教学作为职业教育的关键环节，其开展过程与质量评价也必须渗透协同育人的教育理念。但当前，很多高职院校的实践教学质量评价体系存在诸多不完善、不合理之处，为此，本任务通过分析当前高职实践教学质量评价体系存在的问题，有针对性地提出改进对策，并从评价主体、实践教学要素、实践教学环节三个维度构建了基于协同育人的实践教学质量评价指标体系结构。

职业教育的本质特征决定了其办学主体的多元性。国务院印发的《国家职业教育改革实施方案》中明确提出："深化产教融合、校企合作，育训结合，健全多元化办学格局，推动企业深度参与协同育人。""完善政府、行业、企业、职业院校等共同参与的质量评价机制。"因此，推进协同育人已成为当今职业教育的发展方向，而实践教学作为达成职业教育人才培养目标的关键环节，其开展过程与质量评价也必须渗透协同育人的教育理念。因此，研究协同育人理念下高职实践教学质量评价体系所存在的问题及改进的对策非常有必要。

一、当前高职实践教学质量评价体系存在的问题

近年来，高职院校越来越重视对教育教学质量的监控与评价，但在评价过程中，仍存在着诸多问题，使教学评价并没有充分地服务于教学质量的提升。

(一) 评价目的有偏差

实践教学质量评价旨在通过评价实践教学各环节、各要素来查找影响实践教学质量的问题，为实践教学整改精准施策提供依据。但目前，很多高职院校更重视实践教

学质量评价在绩效考核方面的作用，却忽视了其在教学整改中的作用，没有深度挖掘评价结果所反映的问题，导致实践教学质量评价没有充分发挥其应有的作用。

（二）指标体系不完善

许多高职院校采用的实践教学质量评价指标体系只涵盖了影响实践教学质量的部分因素，其评价结果可能会掩盖实践教学中真正存在的问题，使得实践教学质量评价存在盲区。因此，构建完善的指标体系是有效开展实践教学质量评价的基础。

（三）评价主体较局限

职业教育的利益相关方不仅仅有学校、教师、学生，还包括政府、行业、企业。但目前大部分高职院校实践教学质量评价的主体是学生，部分院校有同行、专家的参与，但政府、行业、企业等其他主体的参与比较缺乏。如果对教学质量的评价只局限于学校内部，那么可能导致人才培养质量不适应市场需求。

（四）质量标准不完善

质量标准是质量评价的依据，但目前高职院校在制定质量标准时，普遍存在一些问题：一是照搬相关模版，缺乏结合自身实际和特色的个性化定制，使标准难以落地；二是缺乏行业、企业参与，导致所制定的标准与职业岗位的技术技能要求脱节，不适应新技术、新业态的发展。

（五）评价环节有缺失

影响实践教学质量的因素渗透于实践教学的各个环节，因此也应在相应环节开展对实践教学质量的监控与评价。但很多高职院校在期末才开展评教活动，使教学过程中存在的问题得不到及时反馈与改进。此外，目前还普遍缺乏对改进效果的追踪评价，往往是发现问题、提出整改方案后就不了了之，没有进一步追踪改进情况，导致问题仍没有解决。

（六）量化评价较缺乏

很多高职院校设置的实践教学质量评价问卷其实是满意度调查，但此类评价结果并不适用于同类院校间的横向对比。满意度是客户对所接受服务是否达到心理预期的评价。每个学校所面对的学生群体不一样，在不同学校环境影响下学生群体的心理预期也会不同，所以横向对比从不同学校得到的满意度调查结果难以反映真实差距。如果采用量化的指标来进行评价，将会更客观、更容易进行分析对比、查找不足。

二、基于协同育人的实践教学质量评价对策

（一）明确实践教学质量评价的目的和组织机构

1. 明确实践教学质量评价的目的

实践教学质量评价的目的在于质量，而不是评价。评价是手段，要为提升质量服务，因此，评价不能只注重评分排名，更要直击影响实践教学质量的内在因素，并且要在合理性、可行性、可视化上下功夫，使实践教学质量评价成为教学质量保证体系的有机组成，促进整个体系良性运转。

2. 完善实践教学质量评价的组织机构

实践教学质量评价是一个系统工程，涉及面广且量大，必须有相应的组织机构来承担。目前，已有高职院校探索成立了教学质量管理机构，一般是独立机构或隶属于学校督导部门，与教学组织实施部门相分离，负责教学质量监测与教学评价。该机构需配备了解教学运行过程与教学规律、具备较强信息技术应用能力与数据管理分析能力的工作人员。同时，教学质量管理机构还应充分利用信息技术建立教学状态数据信息平台，尤其应开发移动端的应用程序，以实现便捷、及时地采集数据与质量评价。

（二）把握实践教学质量标准和评价指标体系的构建原则

1. 多方协同原则

充分发挥企业重要办学主体作用，让校企合作企业充分参与教学质量标准和评价指标体系的构建，在有条件的情况下，还可吸纳政府部门、行业协会、第三方评估机构参与其中。多方协同的目的是构建与就业市场需求深度对接，适应产业发展的实践教学质量标准和评价指标体系。

2. 全要素原则

学校、教师、学生、校企合作企业作为实践教学的参与方，其行为和状态均会对实践教学质量产生影响，它们既是评价主体又是评价的客体。因此，实践教学质量标准和评价指标体系的构建不能局限于某一方，必须覆盖实践教学的全部要素。

3. 过程追踪原则

实践教学各个环节良好运转才能保证良好实践教学质量的产出，因此，质量评价也必须覆盖实践教学的各个环节，及时发现改进教学过程中存在的问题，并且为保证改进效果，必须对问题改进情况进行追踪评价。

4. 定量与定性评价相结合原则

定性评价着眼于主观感受，定量评价着眼于数据结果，两者应相互结合，不可偏

度。如果只注重定性评价，难以追溯根本原因；如果只注重定量评价，则与以人为本的理念相背，会忽视学生的学习体验、教师的工作体验。

（三）构建多维度的实践教学质量评价指标体系

以实践教学质量的评价主体、实践教学各要素、实践教学各环节分别作为一个维度，形成如图 3-1 所示的评价指标体系结构。各高职院校可根据自己实际办学情况，设置具体的主体、要素和环节。常见的评价主体有政府部门、行业协会、企业、学校、教师、学生、学生家长、第三方评估机构等。常见的实践教学要素有校企合作企业、实践教学设备、实践教学组织管理、实践课程、教师、学生等。

常见的教学环节有事前教学准备环节、事中教学实施环节、事后教学整改环节等，可根据需要进一步细分。该三维空间中坐标点所代表的意义为该评价主体在该实践教学环节对该实践教学要素进行评价。每一个坐标点可根据需要设置多个指标来进行评价。

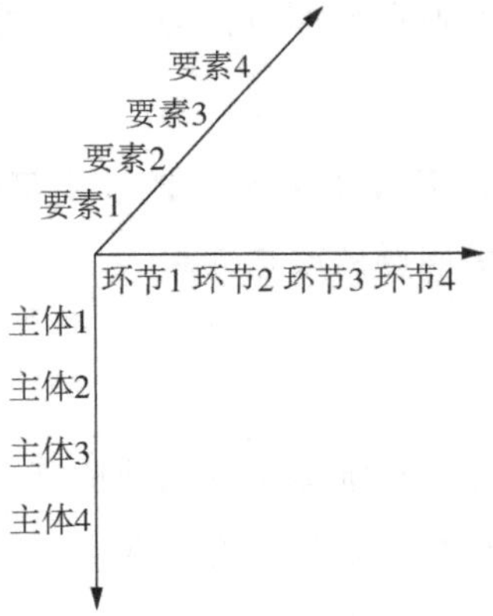

图 3-1　多维度结构的实践教学质量评价指标体系

（四）开展实践教学质量评价的主要手段

1. 数据采集

根据所建立的实践教学质量评价指标体系，在教学状态数据管理平台中设置相应的数据采集项，在各个教学环节要求相应实践教学要素的直接相关人员进行数据填报，所采集数据作为定量评价的依据。

2. 问卷调查

定性评价的部分主要通过问卷调查来进行，要求填答人必须是实践教学的直接参与者或知情者，其他未参与实践教学或不知情的人员应避免回答，以保证调查结果的客观性。

3. 即时评教

通过移动端的应用程序，对每节实践教学课或每个实践教学单元进行即时评教，以实现对实践教学质量的过程性监控与评价，尤其当学生在进行企业实践时，可实现远程的实践教学质量即时反馈。

4. 随机抽查

可通过随机访谈、随机听课、随机技能考核等形式，来抽查实践教学的开展情况，用来作为实践教学质量评价的补充；与通过数据采集、问卷调查、即时评教等形式得到的评价结果相对照，如差别较大，说明评价结果的可信度有问题，需进一步调查造成此种情况的原因，避免发生人为操控或蓄意抹黑等情况。

5. 教考评分离

充分发挥考试对教学质量的客观性评价作用，建立教学、考试分离的实践技能考核题库，随机抽取题目对学生进行考核，邀请企业技术人员对考核情况进行评价。如此，学生实践技能考核的成绩及通过率即可作为实践教学质量评价的重要指标之一。

6. 动态追踪

根据上述形式的评价结果，形成相关实践教学要素的动态评价曲线，以分析实践教学质量的变化趋势，追踪相关问题的改进效果。

复习与思考

（1）实践教学质量标准和评价指标体系的构建原则有哪些？

（2）开展实践教学质量评价的主要手段有哪些？

任务五　完善校内外协同育人机制　提高大学生思想政治教育的实效性

学习目标

（1）了解高校校内外协同育人机制存在的问题。

（2）了解如何营造高校、家庭、社会三方通力合作的思想政治教育格局。

知识目标

（1）掌握如何加强和改进大学生思想政治教育。

（2）掌握现代大学人才培养现状和趋势。

如何卓有成效地增强大学生思想政治教育的实效性，这是高校思想政治教育亟待解决的重大问题。笔者认为，要进一步增强思想政治教育的实效性，十分重要的一点就是要着力完善校内外协同育人机制，即不仅要完善包括教师、教育管理者、教辅人员等在内的校内协同育人机制，还要完善学校、社会、家庭三方共同参与的协同育人机制，因为，社会大环境与家庭小环境都对大学生有影响。这种校内外结合的协同育人机制，是增强大学生思想政治教育实效性的重要途径和方法。

一、高校校内外协同育人机制存在的问题

（一）高校内部尚未形成完备的协同育人机制

思想政治教育是一项系统工程，在高等学校内部，完备有效的思想政治教育协同育人机制体现为教学单位、党政机关及共青团干部和学生工作部等诸多部门共同协作参与的教育系统，其教育主体不仅包括学校党政领导、思想政治理论课教师、共青团干部、辅导员、班主任，还包括专业课和基础课的全体教师、教学管理者、教学服务者等。从大学生思想政治教育工作管理过程来看，高校思想政治教育管理体制往往采取校、院（系）两级管理，条块结合、网状运行的学生工作模式。在学校党委领导下，学生工作部（处）统筹全校学生工作，院系通过以主管学生工作副书记领导下的辅导员队伍开展思想政治教育工作，学生管理体制和运行机制自成体系，形成一个相对封闭的系统。

（二）未能积极发挥专业课程教学中的“育人”作用

在这种垂直管理体制下，大学生思想政治教育管理部门和管理队伍相对独立，虽然有利于政策的执行和落实，但其与教学、科研、就业、后勤等业务部门都存在一定的沟通障碍，教务、院系、学工、团委、科研、后勤等部门各司其事，使学生对思想政治教育的认知仅停留在政治理论的学习层面，缺少对大学生思想政治工作整体目标、工作程序和标准等的统一认识和深度理解，导致思想政治教育工作横向协同不够，难以形成合力，容易使工作脱节。在教学活动中，囿于教育职能分工、教学科研压力等因素，除思政课程教学外，其他课程的教师往往更关注课程教学的专业属性，在教学工作中，就课本讲课本、就知识讲知识，重视“教学”，忽略“育人”，没能积极发挥专业课程教学中的“育人”作用，难以形成对思政课程的有效支撑和补充。

（三）忽视其对学生个人修养和创造性思维的引导

在教学管理和教学服务过程中，由于观念上和实践中存在误区，认为思想政治教

育只是思想政治理论课教师和相关党政工作人员的职责，在客观上造成管理与育人之间的割裂。比如管理方式上存在行政干预手段过多、人文关怀较少、管理制度不完善等问题；在教学管理过程中过于强调管理的约束性、强制性，而忽视管理的思想性、教育性；在教学服务中，仅仅关注教学服务对学生学习环境、硬件设施的要求，而忽视其对学生个人修养和创造性思维的引导。

二、高校、家庭、社会三方尚未形成通力合作的思想政治教育格局

（一）营造高校、家庭、社会三方形成通力合作的思想政治教育格局

加强和改进大学生思想政治教育，离不开高校、社会、家庭三方的有效协作和共同努力。一方面，面对社会经济快速发展带来的价值多元化和西方不良社会思潮、生活方式的侵扰，大学生由于缺乏足够的社会生活经验和牢固的科学价值观，部分学生在理想信念、价值判断和人生追求方面很容易出现偏差，甚至走向极端。另一方面，大数据时代下移动互联网庞杂的信息洪流对大学生产生不可低估的影响，网络信息良莠不齐，使得大学生难以准确剖析和认识诸多社会事件背后的真相及其本质，进而影响其人生观、价值观的形成和发展。所有这些，都要求高校、家庭、社会三方形成通力合作的思想政治教育格局，才能充分发挥思想政治教育的育人作用。

（二）充分发挥思想政治教育的育人作用

高校要加强与社会的联系，组织学生参与社会实践。实践证明，社会实践活动是对大学生进行思想政治教育的重要途径。首先，组织学生参加生产劳动、志愿者服务、社会调查等社会实践活动，是帮助大学生了解社会、了解国情，提高大学生分析问题、解决问题能力的重要途径；其次，社会要积极配合高校搞好大学生思想政治教育。大学生参加社会实践是高校对大学生进行思想政治教育的一个重要方面，这需要得到全社会的支持与配合。但在现实中，一些企事业单位认为人才培养质量的提高和大学生思想政治教育工作应由高校独立承担。在人才培养和大学生思想政治教育过程中，一些用人单位基于对效率的追求，不太重视人才培养，不愿接收大学生进行社会实践或专业实习，导致大学生社会实践活动难以取得应有的效果。

（三）高校要加强与学生家长的沟通，充分发挥家庭的教育作用

由于学生远离家庭，同时，学生与家长信息传递有偏差，高校与家庭之间有效沟通不足，使得在人才培养中家庭教育难以与高校形成合力。更有甚者，在传统的家长式管理中，部分家庭已习惯对孩子进行保姆式照顾，甚至将大学视作学生完全意义的“监护人”，在育人方面赋予学校以无限责任的同时，却不经意间放弃了家庭育人的主体角色，这不仅使三方育人演变成为高校的“独角戏”，而且使消极的社会氛围和不当

的家庭教育成为降低甚至抵消学校道德教育效果的负向力。

三、完善校内外协同育人机制，加强和改进大学生思想政治教育

（一）进一步完善教师、管理者、辅导员等校内协同育人机制

倡导“思政课堂”的引领作用，始终坚持立德树人，在高职航空产业学院内深入开展理想信念教育，持续推进习近平新时代中国特色社会主义思想进教材、进课堂、进头脑；全员育人、立德树人是大学的任务。加强和改进大学生思想政治教育，首先是要创新学生工作体制，完善协同育人机制，树立德育首位意识和全员育人观念。组织制定大学生思想政治教育工作的总体规划和实施计划，明确职责，齐抓共管，将大学生思想政治教育目标分解落实到学校各个职能部门和教学单位，使教书育人、管理育人、服务育人的育人理念与各个部门的日常工作真正达到和谐统一。

（二）要充分整合和优化校内资源

使学校内部硬件资源建设与软件管理服务真正以学生为中心，在教育和教学的实践中将每个部门都变成思想政治教育工作的阵地，实现学校内部各个教学部门和管理、服务部门的统筹协调，形成合力，切实提高思想政治教育的工作质量。大学既是一个学术共同体，也是一个教育共同体。加强和改进大学生思想政治教育质量，必须充分发挥教师、管理者、教辅人员在人才培养中的合力作用，建构“全员育人、全过程育人、全方位育人”的思想政治教育整体格局。

（三）以人才培养全要素建设为抓手

着力塑造“教书育人、管理育人、服务育人”的优秀育人文化，形成思想政治教育合力，进而培养具有社会责任感、创新精神和实践能力的德智体美劳全面发展的社会主义合格建设者和可靠接班人。教师是大学生思想政治教育的主导者，也是“教书育人”的第一资源，改进大学生思想政治教育工作，必须充分发挥全体教师的“灵魂塑造”作用。教师要坚守师德底线，严守质量标准，坚持育人为本、德育为先的人才培养理念，把立德树人作为教育的根本任务，以高度负责的态度，率先垂范、言传身教，以良好的思想道德品质和人格对大学生产生潜移默化的影响。

四、要对现代大学人才培养现状和趋势有清晰的认识

（一）课程教学内容要不断更新

在坚持和巩固马克思主义在意识形态领域的指导地位的基础上，将中国特色社会主义的伟大实践融入教学实践，用科学理论武装大学生，用优秀文化培育大学生；要

创新教学方法，结合当代大学生个性鲜明、自我意识强、思维开阔的特点，创新教学方法，建立和谐共生的教育共同体，充分调动大学生参与思想政治教育学习的积极性、主动性，提升思想政治教育的实效性。教育管理者、教学辅助人员等作为人才培养活动开展的管理者、协调者和服务者，是“管理育人、服务育人”的实施主体，其理论水平、管理水平、分析问题和解决问题的能力、工作态度等也会通过各种途径直接或间接地影响学生素质的培育和形成，对大学生思想政治教育起着“润物细无声”的作用。

（二）提升大学生思想政治教育质量

教育管理者、教学辅助人员必须心中装着学生、心中装着教师、心中装着社会的需求与家长的期盼，真正做到以学生为本。教育管理者、教学辅助人员既要把学生、教师置于大学组织的核心，又要把社会需求、学生需要和家长期盼作为学校开展人才培养的重要出发点和落脚点；在教学管理方面既要做到“严”字当头，又要体现人文关怀，坚持为学生办实事、解难事，在服务学生、关心学生、帮助学生过程中教育、引导学生。

（三）提升教学管理和教学服务质量

（1）增强管理育人意识，忠于职守、尽职尽责，内练素质、外树形象。接触学生时要做到仪表端庄、语言文明、态度和蔼、主动热情，要以正确的思想引导学生，以高尚的情操感染学生，以模范的行动带动学生，以出色的工作影响学生，实现“管理育人”。

（2）端正服务态度，优化服务流程，提高服务质量，从细微处着眼，一言一行潜移默化地影响学生，促进“服务育人”。

（3）将教育学生与关怀学生有机统一起来。热爱学生而不溺爱学生，既体现人文关怀又不触及制度红线，维护制度、规则的严肃性，实现人才培养中的“制度育人”与对学生的人文关怀的统一，从而达到最佳的教育效果。

五、加强沟通，完善高校、社会、家庭通力合作育人机制

党的十七届六中全会审议通过的《中共中央关于深化文化体制改革、推动社会主义文化大发展大繁荣若干重大问题的决定》明确指出：“全面加强学校德育体系建设，构建学校、家庭、社会紧密协作的教育网络，动员社会各方面共同做好青少年思想道德教育工作。”为此，我们高校应与社会密切合作，着力构建社会全员育人网络；社会成员也应积极配合学校教育，自觉强化自我言行约束，积极参与到净化社会环境、网络环境的行动中来；要在全社会大力营造培育和践行社会主义核心价值观、弘扬中华优秀传统文化、学习党史和国史、普及法纪和廉政文化的社会氛围，为大学生提供良

好的社会精神文化生态。各类社会组织、单位、个人应积极参与到高校人才培养的过程中，要真正担负起其在人才培养过程中的责任，加强校企、校社合作，着力解决学生最为关切的实习、实践和就业基地建设问题，强化对学生的创新创业指导和帮扶，切实解决大学生面临的实际问题。家庭应当切实承担参与高校人才培养和思想政治教育的责任。移动互联网的生活化应用为家庭学校之间实现有效沟通提供了媒介桥梁。家长应加强与高校在人才培养中的合作和信息沟通，要“注重家庭、家教、家风，紧密结合培育和弘扬社会主义核心价值观，发扬光大中华民族传统家庭美德”，强化社会主义核心价值观和中华优秀传统文化教育，帮助学生树立良好的人生观和价值观。高校作为人才培养和大学生思想政治教育的主阵地，要坚持依法治校，健全以大学章程为重要内容的高校制度体系，深化治理结构改革，推进高校治理体系和治理能力现代化，不断优化办学环境，提高教学质量，进一步加强与外界的交流与合作，以开放的姿态吸引校外单位和家庭依法参与人才培养各个环节，努力营造学校、社会、家庭共同参与育人的良好氛围。

六、小结

综上所述，构建基于协同育人的高职实践教学质量评价体系是当前职业教育深化产教融合、校企合作的必然要求，其构建必须更广泛、更深入地汲取各方智慧，其落实要有过硬的信息技术支撑，要有完善的运行机制保障。

复习与思考

（1）如何提升大学生思想政治教育质量？

（2）如何充分整合和优化校内资源？

项目四

职业院校学生认知自我

任务一　认知自我的内容

学习目标

(1) 了解心理我的内容。

(2) 了解社会我的内容。

(3) 了解家庭我的内容。

(4) 了解道德我的内容。

(5) 了解优势我的内容。

知识目标

(1) 能够正确评价自己。

(2) 掌握兴趣、性格、能力和价值观与职业生涯规划的关系。

(3) 掌握公民的基本道德和职业道德的内涵。

对于自我意识的分类，因依据的标准不同，其划分的种类也不同。

我国战国时期的哲学家有句名言“今者吾丧我”，其实已经有了主我和客我的认识。主语的“吾”就是主我，宾语的“我”就是客我。可见古人已经懂得把自我当成客体来认识，并思考对自我进行分类。美国人类学家米德认为，自我分为主我（I）和客我（me）。主我是对自己活动的觉察，代表每个人的自然特性。客我是被觉察的自己的身心活动，代表自我社会的一面。如平时我们说的“我认为我做得对”“我感到我很有信心”等，句子开头的“我”就是“主我”，宾语的“我”就是“客我”。主我早于客我形成，客我形成需要很长时间，自我意识的发展是主我与客我的不断对话的过程。

美国心理学家詹姆士对自我的论述最为完备，他把自我分为物质的自我（生理自我）、精神的自我（心理自我）、社会的自我和纯粹的自我。我们引用前三个层次的自我来看自我的内容和分类。

（1）物质的自我

自我认知：对自己身体、外貌、衣着、风度、家属、所有物等的认识；

自我情感：自豪感或自卑感；

自我评价：英俊、漂亮、有吸引力、迷人、自我悦纳；

自我控制：追求身体的外表、物质欲望的满足，维持家庭的利益等。

（2）精神的自我

自我认知：对自己的智力、性格、气质、兴趣、能力、记忆、思维等特点的认识；

自我情感：自豪感或自卑感；

自我评价：有能力、聪明、优雅、敏感、迟钝、感情丰富、细腻；

自我控制：追求信仰，注意行为符合社会规范，要求智慧与能力的发展。

（3）社会的自我

自我认知：对自己的名望、地位、角色、性别、义务、责任、力量等的认识；

自我情感：自豪感或自卑感；

自我评价：自尊、自信、自爱、自豪、自卑、自怜、自恋；

自我控制：追求名誉地位，与他人竞争，争取得到他人的好感等。

精神分析学派创始人、奥地利著名心理学家弗洛伊德提出的“人格结构说”，将“我”分为本我、超我和自我。本我是本能的我，超我是符合理想、伦理和规范的我，自我则是居于两者之间调节本我和超我的我。

综合各家学说，可以看出，自我分类有以下几种。

第一种，按心理活动的过程划分，自我意识是由知、情、意的统一所组成的高级反映形式，由认知自我、情绪自我和意志自我三部分构成。认知自我包括自我感觉、自我观察、自我观念、自我分析与评价等。比如说“我是高个子”“我很老实”“我的脾气很温和”等，都属于认知自我的内容。情绪自我包括自尊、自爱、自信、责任感、义务感、优越感等。比如说一个人很有自信，是因为自己较有能力；很喜欢自己，是因为自己长得潇洒（或漂亮）。意志自我包括自主、自立、自制、自律等，主要表现为个体对自己的行为的控制以及个体对待他人和自我的态度的调节。比如，“我怎样才能成为一个更有自信的人”，“我怎样才能克服自己的惰性”。

第二种，按自我意识的内容划分，分为物质自我、社会自我和精神自我。物质自我是个体对自己身体、衣着、金钱等所有物方面的一种意识，其中身体包括体相、性别、年龄、健康状况等生理方面的意识，如对自己个子高矮的认知和评价，对自己相貌美丑的认知和评价。社会自我是指个体对自己在社会关系、人际关系中的角色的意识，包括自己在社会和群体中的地位、作用以及应当承担的社会义务和享有的权利的意识等。比方说认识到自己作为儿子的角色，要孝敬父母等。精神自我是指个体对自己的心理活动包括心理过程和个性心理特征的意识，主要是对自己个性心理特征的意识，包括对自己的性格、能力、态度、道德、理想和信念以及行为、习惯等的意识。

比方说，觉得自己比较温和、智商较高等。

第三种，按自我观念划分，分为现实自我、投射自我和理想自我。现实自我是指个体从自己的立场和观点出发，对自己目前的实际状况的评价和看法。比方说，认为自己能力平平，自己的家庭经济比较窘迫。投射自我是指个体想象他人对自己的评价和看法。比如，觉得别人看不起自己或别人认为自己的能力很强。理想自我是指个体要实现的比较完善的一种自我境界或形象，是个人追求的目标。比如，大学毕业后想当明星、教授或企业家。

一、生理我——我的身体状况

“生理我”又称“生理自我”，是一个人对自己的身体、健康状况、外貌、动作技能等方面的感受，包括身高、体重、视力、体力等可以量化或直观得到的指标。通俗地说，就是个人对自身生理情况的认知程度。

“生理我”是非常基本的一种自我概念，它对个人的适应能力与未来发展都有重要的影响。正确认知“生理我”，理性面对自己的生理特点，根据“生理我”来选择自己能够适应的工作十分重要。比如，身高可能成为某个行业入门的门槛，色盲或色弱的人不能从事对视力有要求的岗位，有传染病的人不能从事医疗、饮食、食品生产行业，身体差的人不能胜任强体力劳动的工作岗位，长相可能成为某些职业（如空姐、护士）的任职条件等。一个人如果在生理上达不到任职条件而强行去这些岗位，对自己和企业都没有益处，所以，人们应该根据“生理我”来选择职业。

每一个人都可以按照表 4-1 进行“生理我”的认知。大学生处于身体成长发育期，大一的“我”和大三即将毕业的“我”在身体上会有很大的改变，这些改变有时会影响一个人的择业，如进校时瘦小，在毕业时变得健壮，因此，有必要进行阶段性的“生理我”认知。

表 4-1　“生理我”的认知

内容	结果
性别	
年龄	
身高	
体重	
视力	
健康状况	
体力	
有无传染病	

（续表）

内容	结果
有无特长（如手指长、腿长，耐力好，善短跑等）	

这里要特别提醒大学生们，要愉悦地接纳自我，正确认识自我，不管长相是美是丑，都要接受这个事实。无论长相如何，都要靠自己的努力，即使天生丽质，也不能放弃努力赢得职业和人生发展。如果在这方面处理不好，那么“生理我”可能在一定程度上影响“心理我”的发展，进而影响一个人的职业生涯。

二、心理我——我的内心世界

“心理我”又称“心理自我”，是一个人对个人价值与能力的评价。站在职业生涯规划的角度来说，拥有一个良好的“心理我”相当重要，许多心理学实验都显示：个人对自我能力的评估会影响到他所设定目标的水准，进而产生截然不同的结果。

“心理我”可以通过各种测评工具来检测。“心理我”的内容包括兴趣、性格、能力、价值观等，这些与一个人的职业发展有密切的联系。

例如，小李写作能力很强，但数学能力却平平；小王在唱歌方面有特长，但抽象思维能力较差。如果他们能够清楚地认识自己的能力，那么在职业规划方面，小李可能会信心满满地成为一名优秀的记者或者作家，而小王则可能成为一名歌唱家。

因此，我们应当充分了解自己的兴趣、性格、价值观及各种能力。

（一）兴趣

兴趣是人们力求认识和掌握某种事物，并经常参与该活动的心理倾向。兴趣是最好的老师，兴趣可以充分调动人的潜能，提高工作效率；兴趣是保证职业稳定性和工作满意度的重要因素；兴趣是职业选择的一个最重要依据。

1. 兴趣与职业生涯规划的关系

从心理学角度来说，在职业选择时，首先要了解自己的兴趣。比如，有的人喜欢动手操作，靠着灵巧的双手，在技能操作领域得心应手，如果硬要把他的兴趣转移到书本的理论上来，他就会感到无用武之地；有的人动手能力差，但是喜欢钻研理论知识，这种兴趣上的差异构成了职业选择的重要依据。

（1）兴趣可使人的智力潜能得到充分发挥

当一个人对某种事物产生兴趣时，就能调动整个人的积极性，增强克服困难的信心；反之，“牛不喝水强按头”是不会取得好效果的。

例如，爱迪生在学校里被人骂为“傻瓜”“低能儿”而被勒令退学，但在发明的王国里却显示了超人的才华，成了伟大的发明家；达尔文在课堂上“智力平平”，而在大自然的怀抱里却显得异常聪明、敏锐，成为进化论的创始人、伟大的生物学家。

（2）兴趣可以提高人的工作效率

一个人对某项工作感兴趣时，枯燥的工作也变得丰富多彩，趣味无穷。兴趣使工作不再是一种负担，而是一种享受。兴趣可以调动一个人的全部精力，使其注意力高度集中，从而提高效率。据研究，如果一个人对某项工作有兴趣，他能发挥全部才能的80%～90%，并且长时间保持高效率工作而不感到疲倦；而对工作没有兴趣的人，他只能发挥其全部才能的20%～30%，也容易筋疲力尽。

（3）兴趣是事业成功的重要因素

许多成功人士都有着惊人的相似之处，就是对自己感兴趣的事非常执着，一旦认定，什么都不能改变，全身心投入，这是成功的有力保证。一个人如果选择了自己不感兴趣的职业，不仅不能很好地发挥才干，心情也会很压抑。所以，选择职业不要仅看工资多少，城市怎么样，最主要的还要看自己对这项工作是否有兴趣。

2. 职业兴趣

职业兴趣反映了职业（工作活动）特点和个体特点之间的匹配关系，是人们职业规划的重要依据和指南。职业兴趣测验正是用于了解这两方面特点之间的匹配关系，从而为实现“恰当的人从事恰当的工作”提供可靠的科学依据。常用的职业兴趣测试工具是霍兰德职业兴趣测评系统。

兴趣是可以培养的。兴趣也是可以随着对该事物的认知的增加而发生改变的。所以，对一门新的学科或者专业，首先应该去了解它，尽量找出与自己的兴趣相关的、吸引自己眼球的地方，然后再培养对它的兴趣。许多学生入学后对自己的专业不喜欢，没有兴趣，大多是对专业不了解。鉴于中国高校专业选择的特点，大学生应该尽量去了解自己的专业，找到令自己感兴趣的地方，使自己热爱所学专业，这样才能在专业学习上获得动力，取得成功。

（二）性格

性格是人对现实的态度和行为方式中比较稳定的心理特征的总和。职业性格是一个人对职业的稳定态度和在职业活动中习惯化了的行为方式所表现出来的个性心理特征，对个人的职业生涯规划有重要意义。

我们每个人都有自己的独特的个性。每个人的心理特征不同，看问题、处理事情的风格、方式也不同。有的人热情爽朗；有的人沉稳持重；有的人风风火火；有的人谨慎多疑……但“金无足赤，人无完人”，一个人在某方面有所不足，其他方面必有过人之处，说不定这就是他制胜的法宝。

1. 性格与职业息息相关

性格使一个人更加偏爱某一种而非另一种环境，由于性格的不同，每个人在对不同环境的认知过程中，也表现出不同的个性化风格。从事与自己的性格不匹配的工作，个人才能的发挥会受到阻碍，会使整个工作状态不佳。一个人在某种职业中获得成功的性格，可能会让其在另一职业中大受挫折。因此，在职业选择中，我们应尽可能充分考虑自己的个性特征与职业要求是否相适应，这样在工作中才能够发挥特有的能力。

2. 在职业发展上性格的重要性

有专业人士认为，在职业发展上，性格比能力重要。某些用人单位在选择人才时也越来越看重一个人的性格。如果一个人能力不足，可通过培训来提高，但一个人的性格与职业或岗位不吻合，改变起来将很困难。所以，公司在招聘新人时往往将性格测验放在首位，当性格与职业或岗位吻合了，再对其能力进行测验考察。所以，性格在相关的职业发展上起着至关重要的作用。

3. 性格无所谓好坏

职业心理学的研究表明，不同的职业需要有不同性格的从业者，某一类职业工作能够体现出某一类共同的职业性格。性格常用的测试工具有 MBTI 测评、北森朗途测评、PDP、16PF 等。

（三）能力

能力，是指顺利完成某一活动所必需的主观条件。能力是直接影响活动效率，并使活动顺利完成的个性心理特征。能力与人顺利完成一定的活动相联系，离开了具体活动既不能表现人的能力，也不能发展人的能力。

1. 能力类型

能力包含以下几种类型。

（1）一般能力和特殊能力。一般能力是指观察、记忆、思维、想象等能力，通常也叫智力。它是人们完成任何活动所不可缺少的，是能力中最主要又最一般的部分。特殊能力是指人们从事特殊职业或专业需要的能力，例如学音乐所需要的听觉表象能力。人们从事任何一项专业性活动既需要一般能力，也需要特殊能力。二者的发展相互促进。

（2）流体能力和晶体能力。流体能力是以学得的经验为基础的认知能力，如人类学会的技能、语言文字能力、判断力、联想力等，是基本心理过程的能力，它随年龄的衰老而减退。与流体能力相对应，晶体能力受后天的经验影响较大，主要表现为运用已有知识和技能去吸收新知识和解决新问题的能力。晶体能力在人生中一直发展，它与教育、文化有关，并不因年龄增长而降低，在 25 岁以后，晶体能力发展速度渐趋平缓。

（3）模仿能力和创造能力。模仿能力指通过观察别人的行为、活动来学习各种知识，然后以相同的方式做出反应的能力，而创造力则是指产生新思想和新产品的能力。

（4）认知能力、操作能力和社交能力。能力还可以按照它的功能划分为认知能力、操作能力和社交能力。

认知能力：认知能力指接收、加工、储存和应用信息的能力。它是人们完成活动所需要的最重要的心理条件。知觉、记忆、注意、思维和想象的能力都是认知能力。美国心理学家加涅提出三种认知能力：即言语信息（回答世界是什么的问题的能力）、智慧技能（回答为什么和怎么办的问题的能力）和认知策略（有意识地调节与监控自己的认知加工过程的能力）。

操作能力：操作能力指操纵、制作和运动的能力。劳动能力、艺术表现能力、体育运动能力、实验操作能力都被认为是操作能力。操作能力是在操作技能的基础上发展起来，又成为顺利掌握操作技能的重要条件。

认知能力和操作能力紧密地联系着。认知能力中必然有操作能力，操作能力中也一定有认知能力。

社交能力：社交能力指人们在社会交往活动中所表现出来的能力。组织管理能力、言语感染能力等都被认为是社交能力。社交能力中也包含有认知能力和操作能力。

2. 潜能

潜能，顾名思义，就是一个人潜在的能力和能量。在现有教育阶段，学校主要考查学生两个方面的能力：逻辑思维能力和语言能力，而事实上，人的潜能是多方面的，如人际沟通能力、领导管理能力、艺术创造能力、形态知觉能力等，这些潜能在学校的常规考试中很难体现出来，而这些能力对一个人有非常重要的作用。

对每个人来说，能力发展是不均衡的，潜能也不均衡。每个人的能力和潜能各有其特点。发挥自己潜能的前提是认识自己。这里我们给出潜能发展方向对比表，见表4-2，来帮助同学发现自己有哪方面的潜能。

表 4-2 潜能发展方向对比表

潜能种类	相关解释	相关经历	你具备吗
创造潜能	指人们应用新颖的方式解决问题，并能产生新的、有价值的事物的潜能	创造性不只是可以画一幅画或者会使用一种工具。做一顿晚餐是创造，侍弄花园也是创造，考虑如何让足球队战胜对手也是创造……	
社会潜能	社会潜能可以理解为组织能力，也可以理解为调动别人的积极性的能力	聚会时喜欢带头组织；喜欢观察别人的特点；判断事物比较准确；有较强的记忆力；不怕工作重担，勇于承担责任；有较强的交际及沟通技巧；有广泛的兴趣爱好，等等	

（续表）

潜能种类	相关解释	相关经历	你具备吗
精神潜能	精神智慧的人，不会只看利益的东西。这种人不仅仅是聪明，而且十分明智	个人的价值观是个人的行动的动力；会对自然产生灵感；会享受到阳光的照射和鸟儿的歌唱；会发现儿童天真的本质并感受到什么是健康，等等	
身体潜能	这是一个人取得成功最基本的潜能，拥有健康的身体才能拥有健康的心理，身体是革命的本钱	身体可以抵御一般的传染病；感觉很敏锐；精力很充沛；身体和大脑都很放松；比较有耐力；行为姿势比较优雅，等等	
感觉潜能	感觉的心理学定义：是刺激作用于感觉器官，经过神经系统的信息加工所产生的对该刺激物个别属性的反映。其潜能可理解为相关感觉的潜在能力	有较强的视力；有较强的听力；有灵敏的嗅觉；有灵敏的味觉，等等。感觉潜能往往不是同时被挖掘，而是此消彼长，例如盲人的听力就会异常灵敏，这一点在认识感觉潜能中需要注意	
计算潜能	许多人认为，计算能力是一种天生的能力，这种看法是错误的。其实每个人都具备计算能力并且这种能力需要被激发	对数字很敏感；口算能力很强；数学抽象划归能力很强，等等	
空间潜能	空间潜能就是看地图、组合各种形式以及使自己的身体正确通过空间的潜在能力	有较强的方向感；骑自行车很容易穿行于狭窄拥挤的通道；身体灵活；看图能力较强，等等	
文字表达潜能	是运用语言文字阐明自己的观点、意见或抒发自己的实践经验和决策思想，运用文字表达方式，使其系统化、科学化、条理化的一种潜在能力	爱看书；爱记单词；有做读书笔记的习惯；有记日记的习惯，等等	

我们应当树立这样的信念：人人都有巨大的潜能，人人都能成功。现阶段，我们的任务就是认知自己，发现自己的能力并找到自己可以挖掘的潜能在哪里，并坚定不移地去挖掘它。

由此可见，正确认识潜能的重要性，并初探自己潜能的发展方向，对于一个人的成功起着至关重要的作用。

一个人的技能、专业是浮在水面的部分，人所共见；至于隐藏在水下的部分，则是无法用数据具体表明的，例如高度的自信、坚定的意志、强烈的愿望，这是一个人挖掘自身潜能的三个要素。就好像冰山一样，露出水面的只是它的八分之一。

3. 能力与职业生涯规划的关系

能力是个人职业选择和职业成功的基础。在职业生涯中，职业的成功不仅与人的个性特点、知识技能、工作态度、物质条件、健康状况、人际关系等因素有关，而且与一个人的职业能力密切相关。在其他条件相同的情况下，职业能力强的人比职业能力弱的人，更能使工作顺利进行，更容易获得成功。

不同职业对人的能力有不同的要求，不同的人其能力也不相同。如有人长于言语交谈，有人长于实际操作，有人长于理论分析，有人长于事务性工作，每个人都有自己独特的能力范围。社会上不同的职业对从业者的能力有不同的要求，如有的需要言语能力，有的需要计算能力，有的需要动手能力，而大多数职业则需要几种能力的综合。

一般来说，外科大夫要求胆大心细，动手能力强；儿科大夫要求和蔼可亲，善于与小孩沟通；急诊大夫要求反应快，应变能力强；内科大夫则相对沉稳、严谨，善于观察、富于思考和分析；护士则要有爱心、耐心和恒心，有与病人和医生交往的能力，有很强的动手能力和执行力；药剂师要有很好的记忆能力、细心；检验人员则需要具备很强的学习能力、动手能力和执行力等，而如果从事的是医药销售工作，则必须具备吃苦耐劳的精神，很强的沟通能力、谈判能力等；如果从事医药科研，则必须具备求异性思维能力，不断创新，善于捕捉机遇。

人的能力差别是客观存在的，这种差别制约着人们活动的领域与职业选择的范围。一个人如果不能很好地评价自己的能力，错误地选择职业，将无法发挥出自己的潜力，也将一事无成。

（四）价值观

人们所处的自然环境和社会环境，包括人的社会地位和物质生活条件，决定着人们的价值观念。每一社会都有一些共同认可的普遍的价值标准，从而发现普遍一致的或大部分一致的行为定式，这称为普适价值观或社会行为模式。有的人的行为更趋向于利，有的人更趋向于名，有的人则趋向于事，这反映出人的价值观会有不同。不同价值观的人有不同的思维方式，行为模式或者出发点不一样。所以我们在制定生涯规划时要根据自己的价值观来判断，别人的意见或建议都只能做参考。

1. 价值观与职业生涯规划

价值观是人们希望获得哪些结果的一种抽象说法。它揭示了人们看待工作、职业回报、薪酬或其他问题的不同态度。

各种职业都有各自的特性。不同的人对职业的特性可能有不同的评价和取向，这就是所谓的职业价值观，也称择业观。价值观对人的一生有重要的影响。作为人们对待职业的一种信念和态度，职业价值观往往决定了人们的职业期望，影响着人们对职业方向和职业目标的选择。

职业生涯规划中，我们常常需要做出这些选择：是要工作舒适轻松，还是要高标准的工资待遇；要成就一番事业，还是要安稳太平。当两者有矛盾或冲突时，最终影响我们决策的是存在于内心的职业价值观。可见，价值观对职业生涯的影响是高层的、深远的。

职业价值观通常都与某种职业紧密相连的，并且职业价值观也可以作为在工作者和工作之间匹配的基础。假如创造性对工作者来说是一项重要的工作价值，那么，建筑师、设计师、广告创意人员、工程师和表演艺术家们的工作就是以创造性为显著特征的，而独立、变化、旅行被认可和有影响力则被认为是记者这一类职业的工作价值。如果喜欢帮助他人，应该经营服务取向的行业；如果喜欢冒险，可以选择充满刺激的行业；当你认为某项很重要的价值在一项职业里缺失的时候，就会出现职业错位的现象。

2. 价值观的特点

（1）价值观是因人而异的。由于每个人的先天和后天环境不同，人生经历也不尽相同，每个人的价值观的形成会受到不同的影响，因此，每个人都有自己的价值观和价值观体系。在同样的客观条件下，具有不同价值观和价值观体系的人，其动机模式不同，产生的行为也不同。

（2）价值观是相对稳定的。价值观是人们思想认识的深层基础，它形成了人们的世界观和人生观。它是随着人们认知能力的发展，在环境、教育的影响下，逐步培养而成的。人们的价值观一旦形成，便是相对稳定的，具有持久性。

（3）价值观在特定的环境下又是可以改变的。由于环境的改变、经验的积累、知识的增长，人们的价值观有可能发生变化。

三、社会我——我对社会的责任和社会给我提供的机遇

“社会我”又称“社会自我”，是指一个人在与他人交往中感知到的他人对自己的一种看法以及自己的社会责任感。“社会我”会影响一个人的人际关系以及在社会中的角色定位，进而影响到一个人的职业生涯规划。

古话说：“国家有难，匹夫有责。”在国家危难时，我们作为公民应该义不容辞地承担我们的社会责任。比如，在汶川地震中全国民众万众一心的场面就是社会责任的具体体现。曾在中央电视台热播的《五星红旗迎风飘扬》，展示了20世纪五六十年代的知识分子在无比艰苦的条件下，为“两弹”的研发全力拼搏，克服各种困难，最终取得成功的事例，这充分说明社会责任在老一辈知识分子心中的分量，而这种社会责任也成就了一代人。清华大学韩威编写的《生存力：30位清华学子成功就业访谈录》

介绍了以国家需求为己任的代表人物，他们是当代大学生献身西部、献身国企的典型。

在大学三年的学习生活中，我们要实现从校园到社会的过渡，也就是说，既要把个人的个性充分发挥出来，也要注意把个性塑造得极为接近社会个性，使自己符合自己所扮演的社会角色的需要。这种社会角色不仅要有现代人才的品质，还要有强烈的社会责任感。在国家建设大潮中，如何按照国家的发展战略来选择自己的职业和去向，可以反映自我的社会责任，也是实现"完整我"所必需的。

比如，国家为了建设社会主义新农村，提出了大学生村官的发展策略；为了充实基层管理人员的力量，号召大学生们去基层服务；国家提出建设中西部策略，鼓励大家踊跃报名；国家为了加强国防建设，鼓励大学生参军；等等。这些举措，无一不体现社会对大学生的期待和要求，因此，我们要把自己打造成社会主义事业的建设者，为国家建设添砖加瓦，这就是"社会我"的体现。

实际上，"社会我"的认知提醒大学生要有社会责任意识，在关注社会的同时，大学生也可以发现更多的发展机会。因此，只有在社会这个大背景下考虑自己的职业发展，才能更好地实现自己的职业目标。

四、家庭我——我的家庭责任和家庭可以给我的帮助

"家庭我"又称"家庭自我"，是指一个人对自己的成长感受与作为家庭中一分子的价值观与责任感。

一个人首先要热爱家庭，热爱家里的每一个成员，还要了解家庭及家人对自己的期望以及自己在家庭中承担的责任，因为我们的职业生涯不可能完全脱离家庭及家人的需求。

在许多情况下，一个具有良好"家庭我"的人，其安全感、自信心及自我强度都比较高，而且对他人、对环境更倾向于采取一种积极的态度，这有助于在职业生涯过程中成功地应对诸多挑战和压力。

大学生作为家庭的一分子，还处于消费阶层，经济上无法独立，要依赖父母的资助才能完成学业。那我们应该如何承担家庭的责任呢？首先，要珍惜来之不易的学习机会，好好学习；其次，要善于理财，勤俭节约，用好每一分钱；最后，我们要善于利用各种实践的机会，或者说发挥自己的专业优势，勤工俭学的同时提高自身实践技能，以提升自己的就业或创业能力。

家庭经济条件的好坏在一定条件下会直接影响同学们毕业目标的选择。比如，家庭经济情况较好的同学，多考虑深造，尤其是把出国深造作为自己大学毕业的主要选择；家庭经济条件一般的同学则多把毕业后立即就业或者创业作为自己的主要选择，而且这些同学进入大学后，非常珍惜各种勤工俭学的机会，努力创收以减轻家庭的负担，说明他们具有强烈的家庭责任感。

"家庭我"不佳的人常会因不喜欢自己的家庭及家人，对家人疏离、对家庭回避。

这对于形成良好的“社会我”和“心理我”都很不利，还会影响一个人的职业生涯发展。

“家庭我”的认知，可以强化学生的家庭责任感，让学生在求职择业时，多考虑求职、创业对家庭的意义，把自己所作所为产生的结果与家庭联系在一起，增强对家庭的责任感。

五、道德我——我的个人品德、公民道德、职业道德观

“德”就是指道德。成为一个高尚的人，除了必须遵纪守法之外，还要在各方面符合做人的基本道德和职业道德的要求。

（一）公民的基本道德

“忠、孝、礼、义、信、仁、耻”是中华民族传统美德的核心价值理念和基本要求，它影响了整个社会道德体系的发展和社会道德水平的提升；“温良恭俭让”则是古代知识分子待人接物的准则。在现代社会里，这些美德又被赋予了新的含义。比如，诚信、爱心、恒心、平常心、敬业、自强、自尊等。我们强调“做事先做人”，认为“诚信是做人的根本”“爱心是战胜苦难的利器”，恒心体现一个人的毅力和专注度，平常心则可以反映一个人在荣辱面前的喜与悲，敬业是一个人成功的前提条件，一个人只有自强才能带来自尊，只有自尊才能赢得他人的尊敬。

做事先做人是为人处世和工作生活中的金科玉律之一。我们要取得成功，首先要修炼内功，提高自己的品德修为，人做好了，事才有可能做好。只把眼睛盯在事上，无视或轻视做人，是不可能把事做好的。

（二）公民的职业道德

职业道德是一般社会道德的特殊形式，是社会道德的主体部分。所谓职业道德，就是同人们的职业活动紧密联系的符合职业特点要求的道德准则、道德情操与道德品质的总和。

职业道德是所有从业人员在职业活动中应该遵循的行为准则，涵盖了从业人员与服务对象、职业与职工、职业与职业之间的关系。

职业道德的主要内容从道义上规定人们以什么样的思想、感情、态度、作风和行为对待本职工作，以及待人、接物、处事所应履行的职责。

每个从业人员，不论是从事哪种职业，在职业活动中都要遵守职业道德，如教师要遵守教书育人、为人师表的职业道德；医生要遵守救死扶伤的职业道德；等等。职业道德不仅是从业人员在职业活动中的行为标准和要求，而且是本行业对社会承担的道德责任和义务。职业道德是社会道德在职业生活中的具体化。

在内容方面，职业道德总是鲜明地表达职业义务、职业责任以及职业行为上的道

德准则。如人们常说，某人有“军人作风”“工人性格”“农民意识”“学生味”“学究气”“商人习气”等。

在形式方面，职业道德往往比较具体、灵活、多样。它总是从本职业的交流活动的实际出发，采用制度、守则、公约、承诺、誓言、条例、行规以及标语口号之类的形式。

从产生的效果来看，职业道德用来调节从业人员与其他服务对象之间的关系，用来塑造本职业从业人员的形象，并与各种职业要求和职业生活结合，形成比较稳定的职业心理和职业习惯。

《中共中央关于加强社会主义精神文明建设若干重要问题的决议》规定了各行各业都应共同遵守的职业道德的五项基本规范，即“爱岗敬业，诚实守信，办事公道，服务群众，奉献社会”，而为人民服务就是社会主义职业道德的核心规范，它是贯穿于全社会共同的职业规范之中的基本精神。

为人民服务是最高层次的职业道德的核心规范，是从业人员在进行具体职业活动时应遵守的最根本准则，是进行职业活动的根本指导思想。它既是职业活动的出发点，也是职业活动的落脚点。

六、优势我——明确我的优势

尺有所短，寸有所长。每个人都有自己的优势和不足。我们在努力改善自己不足的同时，更要注意发挥自己所长。不少同学在入学后积极参加学生会的活动，在学生会中充分展现了自己歌舞表演、运动、口才沟通、演讲等特长，这些特长在许多方面可以帮助自己赢得老师或同学的爱戴或赞赏，也有助于自己身心快速成长。所以，同学们要善于发现自己的优势，找到“优势我”，以便在职业生涯规划中突出自己所长。

如刘翔的优势就是弹跳和短跑，如果非要他跑马拉松，无论他怎么努力也不会夺冠。宋祖英天生歌喉好，如果非让她学举重，那她一定不会取得今天这种过人的成绩。所以，每个人应该尽可能地去发现自己的优势并善用自己的优势。

我们在充分认识自己，了解了“生理我”“心理我”“社会我”“家庭我”“优势我”之后，还要做一个很重要的工作，那就是要将这些分散的认知归纳整理成一个“完整我”的概念，以便对自己有一个全面的认识。

现在，请大家对照表 4-3 给自己做个评价，展示真实的自我。

表 4-3　针对自己做出评价，展示自我

	优势	劣势
“生理我”小结		
“心理我”小结		
“社会我”小结		

（续表）

	优势	劣势
“家庭我”小结		
“道德我”小结		
“优势我”小结		
“完整我”小结		

复习与思考

（1）如何正确评价自己？

（2）简述公民的基本道德和职业道德的内涵。

任务二　认知自我的方法

学习目标

（1）了解自我分析的含义。

（2）了解职业测评的起源和发展。

知识目标

（1）掌握自我认知的方法。

（2）理解他人评价对个人发展的作用。

（3）掌握职业测评的功能和分类。

上一任务介绍了自我认知的六个方面，本任务主要系统地介绍自我认知的方法，特别强调除采用测评工具测试“心理我”之外，更要注重通过社会实践认知自我。

值得注意的是，大学生的可塑性很强，应当注意使用正确的自我认知方法。既要重视躬行自省，又要广泛听取他人意见；既要重视测评的重要参考作用，但又不应以测评结果为唯一的判断标准；尤其是大学生，更应该通过社会实践去认知自我，这种在实践中检验自我、了解自我、认识自我的方法非常重要。当然，不论采用何种方法，都要注意相互之间的联系与综合，这样才能对自我做出准确全面的评价。

自我分析是最易行也最方便重复利用的一种自我认知方法。但是，如何将自我分析做到位，摆脱“当局者迷旁观者清”的困扰，还需要我们注意以下几个问题。

1. 认清“我是谁”“我想要什么”“我能做什么”

要正确地认知自我，有效地把握自我，就必须对自己的人生态度、兴趣和成功的理想有充分的认识，应对诸如：“我的身体条件允许我做什么？社会需要我做什么？我的家人需要我做什么？”等问题进行深入思考。

2. 认清自己的兴趣爱好

要对自己的兴趣爱好和性格特质做一个正确的自我分析，在这个过程当中，还要结合自己的知识、能力和特长。知识决定层次，能力影响职业素质，特长决定你是否可能被取代，而兴趣爱好和性格特质则在很大程度上影响了一个人的幸福指数。如果一个人的兴趣和性格很适合从事某种行业，但是他没有这方面的知识储备，那么是不能胜任这个行业的，或者说一个人有某方面的知识储备甚至是相应的能力，但是性格不合适，却执意地坚持这项职业，也很难有大的发展。

最后，也是最重要的，要时刻审视自己是不是有一个良好的“社会我”。对于大学生，没有企业愿意聘用没有品德的员工；对于创业者，没有人愿意和没有品德的人合作。而且“小富靠勤俭，大富靠德才”。所以，拥有良好的品德，对自己的人生规划有至关重要的作用。所以，我们应当时时对照中华传统美德的细化内涵来寻找不足，提升自己。

一、自我分析

自我分析是指对自我理性、深刻、全面的分析，包含自我认识和自我评价。自我分析与自我剖析、自我研究类似，都是一个人为更进一步了解自身，包括了解自身的优缺点，从而列出相关逻辑上的分析与对比，做出相应的分析结果，进而制定相应的对策，通过定期或不定期的自我分析从而不断地进行自我完善。

自我分析，实际上就是“知己”和自我认识的过程，它是职业生涯规划的基础，只有对自己有充分的认识和了解，规划职业生涯时“定向”“定位”“定点”才能比较准确。自我认识包括对生理自我、心理自我、理性自我、社会自我几个部分的认识。对生理自我的认识，是指对自己的相貌、身体、服饰打扮等方面的认识；对心理自我的认识，是指对自我的性格、兴趣、气质、意志、能力等方面的优缺点的评估与判断；对理性自我的认识，主要指对自我的思维方式和方法、道德水平、情商等因素的评价；对社会自我的认识，主要指对自己在社会上所扮演的角色，在社会中的责任、权利、义务、名誉和他人对自己的态度以及自己对他人的态度等方面的评价。职业生涯规划是以自我认知（知己）和职业认知（知彼）为基础的。

认识自我、了解自我不是一件容易的事情，进行自我认识，一般可采用的分析方法有如下几点。

（1）橱窗分析法。橱窗分析法是一种借助直角坐标不同象限来表示人的不同部分的分析方法，它以别人知道或不知道为横坐标、以自己知道或不知道为纵坐标来进行自我分析，主要是要了解“潜在我”和“背脊我”。了解和认识“潜在我”是自我认识的一个非常重要的内容，了解“潜在我”的主要方法有积极性暗示法、观想技术法、光明思维法等，具体可参阅有关潜能开发方面的书籍和材料。对于“背脊我”，则要求个人需要有诚恳的态度和博大的胸怀，真心实意地征询他人的意见和看法，有则改之，无则加勉。

(2) 自我测试法。自我测试法是通过自己回答有关问题来认识自己、了解自己的一种方法，比较简单方便，但测试题目必须是心理学家经过精心的研究设定的，而且个人在回答时一定要反映自己真实的想法，否则结果会出现偏差，影响自己事业的发展。自我测试的内容包括：性格测试、气质测试、记忆力测试、创造力测试、智能测试、分析能力测试、人际关系测试、团队凝聚力测试、沟通能力测试、管理能力测试、职业兴趣测验、智力测验、情商测验等，测试可以采用问卷测试和计算机测试两种方式。

(3) SWOT 分析法。SWOT 分析法是目前综合问题分析的重要、全面和有效的方法，S——优势（针对个人的、内在的）、W——劣势（针对个人的、内在的）、O——机会（针对环境的、外在的）、T——挑战（针对环境的、外在的）。

(4) 九型人格分析。九型人格又名性格型态学、九种性格，包括活跃程度、规律性、主动性、适应性、感兴趣的范围、反应的强度、心理的素质、分心程度、专注力范围及持久性。

(5) 环境影响分析。一是职业环境分析，就是要认清所选职业在社会大环境中的发展状况、技术含量、社会地位、未来趋势等。比如，当前热点职业有哪些，发展前景怎样；该职业在社会中的重要性如何，社会发展趋势对所选职业有什么要求，影响如何等；二是行业环境分析，包括对目前所从事行业和将来想从事的目标行业及其竞争行业的分析，分析内容包括行业的发展状况、国际国内重大事件对该行业的影响、目前行业优势与问题何在、行业发展趋势如何及其怎样带动附加产业等；三是企业环境分析，一般包括单位类型、企业文化、发展前景、发展阶段、产品服务、员工素质、工作氛围等，要确定自己适合什么样的企业文化、什么样的环境，从而找到真正适合自己要求的企业；四是地域（城市）分析。

二、他人评价

1. 从“以人为镜”的比较中认识自己

就像用分数来比较知识能力一样，人们可以通过处世方法、感情方式等方面与同伴的比较，找出自己的位置。这种比较虽然常带有主观色彩，但却是认识自己的常用方法，只是在比较时要寻找环境和心理条件相近的人比较，这样才较符合自己的实际水平和自己在群体中的位置。

2. 从别人的评价中认识自己

人人都会通过同伴对自己的评价来认识自己，在乎别人怎样看自己、怎样评价自己。他人评价比自己的主观认识更具有客观性，如果自我评价与周围人的评价有较大的相似性，则表明自我认识能力较好、较成熟，如果他人的客观评价与自己的主观评价相差过大，则表明在自我认知上有偏差，需要调整。对待他人的评价，要有认知上的完整性，不可以依自己的心理需要而只注意某一方面的评价，应全面听取、综合分析、恰如其分地对自己做出评价和调节。

3. 正确对待他人评价

正确对待他人评价是认识自我、改造自我的有效途径。一个人最难看清的是自己，尤其是面对自己的缺点。如果一个人想要真实地全面地了解自己、想要完善自我，不仅要听得进他人的正面评价，更要能正确对待他人的负面评价，只有他人从正反两个方面来评价自己，才能使自己在他人评价中认识自我。这不仅是检验个人是否成熟的重要标志，也是认识自我、改造自我的一种有效途径。

每个人基于对自我的认识，对自我也有一个评价，即“我是一个怎样的人”，具体表现为“自尊心”。同时，作为一个社会人，社会也会对你有一个评价。因此，要将自我评价与他人对自己的评价统一起来，才能表现出强大的社会适应力。

三、职业测评

职业测评是心理测验的一个分支，是心理测量技术在职业管理领域的应用，它以心理测量为基础，对人的特质进行科学、客观、标准的系统评价，从而为组织和个体两个层面的职业发展管理提供参考依据。这里所说的特质，是指那些完成特定职业活动需要或与之相关的感知、技能、能力、气质、性格、兴趣和动机等个人特征，它们是完成职业活动的必要基础。

（一）职业测评的起源与发展

职业测评兴起于20世纪初，在美国军事和工业领域获得了广泛应用，大大提高了职业招聘和培训部门的经济效益。1926年美国飞行学校的学员中，有87%因飞行不佳而被淘汰，其原因是空中飞行心理适合性不佳。直到第二次世界大战期间及以后，客观的要求促使心理选拔技术不断发展和普及，因飞行不佳而被淘汰的人数才开始下降：美国空军中淘汰率由70%降至36%，在法国，则由61%降至36%，大大减轻了培训资源的浪费，也有利于个人的职业生涯发展。

心理测量经过近百年的稳步发展，现已成为最有效、最客观的职业测评手段。全球约有3/4以上的大公司在人员甄选、安置和培训方面使用职业测评，而且越来越多的中小公司也正加入这一行列中来。美国电话电报公司早在20世纪30年代就起用评价中心技术，采纳许多心理测量的方法用于考查自己的管理者，并取得了成功；微软公司也很早接受和采纳了心理测量，在员工招聘中采用各种与之有关的心理测验。

西方许多发达国家从小学开始就会开展各种各样的活动以帮助学生认识工作、热爱工作并及早进行职业规划。美国的中学生至少要接受一次这样的职业测验，中学和大学还设立了专业的职业辅导咨询中心，由职业心理学家依据专业的职业心理测评技术和规范化的咨询流程对学生进行职业指导。

在我国，随着近年来就业形势的变化，职业测评也越来越引起人们的关注。有关职业测评的信息纷纷见诸媒体，人才中介机构相继开展了职业测评的服务，各企事业机构也开始将职业测评运用于招聘过程之中。联想集团是国内较早在招聘中运用职业测评的企业，以前联想集团单纯通过面试招人的准确率是40%，而实施职业测评之后面试的准确率提高到了60%。

（二）职业测评的分类

职业测评中最基本、最常用的有四大类测验，即智力倾向测验、人格测验、职业兴趣测验和动机测验。

1. 智力倾向测验

智力倾向测验具有考察智力（能力）水平及其结构的双重目的。一方面，不同的人智力水平不同，选择优智的人可期望获得高绩效。另一方面，智力水平相近的人，其智力结构可能不同，有的人擅长言语理解、加工、表达，有的人擅长数字加工，有的人则擅长对形象的分析、加工。不同智力结构的人适合做不同类型的工作。

2. 人格测验

人格测验用以测量求职者与他人相区别的独特而稳定的思维方式和行为风格，这些特点可能影响该求职者的工作绩效、工作方式及习惯。

3. 职业兴趣测验

不同人的工作生活兴趣可以按照对人、概念、材料这三大基本内容要素分类，而社会上的所有职业、工作也是围绕这三大要素展开的。基于这一理论思想设计的职业兴趣测验可以在个体兴趣与职业之间进行匹配。

4. 动机测验

所谓动机是指由特定需要引起的，欲满足该种需要的特殊心理状态和意愿，而通过动机测验，可以了解个体的工作生活特点，从而找到激励他们积极性的依据和途径，并以此为依据安排相应的工作内容。

（三）职业测评的功能

职业测评的目的是实现人适其职，职得其人；人尽其才，才尽其用。它在研究、咨询、辅导和组织对员工的职业生涯开发中都占据重要的地位，是不可或缺的工具。具体来说，其功能包括以下几个方面：

（1）预测功能。预测个体在教育训练、职业训练及未来工作中的表现。

（2）诊断功能。评估个体的长处和短处、优势和劣势，并诊断个体在兴趣、价值观和职业生涯决策等方面的特质。

（3）区别功能。区别出个体的某些特质最类似于哪一类的职业群体。

（4）比较功能。依据测量学指标，将个体素质（能力倾向、兴趣、价值观等）与某些目标团体相比较，从而观察两者之间的匹配程度。

（5）探测功能。了解个体在职业生涯发展的连续过程中，其职业决策、职业适应性的行为、态度，以及能力方面的一般状况，以便提供必要的职业辅导。

（6）评估功能。对职业生涯咨询或辅导的进展情况和效果进行评估。

复习与思考

（1）简述自我认知的方法。

（2）他人评价对个人发展有什么作用？

项目五

职业生涯规划基础

随着我国高等教育管理体制改革的不断深入和毕业生就业方式的转变，大学生面临的就业竞争越来越激烈，就业形势也越来越严峻。如何使广大毕业生充分就业，如何提高大学生就业的竞争力及其综合素质成为社会关注的焦点。做好职业生涯规划和创业教育，对大学生求职、择业具有重要的作用，是大学生实现职业理想和职业目标的关键环节。

任务一　职业生涯规划的含义及意义

学习目标

(1) 了解职业生涯规划的含义。

(2) 认识职业生涯规划的意义。

(3) 熟悉目前我国大学生职业生涯规划存在的问题。

知识目标

(1) 掌握职业生涯规划对大学生择业、就业的重要影响。

(2) 能够对职业生涯规划有正确的认识。

一、职业生涯规划的含义

职业生涯（career）的最初来源是拉丁文的“路径”之意，是个人生命的进程和职业经历，结合每个人一生所扮演的角色，结合各种职业、工作、休闲等角色，表露个人独特的自我发展形态。

职业生涯规划又称为职业生涯设计，是指个人一生职业道路发展的设想，是个人结合自身情况和所处的环境、确立职业目标、选择职业通道，并采取行动和措施，实施职业生涯目标的过程。

对大学生而言，职业生涯规划是指个人依据职业生涯发展的主客观条件及制约因素进行初步定向，提出相应的发展目标，拟定拓展计划和行动方案，并予以时间限制，以指导随后的实践活动。

美国生涯发展大师萨珀集差异心理学、发展心理学、职业心理学及人格发展理论之大成，通过长期的研究，系统地提出了有关职业生涯发展的观点。1953 年，他根据“生涯发展形态研究”的结果，将人生职业生涯发展划分为成长（出生 1—14 岁）、探索（14—25 岁）、建立（25—45 岁）、维持（45—65 岁）和衰退（65 岁以上）共五个阶段。

美国心理学家格林豪斯的研究侧重于不同年龄阶段职业生涯所面临的主要任务，并以此为依据将职业生涯划分为五个阶段：职业准备阶段、进入组织阶段、职业生涯初期、职业生涯中期和职业生涯后期。

施思教授根据人生不同年龄段面临的问题和职业工作主要任务，将职业生涯分成以下几个阶段：成长、幻想、探索阶段、进入工作世界、基础培训、早期职业的正式成员资格、职业中期、职业中期危险阶段、职业后期、衰退和离职阶段、离开组织或职业、退休。其中在成长、幻想、探索阶段（0—21 岁）的主要任务：一是发展和发现自己的需要和兴趣、发展和发现自己的能力和才干，为进行实际的职业选择打好基础；二是学习职业方面的知识，寻找现实的角色模式，获取丰富信息，发展和发现自己的价值观、动机和抱负，做出合理的受教育决策，将幼年的职业幻想变为可操作的现实；三是接受教育和培训，开发工作世界中所需的基本习惯和技能。在这一阶段所充当的角色是学生、职业工作的候选人、申请者。

从以上三位专家的论述中可以看出，职业生涯是一个漫长的过程，而大学生正处在对个体职业生涯的探索阶段。在这个时期，大学生的个体能力迅速提高，职业兴趣趋于稳定，世界观、人生观和价值观逐步形成，成人意识和社会责任意识逐步到位，对未来职业生涯的预期逐步形成，这是做好职业生涯规划的最佳时期和关键时期。

二、大学生职业生涯规划意义

萨珀教授说：“每个人都有独特的生涯形态，而良好的生涯形态，容易使事业获得成功，不好的生涯状态，将使事业一事无成。”据美国哈佛大学针对社会的一项调查结果显示：参与调查的人群中有 3%的人因接受过不同程度的职业生涯辅导，并制定过职业生涯规划，他们有着明确的人生目标，25 年后他们几乎都成为社会各界的顶尖成功人士，他们中不乏创业者、行业领袖、社会精英；有 10%的人因接触过不同层次的职业生涯辅导，在 25 年中不断根据情况的变化及时调整自己的目标，25 年后，他们大都生活在社会的中上层，他们的共同特点是，那些调整后的目标不断被达成，生活状态步步上升，成为各行各业不可或缺的专业人士；有 60%的人目标模糊，基本上没有参与过类似职业生涯辅导活动或没有制定过职业生涯规划，他们中的大部分人虽然都能够安稳地生活和工作，但都没有什么特别的成绩。对于那些没有人生目标和职业生涯规划的人群，他们大多数都生活在社会的底层，生活过得很不如意，常常失业且只能靠社会救济，常常抱怨他人、抱怨社会、抱怨世界。由此可见，职业生涯辅导和规划对一个人职业生涯成功与否至关重要。大学生进行职业生涯规划的重要意义主要表现在：

1. 职业生涯规划有利于大学生的择业

面对严峻的就业形势，大学生能否找到适合自己的岗位，充分发挥自己的智慧才能，不仅要有良好的意愿，更要依靠个人的能力，再通过一定的途径来实现。职业生涯规划将会引导大学生对其个人职业生涯的主客观因素进行分析，使之正确地认识自己、了解自己，合理地估计自己的能力，科学地确认自己的兴趣，明确自己的优势，衡量自己的差距，树立与自己主客观条件相匹配的职业定位，避免在择业当中出现高不成、低不就，最后只好盲目就业的现象。职业生涯规划，能够使大学生在走上就业岗位前有一定的思想和心理准备，使他们围绕自己的规划而努力学习。

2. 职业生涯规划可以增强大学生应对社会竞争的能力

当今社会竞争十分激烈，要在激烈的竞争中抢占有利位置，就要找到一个适合自己发展的平台。通过职业生涯规划，大学生可以学会使用科学的方法、采取可行的步骤和措施，有针对性地进行学习及参加各种相关的培训和实践，充分发挥个人的长处，挖掘潜在的能力，不断增强自己的职业竞争能力，实现自己的职业目标和理想。

3. 职业生涯规划有利于大学生的成才

有效的职业生涯规划能促使大学生根据目标培训自身所需要的技能和素质，进而选择适合自己发展的事业之路。若没有很好的职业生涯规划，学生将很难明确今后的职业发展方向。虽然每个学生都有成才的愿望，但由于缺乏职业生涯规划，有的学生有明确的目标但不实际，有的目标模糊，有的甚至没有目标，这将导致他们在学习上盲目，从而造成学习缺乏动力，其结果往往会造成就业准备不充分、不完善，在就业市场上缺乏竞争力和方向性，从而影响个人长期的职业发展，而职业生涯规划有利于促进大学生的全面发展。通过职业生涯规划，有利于培养大学生积极的生活态度，培养他们自立、自主精神，有利于他们根据社会需求和自身条件努力学习，提高文化水平和专业、职业能力水平。

4. 职业生涯规划有助于大学生恰当调整今后的生活需求和工作需求

在职业变动过程中，面对已经变化了的个人需求和工作需求，职业生涯规划能帮助大学生修正自己的人生目标，平衡家庭与朋友、工作与个人爱好之间的需求，从而作出更好的职业选择。

三、目前我国大学生职业生涯规划存在的问题

1. 学校教育缺乏对大学生的职业生涯规划进行有效指导

职业生涯规划和管理学起源于20世纪60年代，并于20世纪90年代中期传入我国。

国内在职业生涯教育领域中有两个较大的流派：一派是以心理学背景为主的学院派，侧重于从心理学角度讲授职业生涯规划课程，注重人格心理完善和长远的生涯发展；另一派是有企业人力资源管理经验背景的实务派，侧重于从人力资源管理角度开设职业生涯规划讲座，强调求职技巧，以帮助学生找到工作为目标。西方发达国家一直比较重视职业生涯的规划及教育，许多国家的学校教育中较早就有职业生涯规划辅导这门课程，建立了以职业生涯规划指导为中心的比较完备的就业指导系统并配备了专家，如日本、美国、加拿大等一些国家，从小学起就对学生实施职业生涯规划启蒙指导，培养他们的职业意识。例如，在美国有“职业日”，父亲或教师可以在职业日带领6～16岁的孩子参观他们的工作环境，参与到父母工作中去，让孩子尽早知道他们的父母从事什么样的工作，培养职业意识。孩子上八年级以后就要请专家给孩子们做职业兴趣分析。十几岁的孩子职业兴趣并没有定型，但通过职业日、职业活动等，可以根据其暴露出来的特点进行引导，达到以兴趣定职业的目标。许多大学，从一年级开始就设置系统的职业生涯规划课程，直至学生毕业。如德国慕尼黑大学，在职业规划课程的基础上，所有学生毕业前还要接受并参与专门的职业规划，它针对学生心理状态、人生价值、职业需求、职业技能及对未来期望进行评价，最后给予详细的评分并进行指导。相比之下，我国职业生涯规划开展得晚，并且这项工作十分薄弱，几乎很少有人在小学或中学开展职业生涯教育和辅导。我国九年制义务教育结束后，有不少学生上高中后就被分为文科生和理科生，上大学选专业时也很少考虑职业兴趣和能力倾向。当前我国许多高校还没有开展职业生涯规划工作。有关调查资料表明，大学生获得职业生涯规划方面知识的主要渠道，通过网络获得的占有率为51.3%，通过讲座获得的占有率为34.26%，从课堂上获得的仅占9.26%。我国大多数高校还没有专门设置独立的职业生涯规划教学单位，一些从事职业生涯规划教育的教师也缺乏系统的专业培训和资格准入制度，导致职业生涯规划教育质量难以保证。

2. 许多大学生对职业生涯规划不重视、不清晰

资料显示，大学生对个人职业生涯规划较了解和了解的仅占39.4%和13.4%，不清楚的占32.2%。也就是说，有1/3左右的大学生对个人职业发展状况不明了，有一半左右的大学生对个人职业生涯规划不了解甚至从未听说过。大学生中除少数学生在规划职业方面有明确的打算外，大多数学生找工作只能“随行就市”，拿着简历和求职书到处碰运气。这种情况在很大程度上与大学生不重视职业生涯规划、对未来的就业方向模糊、不考虑自身职业生涯规划有一定关系。据一份调查问卷显示，有62%的大学生对自己将来的发展和工作没有规划，33%的大学生职业生涯规划不够明确，只有5%的大学生有明确的职业生涯规划设计。如果大学生在校学习期间没有形成一个明确的择业目标，毕业时则会茫然不知所措，难以找到理想的工作岗位，更谈不上今后个人的职业规划。大学生对自身职业规划的盲点，增加了大学生在就业过程中的盲目性。

复习与思考

（1）简述职业生涯规划的含义和意义。

（2）我国大学生职业生涯规划存在哪些问题？

任务二　职业生涯规划与高职生活

学习目标

（1）了解高职生涯规划的含义。

（2）了解高职生涯规划的特点 。

（3）理解高职生涯规划对于高职大学生职业发展的意义。

知识目标

（1）能够自我管理高职生涯规划。

（2）能够制定高职生涯规划。

古人云："有志者事竟成。"不少高职大学生在高中时把高考作为具体的奋斗目标，而考上大学之后面对新的环境、新的同学、新的学习生活，不知所措，他们不知道自己的人生目标是什么，不知道应该以什么样的态度面对高职学习生活，不知道自己应肩负什么样的人生责任。因此，及早对个人高职生涯进行规划，是高职大学生职业发展的重要保证。

一、高职生涯规划的含义

高职生涯规划就是主要针对接受高职教育这一特殊时间段，根据自身情况并结合所学专业特点、学校培养目标与社会需求情况，为自己确定将来人生目标，选择未来职业发展道路而对大学生涯的主要内容列出时间上和空间上的具体安排，为实现未来职业生涯而确立的行动方向、行动时间、行动方案，并通过逐步实施、考核、反馈、调整等行动方略，顺利、充实地度过高职生活并实现最终职业目标，为人生的持续发展奠定坚实基础。

从本质上讲，高职生涯规划是高职大学生一种以未来职业和社会要求为目标的在校期间个人目标管理。其内容包括每日安排、每周计划、每月规划、学期规划、学年规划、专题规划、总体规划等。每项简要说明如表 5-1 所示。

表 5-1　高职生在校期间的个人管理

每日安排	一天内的事情、时间、地点
每周计划	一个星期内各天的主要目标、事件、时间
每月规划	一个月内各周的主要目标、事件、时间
学期规划	一个学期内每月的主要目标、事件、时间
学年规划	一个学年内每个学期的主要目标、事件、时间
专题规划	如英语考级、计算机考级、升本规划、创业规划等
总体规划	高职期间每个学年的主要目标、事件、时间

二、高职生涯规划的特点

高职大学生往往下意识地把职业生涯规划等同于高职生涯规划，其实，二者是不一样的。高职大学生正处于职业的学习、准备和起步阶段，因此，和一般的职业生涯规划相比，高职生涯规划是一种狭义的职业规划，即通过规划的手段来找到适合自己职业的过程，它是以找到适合自己的职业为核心标志。具体来说，高职生涯规划与一般职业生涯规划的区别主要体现在以下几点：

1. 设定目标不同

一般职业生涯规划的总体目标是为了获取一定的职业地位或取得一定的职业成绩。比如规划自己 35 岁前要进入某企业的高级管理层，或为自己定下两年内销售业务量，成为公司之冠的业绩目标。一般职业生涯规划的阶段目标划分也并不明晰，视个人的总体目标和现实差距而定。高职生涯规划，其最根本也最现实的目标是初次就业成功，能拥有一个与自己的兴趣、爱好、能力等相匹配的职业岗位。比如，规划自己毕业后进入某大公司的人力资源部门。高职生涯规划的阶段目标可以十分明朗，比如，一年级应该达到什么要求，二年级应该完成什么计划，毕业后要实现什么目标等等。

2. 规划年限不同

我们知道职业生涯规划按时间类型可分为短期规划、中期规划、长期规划和人生规划四种。一般的职业者可以按照自身的条件和客观环境特点，制定期限可长可短的职业生涯规划。高职生活是一个完整和固定的阶段，其时间维度上有一个标准的划分方法，即高职的学制为高职生活的起止时限。高职生涯规划中最现实、最典型的是中期规划，其规划年限一般与学生的毕业年限相同。高职学制一般为三年，如果一个新生从入学之初开始进行高职生涯规划，则其规划的起止年限为三年；如果是从一年级下学期开始规划，则其规划的起止年限为两年半。

3. 实施策略不同

一般的职业生涯规划，其实施策略主要是根据职业发展目标，制定一定职业范围内的学习培训、专项技能提高、职场人际关系沟通、企业文化融合等行动计划。高职大学生处于职业的准备阶段，其高职生涯规划的实施策略主要是了解和探索职业，完成与未来可能从事职业相关的学习、培训任务，提高职业生活的基本能力和素质，行动计划必须与高职大学生本身的学习任务和校园活动紧密联系。

三、高职生涯规划对于高职大学生职业发展的意义

从广义上说，高职生涯规划就是设计怎样学会认知，学会求学，学会做人，学会做事。具体来说，高职生涯规划是在大学期间如何树立职业理想、确定职业意向、掌握专业知识、提高职业技能、完善职业素质、培养创新创业能力，以顺利渡过高职生活，为未来的职业生涯获得成功积累资本。合理规划自己的高职生涯，是迈向成功的第一步，对于高职大学生的职业发展具有重要意义。

1. 高职生涯规划是高职大学生职业成功的有效路径

有的人认为社会上需要什么工作就干什么工作，通过社会环境的分析，找出社会需要的职业，就是职业规划了。有的人认为，选择喜欢做的事情就是职业规划。著名管理学家诺斯威尔对职业生涯规划的内涵是这样界定的：个人结合自身情况以及眼前的制约因素为自己实现职业目标而确定行动的方向、时间和方案。这里所说的个人职业规划指的是在了解自我表现的基础上确定适合自己的职业方向和目标，并制定相应的计划，为个人走向职业成功提供最有效的路径，也就是我们常说的如何把“我想做的事情”与“我能做的事情”有机地结合起来。面对严峻的就业形势和为自身职业发展着想，高职大学生有必要在高职学习阶段按照职业生涯规划理论加强对自身的认识与了解，找出自己感兴趣的领域，确定自己能干的工作和优势所在，明确切入社会的起点及提供辅助支持、后续支援的方式，从而寻求自己职业成功的有效路径。

2. 高职生涯规划能够帮助高职大学生确定生涯发展目标

目标激励是使人奋发向上的原动力。明确的目标可以使人们知道自己要完成什么工作，以及付出多大努力可以完成。对于高职大学生而言，明确的目标是他们奋发向上、努力学习的动力，它能振奋学生精神，鼓励学生上进，给学生勇气，推动学生全力以赴去成长、去学习、去钻研，调动其学习积极性。明确了目标，就会如饥似渴地追求知识，充实自己，完善自己，整个高职学习阶段的学习和生活就会由被动变为主动。假如想毕业后去政府机关当公务员，那么在高职学习期间就要会主动地加强自身的政策理论水平的修养，加强个人口头表达能力、文字处理能力、组织协调能力的训练；假如想毕业后从事营销工作，就会培养自主创业、勇于开拓的精神，培养踏实的工作作风和吃苦耐劳的意志。在为目标奋斗的时候，就会集中精力心无旁骛地投入其

中，建立一种自我激励机制，即使遇到困难和挫折，也会全力以赴地去克服，不达目的不罢休，真正从内在方面来激励自己的成才欲望和成才行为。

3. 高职生涯规划有利于高职大学生个人的自我实现

面对人生大舞台，每个人都渴望实现自我的价值，追求成功是人的本性。美国心理学家马斯洛曾经说过：“人是永远不能满足的动物。”并提出了著名的“需要层次论”，认为人的需要由低级向高级推进，即从生理需要向心理需要递进，人最本质的需要是自我实现的需要。可是，自我实现需要能否实现，很大程度上依赖于我们的职业生涯规划。谁都希望能在自己的职业生涯中有所成就，每个高职大学生都对未来事业发展充满期望，并愿意为成功付出勤奋和努力，但是成功仅有主观努力是不够的，关键要看是否选择了正确的方向。成功的职业生涯规划的本质，在于建立一个牢固的发展基地。高职学习阶段是高职大学生人生前进过程中的一个重要基地，高职生涯规划能够使高职生活保持一个向心力，保证高职生活有所参照，使个人潜能得到最大限度的发挥，个人资源得到最佳配置和利用，有利于提高高职生涯的满意度，保证高职生顺利成功地度过高职阶段。

四、高职生涯规划的制定

高职生涯重要而短暂，但并不是每个高职大学生都能利用好这段时光。由于没有正确认识高职生涯规划对人生发展的重要性，许多大学生将大量的时间和精力纠缠于恋爱、庸俗的人际关系等琐事；有的则只图眼前快乐潇洒，沉迷于网络游戏、聊天；更有一些大学生盲目地扎进各种各样的考证中，忙得焦头烂额，最后浪费了三年高职生活。所以充分合理地利用好大学时光，需要高职大学生从进校起就结合自身需要制定自己的高职生涯规划，也就是在衡外情、量己力的情况下设定自己的职业目标，并围绕该目标将需要完成的任务合理地安排在每个学期，以确保大学的每个时期都有明确的目标、具体的任务，从而为顺利就业及未来职业生涯的发展做好准备。

1. 高职生涯规划制定的原则

古希腊最伟大的哲学家苏格拉底一生不著一书，只给世人留下了五个字，但是这五个字成了每一个人终生实践的主题，这五个字就是：“认识你自己”。人从出生到成长，直至老去的整个过程，始终贯穿着这个主题，人就是在生活当中不断加深着对自身的认识。高职生涯规划只是我们人生的一部分而已，当然也离不开这个主题，高职生涯规划的基础是了解自身。每一个想要做好高职生涯规划的同学，这几个问题是不得不认真思考的：“我是谁？我的目标是什么？我的能力有多强？环境支持或允许我做什么？我的职业与生活规划是什么？”任何规划都应该建立在对这几个问题的了解上，否则规划就会变成空想。制定高职生涯规划好比量体裁衣，太小固然不行，太大也不可取。在对高职生涯进行规划时，为了保证制定出的规划最适合自己的实际情况，最有利于自己将来的发展，我们应该遵循以下几个原则。

（1）方向性原则。个人的目标确定及规划要以国家和社会需求为导向，与社会发展趋势和时代要求相一致。

（2）现实性原则。目标、措施符合个人实际，从现实环境条件着眼，目标及实施的步骤要切实可行。

（3）前瞻性原则。目标的设定应具有超前性，不仅关注近期发展目标，更应该关注长远的目标，关注自己生涯的终身可持续发展。

（4）激励性原则。目标的设定应对自己产生内在激励作用，经过自己的一定努力，所定目标能够实现。

（5）科学性原则。目标及实现要符合人才成长规律，符合自己的性格、兴趣和特长，符合生涯发展的一般走向。

（6）可测评原则。目标要具体，规划和设计要有明确的时间限制和阶段标准，以便于检测、反馈和调节。

2. 确定高职生涯目标

（1）高职生涯目标的类型。一般而言，高职大学生毕业之后大部分会走上社会，参加工作，但也有一部分学生会继续深造。继续深造并不是生涯发展的一个目标，而是达成生涯目标的一种手段或途径。因而，高职大学生在选择继续深造之前必须考虑，在国内读本科或者出国深造是否更有利于实现自己的目标，继续深造是否是一条必不可少的途径。还有部分学生选择自己当老板，走上创业之路。

①工作。选择工作的毕业生占总数的绝大部分，因此，工作是极其重要的一条选择道路。一般意义上的工作是指毕业生与用人单位签订就业协议书，领取报到证，到用人单位就业；此外还应包括某些不通过学校办理手续，也不需要报到证，毕业生直接到用人单位应聘就业的情况。

在目前需求较热的行业中，其岗位需求呈以下特点。

第一，从经济类型看，国有经济单位、集体经济单位、其他经济类型单位人员需求接近六成，其中有限责任公司、私营企业和外商投资企业人员需求较多。

第二，从产业结构看，第三产业仍为人员需求的主体；从行业看，租赁和商务服务业人员需求居各行业之首，制造业居第二位，建筑业居第三位。此外，批发与零售业，交通运输、仓储和邮政业，住宿和餐饮业人员需求也有增长。上述六个行业人员需求占到人员需求总量的3/4。

第三，中小企业是就业岗位的增长点，其人员需求占总需求的80%左右。

第四，从地域分布看，城市近郊区城镇单位人员需求高于城区单位、远郊区县城镇单位人员需求。

值得注意的是，以上所列出的“热门行业和职位”仅供大家参考，所谓的“冷门”

和“热门”随着形势的变化而变化，两者间没有绝对的界限。冷门变热门、热门趋向衰退十分常见，这里所列出的只是人们根据时代发展的趋势所作出的预测。当然，能够对将来的职业发展情形有意识地预测并规划，相对也就有了更多的成功机会。

②继续深造。高职教育不是一次性的教育，更不是终结性的教育，无论是学历的提高还是知识的加宽与更新上，都可以向上延伸、向左右拓展。一些学生考入高职院校接受专科学历层次的高等教育时，因为对高职毕业生今后的继续学习和深造不甚了解，会出现自卑、消极的思想情绪。根据《面向21世纪教育振兴行动计划》精神，中央和地方各级教育行政部门以及有关的高职院校，都在为高职毕业生继续深造开辟多种渠道。目前在各地试行的主要有以下几种形式。

第一，普通“专升本”。一是“专转本”的试点。一些地方在少数办学历史较长、办学质量较高的学校与某些本科院校挂钩，按一定比例经过考试选拔，试行“专转本”，由省一级教育行政部门批准确认，转为本科生，就读本科专业。二是“专升本”试点。专升本的试点工作已在不少省（直辖市、自治区）开展。这是根据国务院、教育部有关文件精神，为高职毕业生升入本科继续深造搭建立交桥的有益尝试，也是高职广大教育工作者和学生期盼已久的一件大好事。各省（直辖市、自治区）专升本的比例一般为10%左右。“专升本”考试科目为公共课、基础课、专业基础课。考生必须在通过统一考试科目的最低控制分数线后择优录取。随着试点工作的深入，升本人数的增加，将会给高职院校特别是学生带来更大的福音。

第二，成人“专升本”。成人“专升本”也是高职毕业生继续深造的一条重要途径，它与普通“专升本”形式在继续深造或取得高一级学历文凭上是一致的，但也有所区别。其区别是普通“专升本”形式主要由就读学校组织推荐，经省级人民政府有关部门确认后实施；而成人“专升本”主要由个人通过成人高等学校、普通高等学校的网络教育学院等按国家规定的考试，或学院自行组织的考试选拔录取，深造主体的个人行为所占比例大，自由度也大，即考什么学校、学什么专业、什么时候准备、在哪一年参加考试等都可由自己选择确定。

第三，报考研究生。高职毕业生除了上述进入本科继续学习外，还有一条重要的深造渠道是，报考国内院校相应或相关专业的研究生直接接受更高一个层次的研究生教育。以前国家规定高等专科学校毕业生要工作两年以后才能以同等学力身份报考研究生，随着招生考试制度改革的深化，高职毕业生报考研究生的机会或入学概率会不断提高，给一批出类拔萃的学生提供更多的发展机会。当然高职毕业生报考研究生时会遇到一些困难，即基础课和专业基础课处于弱势，与本科生竞争较量有一些“不公平”，但高职学生如能在基础课和专业基础课学习阶段在原课程要求以外再下点功夫，挤出时间自学并多读参考书，同样可以取得好成绩。一旦考上研究生进入专业学习时，高职学生往往处于优势，因为高职学生应用能力强，特别是攻读工程硕士等类专业时，将更体现出自己的专长，完全可以以优秀的成绩完成研究生的学业，成为高层次专门人才。

第四，创业。业内对创业的定义存在多种见解，观点多种多样。有人认为创业是投资自己的时间、知识、金钱，并冒着失败的风险去从事的一项可以产生利润的商业行为。也有人认为创业就是去创造事业，去实践自己的专业，也是面对就业生存等压力的一种选择。正当众多毕业生为谋求一个理想的工作岗位而四处奔波时，有些同学却另辟蹊径，创立自己的“大学生公司”，当上了“学生老板”。他们用自己的学识智慧、创业精神、创新品质、经营头脑、市场意识和管理才能向社会宣布“我们要自主创业”，“我们要成为中国的比尔·盖茨”。如今，创业正成为一股热潮在大学校园内外流行，各种大学生创业竞赛、成功创业计划受到了学生们的欢迎。虽然目前高职毕业生创业的比例还不高，但是长此以往，创业的人数肯定会日益增加，越来越多的毕业生对自主创业有了认同，其中的部分人还展开了实际行动。

(2) 确定职业方向。职业方向是对职业的选择。一般来说，高职大学生在选择专业的同时就基本确定了今后的职业方向，比如食品检验专业学生选择的职业方向基本上就是食品企业的生产技术岗位和食品检验岗位。但对于一些和职业联系不紧密的专业，个人特点、兴趣和市场需求对职业方向影响的因素则会大些。比如电子商务专业，毕业生适应的就业岗位或岗位群有以下几种。

①企事业单位电子商务的策划、运营、计算机维护与管理的相关岗位；

②企事业单位内部信息系统的维护与管理岗位；

③各类经济管理部门内的电子商务管理岗位；

④各地区的社区服务、物业服务、家政服务等信息网络化业务及其管理岗位；

⑤IT 行业内电子商务的设计与开发岗位；

⑥企事业单位内的电子商务教学或培训岗位；

⑦IT 企业的市场部、客户部、营销部业务骨干或管理人员。

这些岗位包含了不同的职业方向，有管理、教学、技术、营销等，学生可以结合自己的个性特征、兴趣爱好选择适合自己的职业方向。生命短暂，一个人的时间与精力都是有限的，只能在特定的行业中谋求成功。在选择行业、确定职业方向时，一定要理解特定的职业对人生的意义，思考自己可能在特定职业中的生涯发展路线。

(3) 确定高职生涯目标。行之有效的生涯设计需要切实可行的奋斗目标。这是制定生涯规划的关键。从高职生涯目标的类型可以看出，高职生涯无外乎以就业、升学或留学为目标。当然并不是所有的同学一开始就可以把自己的目标定得非常准确，在生涯过程中可以随时调整目标。如果选择了就业，按三个学年六个学期算，第三、四、五学期是学习专业知识、掌握专业技能的关键时期，这三个学期专业课会相对增加，不同专业的学生从第三个学期真正开始分化。第六个学期调整、实践、沉淀、就业。这一学期的课程会大幅度减少，要做的就是调整自我、实践知识、把握机会，确定好择业与就业的尺度，最终寻求到自己满意的工作。如果决定考研，大学三年级要抓紧学习专业知识，收集考研信息。大家都知道考研是分专业的，跨专业考研的人毕竟是少数，因此专业课一定不能放松，这是将来考试的资本。如果决定留学，二年级收集相关资料，争取通过托福或雅思。收集留学相关信息，包括各个国家留学政策，院校申请、奖学金、签证、专业信息等。大二通过托福或雅思，可以为大三申请签证争取到充足的时间，三年级积极准备，争取一次成功。

高职生涯规划就是用一系列的目标为自己铺就一条成功之路。确定目标是为了激励行动，所以目标的选择不能随心所欲，不恰当的目标不仅不能起到激励作用，相反还会挫伤自己的自信，阻碍自己的发展。在确定目标的过程中要注意如下几个方面的问题：一是目标要符合社会的需要，有需要才有市场、才有位置；二是目标要适合自身的特点，并使其建立在自身的优势之上，应以自己的最佳才能、最优性格、最大兴趣为依据；三是目标要高远但决不能好高骛远，一个人追求的目标越高其才能就发展得越快，对社会就越有益；四是目标幅度不宜过宽，最好选择窄一点的领域，并全身心投入进去，这样更容易成功；五是目标要明确具体、简明。

(4) 可行性分析。目标是人生前进的动力，因为它是未来的现实。但并不是所有的目标都能成为现实，因为目标的实现受到主客观因素的影响、制约。只有在充分分析主客观因素基础上确立的职业目标才具有实现的可能性。主观因素分析即认识自我，客观因素分析包括社会环境分析、校园环境分析及家庭环境分析等。

①认识自我。认识自我，除了对自己的职业兴趣、气质、性格加以认识外，还应对照对自己的职业品质、职业技能、价值观、办事风格、能力水平、知识水平等进行深入分析。

②环境分析。环境分析包括社会环境分析、校园环境分析和家庭环境分析。人是社会的人，任何一个人都不可能离群索居，都必须生活在一定的环境之中。社会环境为每个人提供了活动的空间、发展的条件、成功的机遇，对人的职业生涯乃至人生发展都有重大影响。通过对社会大环境的分析，了解国家或所在地区的政治、经济、法制建设发展方向，寻找各种发展机会，了解所选定职业在社会环境中的发展过程和目前的社会地位以及社会发展趋势对该职业的影响。

校园环境分析包括学校的专业教学计划、图书馆的图书资料资源、学校的社团活动、学术报告、社会实践等活动的开展对职业目标的实现创造了哪些有利条件，存在着哪些不利因素。

家庭环境分析主要指家庭文化，父母的职业、观念对所选职业目标支持程度、社会关系等为你的职业目标的实现可以提供哪些有利条件，存在哪些不利因素。

③职业分析。进行职业分析，主要是针对职业对从业者的个性要求、能力要求、知识要求等进行分析，将分析结果与自己对照，明确自己的优势、不足，找出差距。可以通过与已从事该职业的成功人士交谈，查阅相关资料及亲自参加社会实践等途径深入了解所选职业。

（5）实施方案。一个远大宏伟的目标很少能够一次实现，因此必须分解成若干易于达到的阶段性目标。目标分解是将目标清晰化、具体化的过程，是将目标量化成可操作的实施方案的有效手段。目标分解应该分解到你知道为实现你几年以后的目标今年干什么、明年干什么。通过职业分析，找出差距，再根据自己的具体情况将缩短差距的措施合理安排在大学各个学期内完成。

（6）评估与反馈。制订的计划不能一成不变，人是善变的，环境也是多变的，职业生涯规划实施过程中，有很多难以预测的因素。要使生涯规划行之有效，就必须时时审视内外因素的变化，及时做出调整。尤其是一个阶段结束之后要及时评价，除自我评价外，老师、家人、朋友都要从不同角度作出评价。认真分析前段时间目标确立、具体实施步骤的可行性，实际完成情况，作出客观的评价，不足之处找出原因，以便下一步进行调整。

五、高职生涯规划的自我管理

高职生涯规划的自我管理，是指高职大学生充分发挥自身的主观能动性，把规划的管理权交给自己，自己对自己负责，自觉去履行自己的规划，真正从内在的方面激发高职大学生的成才欲望，使之真正成为自己所规划的、社会所需要的高职人才。在高职生涯规划的自我管理上，通常要做到：

1. 加强执行力

没有执行的计划就是空谈。执行力是执行规划的直接动力，有了稳定的执行力，才能保证规划不会半途而废。有些同学经过精心策划，给自己制定了发展规划，可是，一旦遇到困难或挫折就放弃了。“性格决定命运，细节决定成败。”这话讲得非常有道理。经常听一些高职大学生说：“我要升本。”可是没过多久，他就改变主意了。还有的大学生说：“从下周开始，我要好好学英语。”其实这都是执行力不够的表现，明日复明日，明日何其多，如果不能在下定决心的同时开始执行，那么日子就一天一天一周一周地流走了，计划永远都没有办法开始，或者说没有办法持续进行。

2. 时刻牢记目标

生活没有目标，人生就会失去本来的意义，丧失生活的动力，在我们追逐人生目标的过程中，我们又不时会被一些细枝末节和毫无意义的琐事分散精力、扰乱视线，以至中途停了下来，或是走上岔道而放弃自己的既定目标。有时候，这可能并不是我们的本意，只是一种惯性思维。究其原因，是由于我们没有牢记心中的目标。目标坚定与否、清晰与否，常常关系着规划执行的效果，没有目标或者目标不清晰，会导致执行计划的方向出现重大偏差。有一位伟大的科学家曾经告诫过我们：“如果一个人不知道自己要航向哪里，那么任何风向都不会是顺风。”因此，我们应该时刻牢记自己的目标，不要忘记我们心中的目的地在何方。

3. 规划好自己的时间

“时间就是发展的空间”，也就是说，谁抓住了时间谁就赢得了发展的空间。时间就是海绵里的水，是能挤出来的，每天省出1小时，1周就是1个工作日。高职3年非常重要，它是我们人生的一个转折，控制好时间，才能赢得发展空间。有时候，个人预先制定的规划之所以不能有效地到实施，就是因为没有很好地规划好时间。规划好高职三年的学习时间，可以让有限的时间得到充分的利用，从而高效地达成目标。成功人士拥有的时间与一般人是一样的，他们之所以能够在有限的时间内发挥出更多的能量，在于他们科学地规划了自己的时间，并且掌握了管理时间的技巧。

4. 建立一套自我激励机制

人都有惰性，在规划实施过程中可能出现一些困难、挫折，甚至是遇到规划的目标难以达到，在这种情况下，在前进的过程中是个体需要激励，特别是来自自身的激励，它是个体发展的动力。当个体有一个远大的、自己愿意为之付出努力的目标以后，他就会集中精力、心无旁骛地投入其中，即使遇到一些困难和挫折，他也会全力以赴地克服，不达目的誓不罢休。自我激励机制的建立既需要高职大学生确立远大的目标，找到自己学习的榜样，同时也需要自己具有坚强的意志和毅力，不断地勉励自己，使自己保持持续发展态势。

5. 在互相监督中促进自我管理

自我管理不一定非得孤军作战，我们可以与有共同目标的同学组成学习小组，大家相互勉励、相互交流，共同发展，这也是一种很好的自我管理模式。同时，要学会自我反思，只有不断反思才能找到自己的不足，加强对高职生涯规划的管理，找到进步与前进的方向。因此，我们可以通过撰写生涯日记的方式来反思自己的行动，它可以将高职大学生整个大学期间的学习、生活过程如实地记录下来，让我们从中看到自己的奋斗历程。

复习与思考

（1）简述高职生生涯规划的含义和特点。

（2）高职生生涯规划对高职大学生职业发展有何意义？

任务三　职业生涯规划要素与方法

学习目标

（1）了解职业生涯规划的要素。

（2）掌握职业生涯规划的方法。

知识目标

（1）能够客观认识自我、确定职业志向。

（2）能够评估职业机会并能选择合适的职业。

一、职业生涯规划的基本要素

职业生涯规划有五大要素：知己、知彼、目标、决策、行动。

所谓知己，就是了解自己的各个方面，包括兴趣爱好、能力、价值观、个性、性格及父母的管教态度，学校与社会教育对个人产生的影响等。

所谓知彼，就是探索外在世界，包括行业及职业的特性、所需的能力、就业渠道、工作内容、工作发展前景、薪资待遇等。

知己是了解自己本身的特性，知彼是了解工作舞台的特性。说得形象生动点，就好比我们去买衣服，首先要知道自己的体形，自己是高是矮、是胖是瘦，平时穿什么号码的衣服；然后，我们要对衣服的款式、颜色、尺码范围做到心中有数；最后，我们就可以通过几次试穿，较好地挑到自己满意的衣服。这比起那些没有目的，没有计划而满街乱逛的人，当然更有效率，更加事半功倍。

目标，即职业目标，是职业生涯规划过程中的核心要素，是最后决策的主要依据。

所谓决策，包括决策类型、决策风格、决策过程及可能面临的冲突、阻力、助力等。还是以买衣服为例，在挑挑选选之后，所做的决策就是要不要买下衣服。当然，买与不买，不仅取决于自己的尺码、衣服穿在身上是否合适（知己），还取决于衣服本身的款式、质地是否符合自己心意，价格是否合适（知彼）。

在决策之后就要选择职业发展路线，然后采取行动。

这五个基本要素缺一不可、环环相扣，是一个人在做职业生涯设计时必须考虑的内容。

二、职业生涯规划的方法

学生在职业院校接受教育，具有一定的文字功底和文学水平，设计自己的职业规划方案并不是一件难事。因此，花一些时间撰写一份实用而又有效的职业规划方案很有必要，日后可以经常拿出来评估、调整。

职业生涯规划，根据每个人的不同情况，可以有不同的方法。这里仅介绍一种运用较广泛的方法，我们通常称作“职业生涯规划五步法”。

职业生涯规划是一个周而复始的连续过程，其过程可以分为五个基本步骤：包括自我认知、职业认知、目标定位、方案设计以及动态调整等。简而言之，职业生涯规划就是知己知彼，择优选择职业目标和路径，并用高效行动去实现职业目标。

（一）客观认识自我、确定职业志向

志向是事业成功的前提，没有志向，事业的成功也就无从谈起。俗话说：“志不立，天下就无可成之事。”纵观古今中外，各行各业的佼佼者都有一个共同的特点，就是具有远大的志向。立志是人生的起跑点，反映出一个人的理想、胸怀、情趣和价值观，影响一个人的奋斗目标及成就。所以，在规划职业生涯时，首先要确立志向，这既是规划职业生涯的关键，也是生涯规划的起步。

正确认识自己是实现职业志向的基本前提。职业生涯规划最基础的工作首先是要知己，即要客观全面认清自我，充分了解自己的职业兴趣、能力结构、职业价值观、行为风格、优势与劣势等。只有正确地认识自己，才能进行准确的职业定位并对自己的职业发展目标做出正确的选择，才能选定适合自己发展的职业生涯路线，从而对自己的职业生涯目标做出最佳选择。

在客观认识自我方面，我们至少需要解决以下四个方面的问题：喜欢干什么——职业兴趣；能够干什么——职业技能；最看重什么——职业价值观；适合干什么——个人特质。自我评估是规划中不可缺少的一个步骤，如果忽略了这一步，或自我评估不全面，生涯规划将会根基不牢。

自我评估时可以采用心理测试或填写调查问卷，如美国心理学家和职业指导专家霍兰德编制的职业兴趣测验、麦尔斯编制的 MBTI 职业性格测试等。

（二）分析外部环境、评估职业机会

每个人都处在一定的社会环境之中，离开了这个环境，便无法生存与成长。只有对这些环境因素充分了解，才能做到在复杂的环境中避害趋利，使自己的职业生涯规划具有实际意义。

环境因素的评估主要包括社会环境和组织环境的分析。

1. 社会环境分析

对社会环境的分析主要包括对如下因素的分析。

(1) 社会各行业对人才的需求情况。随着社会的变革，对各种人才的需求也在不断发生变化。例如，随着信息技术的发展和普及应用，对计算机、网络等方面的应用人才的需求不断增加；同时，对各种管理人才的需求也越来越多。对这方面信息的分析可以使个体认识到自己目前所具备的知识和技能是否为社会所需要，需求程度如何，自己应在哪些方面学习和提高才能适应社会的需要。

(2) 社会中各种人才的供给情况。对人才资源供给状况的分析实际上是分析人才竞争的状况。通过对这些信息的分析，可以使个体了解与自己竞争相似职业的人的状况，与他人相比较自己的优势和不足，以便明白如何才能在竞争中取得优势。

(3) 社会政策。对社会有关政策的分析，可以使个体了解一些新的事业机会，以便在进行职业生涯规划时利用这些机会。例如，《个人独资企业法》的出台使得有志于独立创业的个体找到新的职业发展路线。

(4) 社会价值观的变化。不同时代有不同的社会价值观，人们在从事各种职业时也需要得到社会的认同。了解社会的价值观，有利于在进行职业生涯规划时做出与社会价值观相一致的职业选择。

2. 组织环境分析

许多个体是在一定的组织中进行职业发展的设计的，所以对组织环境进行分析是个人职业生涯规划的重要内容之一。对于组织环境所要考虑的因素主要有以下三个方面。

(1) 组织的特色。组织的特色包括组织文化、组织规模、组织结构和组织中人员状况等。

(2) 组织发展战略。组织发展战略主要包括组织未来发展目标是什么，有什么阶段性的发展目标，目前组织所处的发展阶段是怎样的，等等。

(3) 组织中的人力资源状况。人力资源状况包括组织目前的人员年龄、专业、学历结构是什么样的，组织中的人力资源发展政策是怎样的，组织会采取哪些有利于员工发展的行动等。

通过对组织环境的分析，个体可以确定该组织是否是自己所偏好的职业环境，自己在组织中的发展空间和发展机会如何，从而决定是在该组织中寻求发展，还是脱离该组织而到其他组织中寻求发展，哪种类型的组织将是自己未来发展的组织，从而解决“我可以干什么”的问题。

(三) 选择合适职业、明确职业目标

每一项职业都要求从业者具备一定的条件，知识、技能、体力、品德和心理素质

等，而每个人各方面条件又都是各不相同的，对职业的选择就必然会有所不同。只有认识自己、把握自己，针对社会的发展，才能找出一种发展潜力大，在未来若干年中有较高社会需求的职业。

明确职业目标是根据评估找到适合自己发展的职业，解决“我干什么”的问题。职业方向的选择应按照职业生涯规划的四项基本原则并结合自身实际来确定。职业生涯规划的四项原则如下：择己所爱，择己所长，择世所需，择己所利。

职业生涯目标的确定是职业生涯规划的核心。通过前面两个步骤，对自己的优势、劣势有了清晰的判断，对外部环境和各行各业的发展趋势和人才素质要求也有了客观的了解，让我们对今后从事的职业有了明确的态度，在此基础上还需要制定出个人的符合实际的短期目标、中期目标、长期目标与人生目标。短期目标又可以继续分为年目标、月目标、周目标、日目标等。

职业目标的选择正确与否，直接关系到人生事业的成功与失败。据统计，选错职业目标的人中超过80%的人在事业上没有取得成绩。人生必须要有目标，有了明确的目标，我们才知道要往哪里走。大量的事实说明，明确的目标是人生成功的动力之一。

（四）确定生涯路线，制定行动方案

职业目标确定后，向哪一条路线发展，此时要做出选择。是向行政管理路线发展，还是向专业技术路线发展；是先走技术路线，然后再转向行政主管路线等。在具体的岗位方面也需要作出选择：行政管理、市场营销、技术研发、服务支持……由于发展路线不同，对职业发展的要求也不相同。因此，在职业生涯规划中，必须做出最适合自己的抉择，以便使自己的学习、工作以及各种行动措施沿着自己的职业生涯路线或预定的方向前进。

职业生涯规划路线的设计不仅要注意职业的纵向流动，而且也要关注职业的横向流动，生涯计划应该描述各种流动的可能性，包括工作内容、知识学历、技能经历以及职务变化等。

在确定了职业生涯目标后，行动便成了关键的环节。没有切实的行动，目标就难以实现，也就谈不上事业的成功。这里所指的行动，是指落实目标的具体措施，主要包括工作、训练、教育、轮岗等。例如，为达成职业目标，在工作方面计划采取什么措施来提高工作效率。在业务素质方面，计划学习哪些知识、掌握哪些技能来提高你的业务能力。在潜能开发方面，采取什么措施开发潜能等，都要有具体的计划与明确的措施。并且这些计划要特别具体，以便随时检查。

彼得·圣吉在《第五项修炼》中说，企业未来唯一持久的竞争优势是比竞争对手学习得更快和更好，个人也是这样。我们现在的时代是终身学习的时代，要取得事业上的成功，就要不断更新知识、提升能力，保持自己的职业竞争力，逐步达到自己设

定的职业目标。

（五）定期检查评估，及时调整计划

俗话说："计划赶不上变化。"影响职业生涯规划与发展的因素诸多，有的变化因素是可以预测的，而有的变化因素难以预测。在此状况下，要使职业生涯规划行之有效，就须不断地对职业生涯规划进行评估与调整。其调整的内容包括，职业的重新选择、职业生涯路线的选择、人生目标的修正、实施措施与计划的变更等。

在职业发展过程中，理想与现实脱节是一个普遍现象，对职业人来说，有些是致命的，有些却能走通另一条路。发生这种情况时，最忌急于求成或消极对待，正确的做法应是稳定中求发展。

当然，事在人为，再完美、再动人的职业生涯规划也取代不了个人的主观努力。职业生涯规划的目的是建立目标、树立信心，职业生涯规划只是走向成功的必要手段，能否成功则受个人的努力、社会环境等多方面的影响。

复习与思考

（1）简述职业生涯规划的要素。

（2）简述职业生涯规划的方法。

任务四　职业生涯规划的编制方法

学习目标

（1）掌握生涯目标的定义和基本内容。

（2）了解生涯目标的制定原则。

（3）了解生涯路径的选择。

知识目标

（1）能够制定和决策生涯目标。

（2）能够对生涯进行评估。

一、生涯目标的制定

目标是成功的关键。我们时常听到许多人喜欢宣称自己的梦想是成为第二个李嘉诚，希望考上公务员，希望自己成为CEO，希望自己成为律师，希望创建自己的企业。

这些所表达的是一种强烈的愿望，其主题是积极可取的，也给人许多遐想。不管这些目标是否明确，是否现实，都值得鼓励。但是，如何实现这些梦想和目标，却困扰着许多人，还被看成只是戏言。因为，第一，这些目标没有被足够详细的定义；第二，它始终只是一个目标，而没有相应的行动。那么，怎样设置合理的目标，并制定切实可行的具体行动计划呢？下面就这个问题进行讨论。

（一）生涯目标定义和基本内容

生涯目标是指个人在选定的职业领域内、某个未来时点上所要达到的具体目标，包括短期目标、中期目标和长期目标。做任何事情都要有一个明确的目标，所谓有的放矢，先做对的事，把握好方向，再把事情做对，否则就会南辕北辙，徒做无用功。一般，一个具体可行的生涯目标，其基本内容应该包括以下几个方面。

1. 行动目标设定：为了实现中长期生涯发展目标，近三年我要达到什么目标？为了实现这个短期目标，明年自己应该干什么？例如，若一位财务分析师将自己的生涯目标定为在未来 3 年内成为部门经理，他就必须询问，要有什么样的经历或学历，要担当过什么工作，需要怎样出头露面才能够帮助自己获得这个职位。

知识链接

为了保持您自己的平衡，请记录自己的 6 个首要目标，每个目标代表您生活中的一个重要领域，身体：您的健康目标——锻炼身体多长时间；头脑：您的知识目标——要读的书，要提升的知识面，每天的学习任务量；身心：您的精神目标——您用于思考和计划的时间；时间：您的时间目标——如何分配运用今天的时间及完成的工作；人际：您的人际关系目标——在您生活中最重要的是哪些人，应长期保持联系；金钱：您的财务目标——管理好自己目前已拥有的金钱及发挥金钱的作用，创造更多的价值。

2. 业绩子目标：需要在三年内达到什么样的工作业绩？在目前工作岗位上应该搞出什么名堂？

3. 晋升子目标：按照原先设定的生涯发展路径，三年内应该获得什么样的工作职务或职称晋升级别？

4. 财务子目标：三年内财务状况应该是一种什么状况才不至于影响或威胁自己正常生涯发展？如果达到这种水平会对自己生涯发展起到什么样的促进作用？

5. 主要对策措施：为了实现上述目标应该采取什么样的对策措施？

开发措施：在个人能力建设方面需要做哪些短期培训和学习提升？

工作激励措施：在现行岗位和日常工作中自己还需要做哪些进一步的改进和艰苦努力？

社会环境保障措施：在同事与上司下属关系以及团队合作方面自己需要进行哪些调整和改善，外部社会环境特别是家庭对自己的生涯发展具有促进作用还是干扰作用，如何扬长避短？

6. 行动日程安排：根据年度目标任务和对策措施，具体拟定按年、月、周安排的工作和生活日程（见表5-2）

表5-2 年、月、周安排的工作和生活日程规划表

生涯战略规划样式1

计划名称	时间跨度	总目标	分目标	计划内容（参考）	策略和措施（参考）	备注
短期规划						
中期规划						
长期规划						
人生规划						

生涯行动计划日程安排表样式2

日程	目标分解	主要措施	事务安排	补充和调整
第一季度				
一月				
第二季度				
第三季度				
第四季度				
年度总计划				

当然，您完全可以在以上的表格里分得更具体，更详细，能更好地安排、记录、指导和评估自己每一天的工作。长此以往，您的生活将丰富多彩。

（二）生涯目标的决策

在综合自我探索与环境探索基础上，就必须对个人的生涯机会前景做出决策，确立自己的生涯目标，同时评估各种环境因素对自己生涯发展的影响。下面我们采用SWOT分析法来进行生涯目标的决策。这种方法，能够非常直观地通过自身优势、劣势和环境中的机会和威胁分析，步步追问，一幅清晰的生涯机会前景图将会呈现在你的面前，最终确立自己的生涯目标。

SWOT 分析法包括四个方面内容。

1. 优势：自己出色的方面，尤其是与竞争对手相比具有优势的方面，如语言表达能力强，身体素质好。

2. 劣势：与竞争对手相比处于落后地位的方面，如不善于交际，活动能力比竞争对手差等。

3. 机会：有利于职业选择和职业发展的一些机会，如企业扩大市场需要市场部经理等。

4. 威胁：存在潜在危险的方面，如所在企业走向衰落，不喜欢自己这种性格的人来担任直接上司等。

要注意的是，运用 SWOT 分析法进行生涯机会评估时，要尽可能考虑全面，权衡各种发展机会，然后选出相对满意的生涯发展目标，确定适合于自己的生涯发展战略。

案例

招商银行员工生涯前景 SWOT 分析

招商银行某管理岗位的员工根据 SWOT 法对自己的生涯发展优劣势、机会与威胁进行分析，得出个人生涯目标的 SWOT 分析。

优势 S 1. 精力旺盛，自信乐观。 2. 强烈的成就动机，目标明确。 3. 强烈的发展与提升意识。 4. 工作阅历丰富，内生涯大于外生涯。 5. 学习能力强，自修了工商管理和人力资源管理学知识，获得 MBA 学历与学位。 6. 写作能力、沟通协调能力、管理能力较强。 7. 熟悉或精通商业银行综合业务知识	机会 O 1. 招商银行各项业务健康、持续、协调、稳定发展。 2. 及时因势而变，实施颠覆式变革，发展远景非常看好。 3. 对管理型人才、复合型人才需求巨大。资产负债管理、价格管理的重要性日渐突显。 4. 内控管理、人力资源管理水平逐年提高。 5. 招商银行将在香港上市，发展机会进一步扩大
劣势 W 1. 支配欲较强，有时忽略别人感受。 2. 有时对事情的考虑不够全面周详。 3. 非专业营销能力较弱	威胁 T 1. 总体看，中资银行无论在人力或业务方面，抗击外资银行的全面冲击能力较弱。 2. 在一定程度上，企业在经营管理和人力资源管理体系的建立上还有需要诸多完善的地方。 3. 新人的不断加入，会产生一定程度的职场压力

该规划者通过认真分析比较，考虑过去，立足当前，着眼未来，综合三方面的因素，将考虑的各种环境因素相互匹配起来加以组合排列，明确认知自己，充分利用优势与机会组合，努力改进劣势与机会组合，不断消除劣势与危机组合，有效监视优势与危机组合，确定生涯发展目标路线。

运用SWOT分析法进行生涯目标评估时，你要尽可能地对面临的各种生涯发展目标进行评估。在完成内外因素分析和SWOT矩阵后，便可以制定出相应的策略，以便发挥优势因素，克服弱点因素，利用机会因素，化解威胁因素。然后选出最优发展对策，确定生涯目标。这些对策包括以下几种：

1. 最小与最小对策（WT对策），即考虑弱点因素和威胁因素，努力使这些弱点趋于最小。如社交能力弱，就应多找机会训练自己。

2. 最小与最大对策（WO对策），即综合考虑弱点因素与机会因素，目的是努力使弱点趋于最小，使机会趋于最大。

3. 最大与最小对策（ST对策），即考虑优势因素和威胁因素，努力使优势因素趋于最大，让威胁因素化为最小。

4. 最大与最大对策（SO对策），即着重考虑优势因素和机会因素，目的是努力使两种因素都趋于最大。找一个你最优竞争力的优势项目，再加强这方面努力，让其成为你的强项。因为有些劣势是难以弥补的，与其着重于加长短板，还不如突出优势。这应是最重要的策略。

（三）生涯目标制订原则

当确定生涯目标后，我们还得考虑一个问题，目标设计合不合理？我们可以采用SMART模式进行评估。

1. 明确的（Specific）

所谓明确的就是要用具体的语言清楚地说明要达成的行为标准。这是指目标必须是清晰的，可产生行为导向的。比如，目标“我要成为一个优秀的人”，不是一个具体的目标；但目标“我要完成本月1000万的销售量”，就算得上是一个具体的目标了。

2. 可衡量的（Measurable）

可衡量的就是指目标应该是明确的，而不是模糊的。应该有一组明确的数据，作为衡量是否达成目标的依据。如果制定的目标没有办法衡量，就无法判断这个目标是否实现。比如上面的目标“我要完成本月1000万的销售量”，它就对应着量化的指标——1000万的销售量。

3. 可达到的（Acceptable/Achievable）

可达到的是指要能够被执行人所接受的，这里“可达到的”有两层意思：一是目标应该在能力范围内；二是目标应该有一定难度。目标经常达不到会让人沮丧，但同时得注意太容易达到的目标也会让人失去斗志。

4. 相关的（Realistic）

目标的相关性是指在现实条件下是否可行、可操作。这里“相关的”是指与现实生活相关，而不是简单的“白日梦”。可能有两种情形，一方面个体乐观地估计了形势，低估了达成目标所需要的条件等，以至于制定了一个高于实际能力的目标。另一方面，可能花了大量的时间、资源，甚至人力成本，最后确定的目标根本不是自己想要的。

5. 基于时间的（Time-constrained/Time-related）。

“基于时间的”是指目标必须确定完成的日期。例如，我将在 2020 年 5 月 31 日之前完成某事。5 月 31 日就是一个确定的时间限制。

知识链接

WBS 任务分解法（work breakdown structure）。如何进行 WBS 分解：目标→任务→工作→活动学会分解任务，只有将任务分解得足够细，您才能心里有数，您才能有条不紊地工作，您才能统筹、安排您的时间表。

（四）生涯目标实现策略

一般来说，个人要根据现实情况和自身情况，选择有效的策略，大致可以分为三类：①一步到位型，针对在现有条件下可以达成的生涯目标，动用现有资源很快实现。例如通过竞争上岗竞聘领导职务岗位。②多步趋近型，对于那些目前无法实现的目标，先选择一个与目标相对接近的职业，然后逐步趋近，以达成自己的理想目标。例如想考省级以上公务员，必须要求有基层工作经验，因此就先到基层锻炼。③从业期待型，在自己无法实现理想目标，也没有相近的职业可以选择的情况下，先选择一个职业投入工作，等待机会，以实现自己的理想目标。

知识链接

游戏

“六步游戏”法帮你设计目标。以下是国外学者经过反复探讨而得到的一个寻找人生目标的逐步突出法，现在就让我们通过做这个“六步游戏”来找到自己的人生目标。游戏道具：4－5 张小纸片。环境要求：安静舒适。情绪状态：精神饱满，情绪激昂，思维活跃。提醒：在考虑目标时，尽量全面，避免仅从一个方面考虑，如不仅考虑事业，还要有家庭、人际、业余生活等方面。第一步：寻找终生目标。拿出一张纸片，写下第一个问题：我终生的目标是什么？然后用 2 分钟写下答案，要无拘无束，想的是什么就写下什么。再花 2 分钟进行必要的修改。如果你不好直接确立你的人生目标，你可以回想一下你童年、少年时的梦想，或者那些最令你开心的事。以此作为启发，再写下你的答案。实例扫描：事业成功、家庭幸福、快乐……也许你写下的目标比较泛，那也没有关系，还有第二步呢。第二步：思考如何度过今后三年。请在第二张纸片上，写下第二个问题："我该怎样度过今后三年?"用 2 分钟尽快写下答案，再用 2 分钟把忽视的项目补充进去。在第二张纸片上，所写的东西要较之第一张纸片具体。这里的具体即是指所做的工作要具体。如第一张纸片上你若写了过幸福的生活，那么在这一张纸片上你就得将之分解为较为具体细致的目标。实例扫描：进入管理阶层；经济收入比刚工作时翻一倍；向女朋友求婚；将母亲接到自己身边；和好朋友经常保持联系……第三步：半年内最重要的事。请在第三张纸片上写下第三问：我在这半年内都应该做哪些事？哪些工作对我是最重要的、最迫切的。这张纸片所罗列的内容，应该比第二张纸片更具体、细致、全面，是自己需要也是能够立刻做的。实例扫描：经常给母亲打电话；和朋友保持联系……第四步：浏览前三步和前三步答案，你应该发现，第二步的答案就是第一步答案的延伸，第三步的答案则是前两步答案的继续。如果你的三步答案不具备这种逻辑，就需要重新来做，务必使这些答案符合事物的发展逻辑。第五步：目标分类。请把 3 张纸片都拿起来，把上面的目标分别归类，如分为事业目标、爱好特长目标、能力目标、婚恋目标、社会友情目标、身心素质目标、读书目标等。实例扫描：事业目标：功成名就、进入管理层；婚姻目标：幸福、向女友求婚、帮女友补习功课……第六步：确立不同时期的目标。请按类别关系，将三张纸片上的目标按同类关系以及同性质的关系连成一条线，就成了你的短期、中期、长期的目标了。实例扫描（以事业目标为例）：短期—中期—长期—联系实习单位—进入管理阶层—功成名就。然后，结合自己的个人情况，根据短期目标制定切实可行的月计划、周计划、日计划。每一级计划的制定都应该是服务于上一级计划的，比如，制定周计划是为了完成月计划，制定日计划是为了完成周计划。当短期目标实现后再向下一个目标突进。这种"目标逐步突出法"，最好在新年开始或你的生日进行。在开始新的一年或新的一岁时，寻找一下自己人生奋斗的方向，该是非常有意义的庆贺方式。

二、生涯路径的选择

生涯路径的选择，是指当个体确定生涯目标后，是向哪一路线发展，即是向行政管理路线发展，还是向专业技术路线发展，或是先走技术路线，再转向行政管理路线。

通常生涯路径的选择须考虑以下三个问题：一是我想往哪一路线发展？这是通过对自己的价值观、职业理想、动机、职业人格等的分析，确定自己的职业目标取向。二是我能往哪一路线发展？这是通过对自己的性格、特长、经历、学历的分析，确定自己的职业能力取向。三是我可以往哪一路线发展？这是通过对自己身处的社会环境、经济环境、政治环境、组织环境的分析，确定自己的机会取向。

对以上三个问题进行综合分析，以此确定自己的最佳生涯路径。实际上，许多人生涯路径不是一成不变的，同样一项工作，刚入职的时候很新鲜，过了几年后，就觉得单调乏味甚至令人厌恶，所以，选择生涯路径不是一蹴而就，而是不断变化的。

一般来说，生涯路径有传统生涯路径、双重生涯路径和横向生涯路径、网状生涯路径四种。

1. 传统生涯路径

它是指从一个特定的工作到下一个工作纵向向上发展的一条路径。假定每一个当前的工作是下一个较高层次工作的必要准备，那么，员工必须一级接一级地，从一个工作到下一个工作进行变动，以获得所需要的资历和准备。例如公务员级别由低至高依次为二十七级至一级。这是我国公职系统过去使用最多，且几乎是唯一的一条职业通路。其优点是它一直向前，且被清晰地展示在员工面前，员工可以了解自己向前发展的特定工作序列。但是，这种传统路径随着时代的发展已暴露出越来越多的缺陷。许多人片面认为只有升迁，向金字塔顶发展，生涯才算是成功，实际上，绩效或岗位成就才是成功生涯的标志；快乐地工作着并充满成就感（或有收获感、充实感）才是成功的生涯。

2. 双重生涯路径

该路径是指在组织行政管理职务阶梯之外，为专业技术人员设置一个平行的、与行政职务同等重要的、有序的、开放的业务（技术）能力阶梯，并与待遇相挂钩。在双重职业路径中，管理人员使用行政职务阶梯，专业技术人员使用业务（技术）能力阶梯。在行政职务阶梯上的提升意味着具有更多制定决策的权力，同时要承担更多的责任；在业务（技术）能力阶梯上的提升意味着具有更强的独立性，同时拥有更多从事专业活动的资源。许多IT企业多设置双重职业路径，比如联想。联想公司为员工建立了双重职业生涯发展路径，即管理序列路径和专业技术路径。联想专业技术路径共有7大类32个专业岗位序列，包括技术、市场、产品、职能等各方面。公司每年一次对在职人员进行评估，做出升级、保级与降级调整。这种双重职业路径的设计，赋予了员工不同的责、权、利，有利于调动管理人员和专业技术人员的积极性，实现各尽其能，各展其长。

3. 横向生涯路径

一般指员工通过工作调动从一个部门进入另一个新的部门或新的工作领域。此时，员工职位级别一般没有上升，有的甚至会下降，但是通过在不同业务或职能领域发展，学习新技术、迎接新挑战、承担新责任，不仅可以消除员工的疲顿感受、丰富知识技能，同时又为其提供广阔的职业发展道路。有许多新员工，往往会被安排在几个部门轮岗，其目的是让新员工尽快熟悉各部门的工作，发展综合全面的专业技能。当然，由于各部门要求的专业技术能力不同，并不是所有部门都可以轮岗的。

例如以公职系统来说，横向的职业路径有四个层次：一是本单位内部工作岗位的轮换，例如，公务员科室工作岗位轮换。二是本系统内部（如行政系统）跨地区、跨部门、跨单位、跨职位的流动。例如一线专业岗位到综合管理岗位、从基层单位到上级管理部门进行公务员内部选调交流活动。三是公职系统内部（如行政机关、党的机关、立法机关、司法检察机关、群众组织、事业单位等）的流动，比如借调。四是公职系统与系统外组织的交流，比如到企业挂职锻炼。对于公职系统人员来说，横向的流动主要都是组织派遣，个人缺乏自主独立性。

4. 网状生涯路径

它包括纵向的工作序列和一系列横向上的机会。由于当代社会裁员、流程再造、破产等经济现象的频繁发生使得生涯变得更加不固定，有人把这种多变的生涯称之为无边界职业生涯。这种背景下，组织已经摒弃过去那种只看重员工在组织中较低一级任职经历的要求，转而把员工在不同岗位、不同行业的任职经历作为生涯成功的评价标准。引起这种变化背后的原因是组织结构日益扁平化，中高级职位数量相对较少，使得晋升机会减少，晋升难度增加，使得一个人很难在同一个职务系列上谋求发展。另外，有过其他组织相同职位的任职经历，会被组织认为是学习其他组织先进管理模式和经验的重要途径。因此，许多人选择网状的职业路径，即综合纵向上和横向上的选择，这条职业通路承认在某些层次的经验的可替换性，以及晋升到较高层次之前需要拓宽本层次的经历。这个路径比传统职业路径更现实地代表了员工在组织中的发展机会。但也正是由于这一路径“四通八达”的优点，造成了它的不足，即组织向其成员解释其职业可能采取的特定路线会比较困难，展现在人们眼前的是一条复杂的，而不是清晰可视的职业路径。

在选择生涯路径的同时，我们还要搞清楚组织的晋升制度、绩效考核制度、培训制度、沟通制度以及申诉反馈制度。以下各要素是必须注意的。一是各个岗位所需的技能和绩效水平。二是职业阶梯数量和类型。例如，制造型企业可将岗位划分为行政管理、专业技术、营销贸易和技能作业等四大系列，即四个职业阶梯。三是岗位的等级。如一般行业员工等级晋升所需年限为 2～4 年。四是各等级的名称。如工程技术序列，等级名称为一级工程师、二级工程师、资深工程师等。五是各等级的能力标准，即岗位任职的条件。六是跨通道转换台阶，以利于岗位轮换。

知识链接

专业、技术职务系列、名称、档次表

序号	专业技术职务系列名称	专业职务名称				
		高级职务		中级职务	初级职务	
1	高等学校教师	教授	副教授	讲师	助教	—
2	自然科学研究	研究员	副研究员	助理研究员	实习研究员	—
3	社会科学研究	研究员	副研究员	助理研究员	实习研究员	—
4	实验人员	高级实验师		实验师	助理实验师	实验员
5	中专学校教师	高级讲师		讲师	助理讲师	教员
6	中学教师	高级教师		一级教师	二级教师	三级教师
7	小学教师	高级教师		一级教师	二级教师	三级教师
8	技工学校教师	高级讲师 高级实习指导教师		讲师 一级实习 指导教师	助理讲师 二级实习 指导教师	教员 三级实习 指导教师
9	工程技术人员	高级工程师		工程师	助理工程师	技术员
10	农业技术人员	高级农艺师 高级畜牧师 高级兽医师		农艺师 畜牧师 兽医师	助理农艺师 助理畜牧师 助理兽医师	农业技术人员 畜牧员 兽医员
11	经济专业人员	高级经济师		经济师	助理经济师	经济员
12	会计专业人员	高级会计师		会计师	助理会计师	会计员
13	统计专业人员	高级统计师		统计师	助理统计师	统计员
14	卫生技术人员	主任医师 主任药师 主任技师 主任护师	副主任医师 副主任药师 副主任技师 副主任护师	主治医师 主治药师 主治技师 主治护师	医师 药师 技师 护师	医士 药士 技士 护士
15	体育教练	高级教练		教练	助理教练	—
16	新闻专业人员	高级记者 高级编辑	主任记者 主任编辑	记者 编辑	助理记者 助理编辑	— —
17	翻译专业人员	译审	副译审	翻译	助理翻译	—
18	播音员	播音指导	主任播音	一级播音员	二级播音员	三级播音员
19	专业出版人员	编审	副编审	编辑 技术编辑 一级校对	助理编辑 助理技编 二级校对	— 技术设计员 三级校对

序号	专业技术职务系列名称	专业职务名称				
		高级职务		中级职务	初级职务	
20	图书专业	研究馆员	副研究馆员	馆员	助理馆员	管理员
21	文博专业	研究馆员	副研究馆员	馆员	助理馆员	管理员
22	档案专业	研究馆员	副研究馆员	馆员	助理馆员	管理员
23	海关专业人员	高级关务监督		关务监督	助理关务监督	监督员
24	工艺美术人员	高级工艺美术师		工艺美术师	助理工艺美术师	工艺美术员
25	艺术人员	一级演员 (演奏员、编剧、导演、美术师、舞台美术设计师、主任舞台技师)	二级演员	三级演员 舞台技师	四级演员 美术员 舞美设计员 舞台设计员	— — — —
26	律师人员	一级律师	二级律师	三级律师	四级律师	律师助理
27	公证人员	一级公证	二级公证	三级公证	四级公证	公证助理

三、生涯评估

生涯评估是指在实现生涯目标的过程中有意识地收集反馈的相关信息和评价，不断地总结经验和教训，自觉地修正对自我的认知，适时地调整生涯目标和战略规划的过程。俗话说，“计划赶不上变化”，影响生涯规划的因素很多，有的变化因素是可以预测的，而有的变化因素难以预测。要使生涯规划行之有效，就需不断地对生涯规划进行反馈、评估和修正。一方面，可以测试某一职业战略是否适当，了解这一战略是否真能让人更接近自己的目标。另一方面，可以测试目标本身是否适当，即是否能继续坚持这一生涯目标并有望实现。

一般而言，生涯评估有以下方法可供借鉴。

1. 目标度量法

生涯目标是生涯规划的核心，它对于生涯规划的成功具有直接的帮助。生涯目标中的短期、中期和长期目标一旦确定，就形成了非常具有操作性的度量生涯规划实现的标准，调整的方法也就直接锁定在现实目标实现和生涯目标之间纠偏的动态过程中。

2. 局部调整法

从生涯规划实施的基本步骤和方法来看，每一个环节都可能直接影响到前后生涯规划的实施效果，如果设定的目标不适合于自己，长期目标和短期目标相脱节，目标缺乏弹性或制定得太容易或太难，确立的志向和自我评估有偏差，对生涯规划机会的把握不准确，对职业的选择把握不好，或者生涯规划路径的选择有问题，制定的具体行动计划方案可操作性较差等，在执行的过程中都需要根据不同的情况进行局部调整。

不过，局部调整的过程往往会“牵一发而动全身”，但更进一步准确把握每一个环节，确保生涯规划向总体目标前进是生涯规划调整中的最普遍使用的方法。

3. 重新规划法

有时候对生涯规划的基本概念掌握不够，具体的职业生涯规划的步骤和方法应用不熟练，导致所制定出的规划方案完全脱离了自身实际，“牛头不对马嘴”时，则需要彻底调整，亦就是重新规划。这种方法不建议多次使用，以避免“常立志而不立长志”，为规划而规划的教条主义。

4. 过程评估法

生涯规划经过科学的方法、理性的制定并付之于行动后，即使目标制定合理、生涯规划的志向清晰。可是，从人生发展的角度来看，计划设定的内容，人们心中所期望和梦想的事情，在现实中有时候不一定都能够有效实现。这并不意味着生涯规划的失败，在实施的过程中，要注重于结果导向，更应该强调实施过程。

根据生涯的基础理论，定期地做总结评估和反馈调整是做好生涯规划不可或缺的一个环节。规划者应该进行周期性的总结和计划调整。未来的长期计划是综合考虑各方面的因素做出的决定，具有一定的客观性和科学性。在没有确实发现自己的长期目标有重大偏差的时候，不应该三心二意，随意改变自己的决定。

总之，生涯规划不仅是一个复杂的程序，还需要科学的方法，并持之以恒，只有这样，生涯规划才能实现阶段性和可持续性的发展。

四、生涯规划的阶段性管理

在进行自我探索和环境探索的基础上，确定了生涯目标和职业发展路径以后，就必须制定相应的战略规划并以实际行动予以落实。要把目标转化成具体的方案和措施，分阶段进行，并根据每个阶段的特点和任务，进行有效的管理调控。这里，我们将大学生入职以后的整个生涯规划划分为早期阶段、中期阶段和后期阶段。不同阶段的行动与措施各不相同。

（一）生涯早期阶段的规划与管理

案例

把最卑微的事做到完美。亚都丽致总裁严长寿在新书《做自己与别人生命中的天使》中，曾说到台湾喜剧演员九孔的故事。刚进演艺圈的他想演戏，但是一直没有机会，只能躲在摄影棚的一角等待。有一天制作人王伟忠经过看到他，就随口说了一句：“你也想演戏？没有角色给你演，真想演，你就演一只蚊子吧!"一般人听到这种近乎屈辱的话，早就拂袖而去！但是九孔马上变身一只大蚊子，脸部肌肉开始抽动，双手上下飞舞如翅膀，嘴巴也嗡嗡作响，这个卑微的起步，让他有了第一次上镜头的机会，如果打了退堂鼓，也许九孔的人生就不一样了！实际上，刚进入职场就像进入修道场，都是从最底层的无聊事做起，"所有工作都是一样，你的出发点，会决定工作的价值!"

生涯早期阶段是指个人刚进入组织，逐步"组织化"，为组织所接纳的过程。在这一阶段，新人的主要任务是要学会自己做事，学会被同事接受，获得成功和失败的经验，在某个领域形成技能、开发创造力和革新精神。这一阶段的问题主要是适应性的问题，新人要学会面对失败、处理混乱和竞争、处理工作和家庭的冲突、要学习自主。这一阶段的年龄跨度一般是从 22 岁到 30 岁之间，在这一阶段中又可分为：

1. 生存与发展期（入职期）

这一时期处在入职第 1～2 年，新人的使命就是在个人职业和组织中站住脚，成为一个对组织有用的人。当进入实际的职业场所时，身份开始发生转变，新入职员工要进行有关业务、行政法规等基本理论知识和技能的训练，学习组织的规范、标准，尽快熟悉本岗位的基本情况、历史和现状、发展战略、有关的制度规定、工作职责等。此阶段，新人对组织尚不十分了解，与上司、同事群体之间尚不熟悉，处于相互适应期，可能会引起某些矛盾和问题，而且，新成员较高工作期望所面对的往往却是枯燥无味和毫无挑战性的工作现实，因此，需要在理想与现实、意愿与困难的冲突中挣扎求存，寻找新的平衡点。当然，此阶段对于新人由于一切都富有新鲜感，他们会产生某种积极的拥有感，表现出积极热情的一面。这一阶段还是员工必要的抉择期，个人适应该项工作的工作环境和工作内容，经过这一阶段的磨炼将决定留下来，顺利进入下一个时期；而发现自己不适合某项工作的，开始退出这个行业。

2. 稳定期

这一时期一般在第 3～6 年，也可以叫成长期。在此阶段新人通过向一些受过专门训练、有较高工作绩效、较高工作标准的领导干部学习，已经具备了从事这个职业的基本素质，进入了稳定期。这种"稳定"，一方面表现在工作事务处理上，自己有相对的独立处理能力，可以依靠自己的力量，且不必在别人的监督之下从事工作。另一方面，在心理上，那些认定自己不适合从事这份工作的人，一般也在这个阶段开始作出抉择，选择去或留；那些留下来的员工，一般在心理上已经确定自己可以胜任这份工作，愿意选择该职业为自己的终身职业。通过几年的工作锻炼，个人对自己的职业意识、职业水平、职业前景等有了较清楚的认识。此时的个体应有意识地开始作出自己长期的职业发展规划。在这一阶段个体职业生涯规划研究中，个人要不断增加专业知识、提升专业技能，以便尽快地从一个"新人"成长为一个"业务骨干"甚至"部门主管”，这是这一个阶段的个人生涯发展的重点。

（二）生涯中期阶段的规划与管理

个人生涯在经过了职业早期阶段，完成了特定任务以后，就步入职业生涯中期阶段。这一阶段的年龄跨度一般是从 30 岁到 50 岁左右，时间周期较长、富于变化，既有可能获得职业生涯成功，甚至达到顶峰，又有可能出现职业高原，无法上升。这一阶段的目标是得到晋升，进入更高一层的领导或技术职位，薪酬福利增加，在选定的职业岗位上成为稳定的贡献者。同时，此阶段，需要重新思考自我与工作、家庭与社会的关系，减少盲目乐观与陶醉。职业生涯中期作为人生最重要的时期，其特殊的生理、心理和家庭特征也使其职业生涯发展面临着特定的问题与管理任务。

在这一阶段中又可分为：

1. 尝试与自疑期

这一个阶段处在第 7～20 年。自此时期开始，不同个体的职业发展线表现出差异性。一般而言，许多这一年龄段的人通过审视和自我评估，明确职业目标，确定了自己的长期贡献区，积累了丰富的职业工作经验，逐步走向职业发展的顶峰。然而这一阶段也是家庭任务和负担最沉重的时期，因此，三个生命周期即生物社会生命周期、家庭生命周期、职业生涯生命周期之间的矛盾冲突也最多。通常最容易发生的是三个生命周期在时间分割上的矛盾。时间是一定的，投入自我发展和工作时间越多，相对地给予家庭的时间就越少，甚至为了工作，不得不牺牲个人和家庭的利益。如果牺牲家庭利益超过一定限度，家庭生命周期运行就会制约和阻碍个人生命社会周期及职业生涯周期的运行。尤其在工作接近 20 年的个人中，会意识到职业机会随年龄增长越来越受到限制，从而产生职业危机感。因此，这是一个充满矛盾的复杂阶段，尤其需要加强对个体职业生涯的管理。

2. 宁和与保守期

这一时期处在第 21～30 年。随着年龄的增长，许多人经历了职业危机之后开始平静下来，能较轻松地完成工作，也更有自信心。在工作中，人际关系上开始趋于宁静平和，角色期望也开始发生变化，维护职业、家庭生活和自我发展三者之间的平衡。长期积累的经验逐渐使个人形成某些认定有效的“铁律”，不愿意再做出大的调整和更新，也不愿意“冒险”尝试一些确定性较差的新做法，趋于保守，处在这个阶段的职场人士，有一部分已经担任了领导职务，即使那些在名分上不享有行政职位的人，也会担当起言传身教的责任。另外，当步入中年遇到朋友、同事、父母或者配偶甚至子女的去世时，个人才真正意识到了死亡的可能性和生命的有限性，并会重新考虑自己的理想与目标，思考在自己的职业和一生中是否能完成预计要做的事情。当意识到个人学习能力下降，感到力不从心、已没有时间、精力和机会去完成各种梦寐以求的事情时，常常会出现抑郁、忧虑心理，从而产生心理负担。

（三）生涯后期阶段的规划

这个阶段的年龄跨度一般是从 50 岁至退休。此阶段的特点是员工的工作经验更加丰富，但体能逐渐下降，承认竞争力和进取心的下降，对进一步发展自己的动力降低，对工作的期望是求稳，有人称为“55 岁现象”。随着责任和中心地位的下降，这个阶段的后期（女性 50 岁、男性 55 岁以后），退休问题将必然被提到议事日程。退休将对员工的职业感受、经济收入、心理状态等产生一系列不利影响，对工作也会产生影响。因此，对于这个阶段的员工来说，如果能够重新唤起专业兴趣与热情，更投入地对待自己的工作，对身心健康都有益处。

从以上对职业生涯发展的阶段来看，个人职业生涯的发展是有阶段性的，全部职业生涯是一个大周期，呈现着“上升态——高平态——缓降态”的发展趋势。其中，从发展速度看，大概 30 岁上下是个制高点，这与人的生理、智力高峰期直接相关；从发展水平看，大概 40 岁上下是个制高点，这时期知识与能力、理性与经验都达到了最佳结合；从实现水平看，大概 50 岁时是个制高点。

复习与思考

（1）生涯目标的含义是什么？

（2）生涯目标的制定原则是什么？

项目六 自主创业

任务一　高职学生自主创业概述

学习目标

(1) 了解自主创业的意义。

(2) 了解影响高职生创业的因素。

知识目标

(1) 掌握创业的时代背景。

(2) 掌握创业道路的选择。

高职学生自主创业是近年来兴起的一种高职学生就业模式，是指高职学生毕业后不通过传统的就业渠道谋取职业发展，而是利用自己所学的知识和专业技能创办公司、开办企业等就业行为。

一、自主创业的意义和时代背景

高职学生自主创业的具体含义：高职学生创业就是利用自己的知识、才能和技术以自筹资金、技术入股、寻求合作等方式创立新的就业岗位，毕业生不做现有就业岗位的竞争者，而是为自己、为社会、为更多的人创造就业机会。

1. 自主创业的意义

(1) 大学毕业生通过自主创业，可以把兴趣与职业紧密结合，实现人生价值。大学毕业生自主创业与社会供职不同，自主创业可以做自己最感兴趣、最愿意做和自己认为最值得做的事情。在多彩缤纷的社会大舞台中，“海阔凭鱼跃，天高任鸟飞”，自主创业可以最大限度地发挥才能，实现自己的人生价值。

(2) 有利于高职学生自力更生，培养自立自强意识和风险意识、拼搏精神和艰苦奋斗的作风。大学毕业生在创业过程中遭遇困难和挫折，甚至失败，这就要求自主创业的大学毕业生具备顽强的意志和良好的品格，勇于承担风险，独立自强，艰苦拼搏。

（3）有助于为国家造就一批年轻的企业管理人才。高职学生创业的艰苦过程，不仅磨炼了创业者的意志品质，还培养了创业者的市场观念，训练了他们的决策管理能力，锻炼和提高了自身素质，有助于为国家造就一批年轻的优秀企业管理人才。

（4）有利于缓解国家就业压力，为更多的大学毕业生提供新的就业机会。高职学生自主创业不仅解决了高职学生自身的就业问题，而且为社会创造了就业岗位，解决了他人的就业问题。高职学生创业无论对个人还是对社会，都具有重要意义。目前世界各国都很重视大学毕业生的创业问题。

2. 创业的时代背景

当今时代是经济和高科技迅猛发展的时代，是变革的时代，也是世界经济全球化发展的时代。这样的时代为高职学生创业发展提供了良好的时代背景。经过 40 多年的改革开放和社会经济的发展，目前，我国已经具备了高职学生自主创业的社会经济条件。

（1）经济发展提供了创业大舞台。随着我国经济的发展和改革的逐步深入，以及经济结构战略性调整的不断推进，产业结构的调整也加快了步伐。这意味着行业中原有的投资主体退出，个别行业将要萎缩或消退，而新的投资者会出现，新兴行业将迅速崛起。新兴行业的出现和投资主体的多元化将推动一大批创业者的产生与成长。比如，第三产业的发展促进各种中介服务、社区服务、文化服务、科技服务、家政服务等一大批新的职业需求发展，而这些职业都非常适合高职学生创业者。

（2）知识经济时代提供了创业机遇。知识经济时代，社会财富被新的知识创新阶层控制，一些新的就业方式和财富增长方式也将出现，知识就业者、信息就业者、网络就业者、数字化就业者将大量涌现。高职学生作为我国高素质群体，知识经济时代将为其提供更多的创业机会。在知识经济时代，高职学生通过科技创新在某一方面取得的突破性成果或毕业后先进入某一行业就业，进而独立或与他人合作创办公司，在为自己创造就业机会的同时，也为社会、为他人创造更多的就业机会。

（3）融资环境不断改善。对于创业者来说，要实现自己的创业梦想，融资是非常关键的一步。大学毕业生自身经济实力薄弱，因此，通过一般的商业贷款获得资金是相当困难的。但是，我国银行已普遍开展创业贷款业务，高职学生创办的企业规模普遍较小，可以通过这种贷款获得数万元的资金，实现自己的创业梦。同时，近年来，风险投资在我国如雨后春笋般迅速兴起。由于风险投资能够解决中小企业发展的融资问题，因而成为推动当前创业的关键因素之一。

（4）良好的政策法规环境。创业者能够顺利创业，离不开良好的政策法律环境，特别是允许个人创办、经营企业的相关政策法规。改革开放以来，我国逐步建立起以公有制为主体，多种所有制经济共同发展的经济体制。非公有制经过四十余年的发展，在就业结构中已经占有非常重要的地位。在全面建成小康社会的新阶段，国家为自主创业、开办私营企业提供了一个良好的政策法规环境。目前，我国《中华人民共和国公司法》《中华人民共和国个人独资企业法》《中华人民共和国合伙企业法》等法律和一系列相关的政策已经出台并生效，公司、个人独资企业和合伙企业等三种最常见的企业形式的地位已经得到确立，社会个体创办企业的门槛已经大大降低。这为高职学生创业提供了最基本的法律保障，营造了宽松的政策环境。近年来，为了鼓励高职学生自主创业，国家和各地方政府还出台了一系列相关政策措施，如国家工商行政管理总局《关于2003年普通高等学校毕业生从事个体经营有关收费优惠政策的通知》《财政部、国家发展和改革委员会关于切实落实2003年普通高等学校毕业生从事个体经营有关收费优惠政策的通知》等。

高职学生创业者中一部分是带有科技创新成果的。对于这些科技创新成果，我国也制定了一系列的相关制度。《关于促进科技成果转化的若干规定》中规定，“高新技术成果的作价金额可达到公司或企业注册资本的35%，另有约定的除外”，“对科技成果转化执行税收优惠政策”。北京市关于《促进科技成果转化若干规定实施办法》规定，“创办高新技术公司，注册资本金可以在一年内分步到位；注册资本不足时，可向风险投资或担保机构申请注册资本金担保；以高新技术成果出资入股，高新技术成果的作价金额依据当事人商议确定，当成果部分占总注册资本金的比例超过20%时，应经市科委认定后办理注册登记，当成果作价金额在500万元人民币以上，并且超过注册资本35%的，由科技部审查认定”。

另外，我国各地相继建立了高职学生创业园或创业孵化园，高职学生创办的企业在其中享受一系列的优惠和创业指导，“政府搭台，高职学生唱戏”，为高职学生创业提供了舞台。

（5）良好的社会心理条件。社会的文化心理状况同样影响创业行为。在美国，超过90%的人认为创业是一项令人尊敬的工作，成功的创业者会得到相当高的评价，这种有利于创业的社会文化心理氛围，给予创业者莫大的精神支持。近年来，随着我国经济发展和社会进步，人们的创新意识和能力得到了彰显。高职学生作为新时代的弄潮儿，成长在改革开放的时代，受传统的束缚观念影响小，在当前支持、鼓励创业的大好社会心理条件下，更应当开拓创新，勇往直前。

二、创业道路的选择

1. 结合专业慎重选择创业方向

专业技术能力是一种最基本的创业能力。如果决定以专业知识进行创业活动，高职学生创业者要结合专业慎重选择创业方向。美国硅谷、北京中关村的创业成功者，大都是以其坚实的理工科专业知识为基础。有些专业的学生或许更适合创业活动，如美术、装潢、广告等专业的学生。由于专业的特殊性，他们的工作本身就是一种创作行为，要走上自主创业之路，而且创业背景创业风险相对要小。文科学生中也不乏创业的例子，如自由撰稿人、策划人、职业作家等。文科学生的自主创业更倾向于自由职业一类，从这个角度说，文科学生创业所需要的资金、经验、市场等条件要求不会太苛刻，学生更容易在市场中立足。

2. 从小事做起，忌好高骛远

一位创业成功者曾说："创业公司尤其忌讳说空话，在一个领域踏踏实实做事，为大家解决问题，得到认可和欢迎后，再去图谋更大的发展，这才是创业的正途。再伟大的事也要从小事做起来。从TOM到QQ，再到网易、新浪……哪个公司不是靠踏踏实实做起来的?"不要被成功企业所编写的创业故事迷惑，因为那里讲的都是企业成长过程中过五关斩六将最精彩的部分，而创业中的艰辛、挫折、失败则会一带而过。高职生创业时要用头脑思考、学习，高职学生自主创业时容易好高骛远，这会给创业带来巨大的风险和压力。在社会主义市场经济的大潮中，高职学生创业一般宜从创办小企业做起，选择一些低成本、低风险的小项目。

三、影响高职学生创业的因素

影响高职学生创业的因素，大致包括以下四个方面。

1. 个人能力与素质

创业是一种具有强烈个性色彩的社会活动，因为它十分强调创业者本身的个人素质和能力。大学毕业生要在激烈的社会竞争中站稳脚跟，靠的是个人实力。没有实力，创业只能成为美丽的空想。因此可以说，创业时的个人能力与素质是内因，它们在高职学生创业选择中起着决定作用，其他因素都是外因，起辅助或从属的作用。

2. 家庭因素

家庭对高职学生创业的影响一般有两方面：一方面，父母的价值观会对高职学生创业产生影响。如果父母从小鼓励孩子独立、大胆尝试、不怕失败，高职学生在创业选择中会持更积极、乐观的态度。如果父母担心孩子吃苦受累，希望孩子找一个稳定的工作，逐步发展，大学毕业生在创业选择上就会更加谨慎。另一方面，如果大学毕业生所在家庭有创业历史或经商背景，也会对大学毕业生的创业选择形成积极影响。

3. 社会因素

影响高职学生创业选择的社会因素有两方面：一方面是社会为高职学生创业提供的软、硬件环境；另一方面是高职学生创业的社会舆论。社会的软件环境是指与高职学生创业相关的政策法规环境；社会的硬件环境则是指风险投资机构对高职学生创业的扶持等经济环境。

4. 学校因素

学校对高职学生创业的影响分为直接和间接两个方面。直接的影响来自学校针对高职学生创业推出的相关政策规定和高职学生创业指导等各种教学和训练活动。间接的影响是指学校的所有教育活动，尤其是以创业为主题的教育教学改革对高职学生潜移默化的影响。

以上四个方面的因素相互作用，对高职毕业生的创业产生影响。当前，高职毕业生自主创业的各方面条件和环境还在逐步完善中。随着时间的推移，越来越多的大学毕业生将会走上自主创业之路，创业也将成为植根于高职学生心中的一种成才模式和理念。

复习与思考

（1）简述自主创业的意义。

（2）简述影响高职生创业的因素。

任务二　创业准备及创业过程

学习目标

（1）了解创业的心理准备。

（2）了解创业必备的素质。

（3）了解创业团队的组成。

知识目标

（1）掌握创业需要做的准备。

（2）掌握优秀创业团队的特征。

（3）掌握高职学生创办企业的程序 。

随着互联网的迅猛发展，大学生创业成功的案例屡见不鲜。机会总是留给有准备的人，有了创业的想法只是开始，而做好充分的创业准备，才能有备无患、所向披靡，更好地向成功迈进。

一、创业的各项准备

（一）创业的心理准备

高职学生在自主创业的过程中，多数会遇到各种困难和挫折，也有可能出现意想不到的问题，这就需要他们有充足的心理准备，不仅要有吃苦的心理准备，还要有遇到困难的心理准备，更要做好失败的心理准备。只有做好心理准备，才能在遇到挫折时处之泰然，积累经验。

1. 树立坚定的自信心

自信是迈向成功的第一步。与拥有的资金、人脉和出身相比，自信是更有力量的支撑，是人们做事的基础。

高职学生创业者必须具有较强的心理承受能力，不仅要有坚忍不拔的精神意志，还要有能接受失败打击的心理，但无论何时，都要自信，相信自己。

2. 培养强烈的进取心

伟大的哲学家苏格拉底说过，世界上最快乐的事，莫过于为理想而奋斗。每个积极进取的人都是有理想的人，每个成功者心中都有一个伟大的梦想。理想驱动着他们前进，让他们不畏艰难，敢于挑战，从而创造奇迹。

3. 培养创业能力

创业能力，是在一定的条件下发现和捕捉商机，将各种资源整合起来并创造出更大价值的能力，即潜在的创业者将自己的创业设想成功变为现实的能力。

创业成功与否取决于创业者的创业能力，同样的环境下，不同的创业者会有不同的结果，创业能力越强的人，抓住机遇、成功创业的可能性越大。大学生的创业能力决定了创业水平和创业成功率。

（二）创业必备的素质

创业者的素质，是创业者自身具备的基本条件和内在要素的总和。创业除了需要创业者具备资金等外部条件外，更需要创业者具备一定的心理素质和个性特征，即所谓的创业品质。

1. 敏锐眼光

商业活动中，眼光起决定性作用，许多资金不足的小创业者，依靠某个微不足道的信息挖到第一桶金。市场竞争的激烈已经宣告了“暴利时代”的结束，取而代之的是薄利多销的“微利时代”，创业机会必须由创业者自己去挖掘。

2. 自信、勇气和魄力

自信是创业的动力。人的意志可以发挥出无限潜能，可以把理想变为现实，对于创业者来说，信心就是创业的力量之源。

勇气就是要具有冒险精神和洞察力，要求创业者拥有及时判断市场的勇气。魄力就是伺机行动，该出手时就出手。创业者必须善于发现新生事物，并且对新生事物有强烈的好奇心；必须敢于冒险，勇于尝试。

硅谷有着“创业大本营”的美誉，每年都有数以万计的企业倒闭，与此同时，又有成千上万的企业创立。美国的知名创业教练约翰·奈斯汉说过：“造就硅谷成功神话的秘密，就是失败。失败的结果或许令人难堪，却是取之不尽的活教材。在失败过程中所累积的努力与经验，都是缔造下一次成功的宝贵基础。”对创业者来说，必须有足够的勇气直面困境和失败，解决难题。

3. 诚信是创业立足之根本

诚信是由“诚”和“信”两个字组成的。诚，指真诚、诚实；信，指信任、信用和守信。随着交换关系日趋复杂，市场主体对诚信的需求也日趋强烈。

诚信是一切道德的根基和本原。它不仅是一种个人美德和品质，还是一种社会道德的原则和规范；不仅是一种内在精神和价值，还是一种外在声誉和资源。诚信是道义的反映，同时也是成功的保证或源泉。

创业者的素质及能力决定着企业的市场声誉和发展空间，创业者必须遵守商业道德。成功的创业者大都有较高的道德素质。

在诚信方面，创业者要做到以下几点。

（1）捍卫本企业所定的道德规范。

（2）强化本企业在商界的形象和声誉。

（3）维持本企业的道德责任感。

（4）永远以客户的需求为第一。

（5）切实掌握生产和服务成本，获取合理利润。

（6）确保安全性和效率。

（7）不要有违法和不道德行为。

4. 领导能力

领导能力是创业者必须具备的一种素质。创业者首先会被看作某种经济体的左右者或管理者，或者某个团体的领导者。从创业者所承担的工作本质来看，创业者必须是领导者，成功的领导者领导他人来实现目标。

5. 创新精神

创业者不能只拘泥于常规，死守陈条。成功的创业者通常是先于他人发现机会。在激烈的市场竞争中，缺乏创新的企业很难站稳脚跟，改革和创新永远是企业活力与竞争力的源泉。

6. 知识技能准备

创业者在大学期间，经过学习具备了一定的专业知识和素养，但需要熟悉创业申办与创业发展的基本流程，熟悉政府有关企业管理的法律法规及相关规定，以提高创办企业的办事效率；同时要学习与企业经营相关的法律知识及政府出台的相关政策，借助政府扶持的政策，优选创业方向和创业项目，降低创业成本和投资风险。创业者要开拓足够的信息来源渠道，促进企业信息化建设，为整合多方资源奠定基础；树立企业“信用品牌”意识，以企业信用开拓市场，为企业进一步发展、拓展市场以及融资和获取项目打下基础。创业者要学会使用一些金融工具，学习财务知识，了解企业融资的渠道、办理程序、条件准备、策略与方法等。创业者还要了解企业文化相关知识。企业文化主要是指企业的指导思想、经营理念和工作作风，包括价值观、行为准则、道德规范、文化传统、风俗习惯、典礼仪式、管理制度以及企业形象、企业品牌等，它是企业战略实现的基础。

二、创业团队

（一）群体与团队

提到团队，自然就会联想到群体这个词，但二者的概念不同。

1. 群体

群体由两个或更多相互作用和相互影响的个体为了满足某种需要，提供信息或者实现统一目标而组成。群体成员间彼此互动，为了同一个目标而奋斗。群体通过某种纽带联系在一起，并具有不同程度的内聚力。

2. 团队

团队由两个或两个以上拥有不同技能、知识和经验的人组成，具有特定的工作目标，成员间相处愉快并且乐于在一起工作，相互依赖、技能互补、成果共享、责任共担，通过成员的共同协调、支援、合作和努力完成共同目标。

团队并不等同于一般意义上的群体，二者的根本差别在于，团队成员之间互补，而群体成员之间的工作在很大程度上是互换。简单地说，在团队中离开谁都不行，在群体中离开谁都可以，具体表现在以下四个方面。

（1）团队成员对完成团队目标一起承担责任并同时承担个人责任，而群体成员则只承担个人责任；

（2）团队的绩效评估以团队整体表现为依据，而群体的绩效评估以个人表现为依据；

（3）团队的目标实现需要成员彼此协调且相互依存，而群体的目标实现却不需要成员相互依存；

(4) 团队较之群体在信息共享、角色定位、参与决策的程度上更进一步。

(二) 创业团队的组成

1. 创业团队的组成要素

创业不是一个人能完成的工作，是由一个团队共同完成，这个团队就是创业团队。创业团队是指由两个或两个以上具有特定的组织功能与才能互补、责任共担、愿为共同的创业目标而奋斗的人所形成的优势互补的特殊团队。创业团队有以下四大要素。

(1) 目标。目标是团队奋斗的方向和凝聚的动力，从本质上说，创业团队的根本目标在于创造新价值。

(2) 人员。每个人都是团队中不可或缺的，有责任贡献自己的知识、技术、能力、资源等，这样才能齐心协力地发挥出团队的战斗力。

(3) 团队成员的角色分配。根据团队成员的性格、特点、能力、股份，明确自己在新创企业中担任的职务和承担的责任，各司其职，各担其责。

(4) 创业策划方案。根据创业目标，制定详细而可行的创业策划方案，从而确定成员的具体任务。

据统计，2021 年全国高校毕业生人数达 909 万人，较 2020 年增加了 35 万人。大学生是国家未来发展的中坚力量，更多的大学生选择自主创业。在创业的过程中，80%的创业者都组建创业团队。

2. 优秀创业团队的特征

作为大学生创业者，最重要的一点就是定位。创业者中的领军人物是团队中的一员，同时也是团队的掌舵人，是团队的核心，在团队管理中管理好自己也很重要。大学生创业者要把优良的工作作风带到团队中，用自己的努力影响每一个团队成员。创业者中的领军人物要做好指挥工作，和团队成员进行良好的沟通，充分协调每个成员，尽最大的能力发挥每个成员的潜力。优秀的创业团队要具备以下特征：

(1) 有良好的制度。小的团队可以靠领导者，但大的团队一定要靠良好的制度。实践证明，富有战斗力和进取心的团队必定有良好的制度，制度的建立就是告知团队成员什么是该做的，什么是不能做的。制度建立之后一定要坚定地执行，一视同仁。

(2) 有一致的思想。团队有一致的思想非常重要。在创业团队项目实施的过程中，如果每个人都有不同的想法，那么就不会有统一的行动，也就不能保证创业项目按部就班地实施。

(3) 有斗志。在一个团队中，每个成员都是一个独立的个体，个人斗志降低，团队斗志也会随之下降。因此，在管理中要将团队成员的斗志激发起来。

三、高职学生创办企业的程序

高职学生创业，要谨慎选择创业项目，可以从以下方面进行选择。首先要做最擅长的事，高职学生要认真分析自己的特点，找出自己最擅长的事，从最擅长的开始进行创业；其次要做自己喜欢做的事，只有这样，才能在工作中永葆热情，不会半途而废；最后是要做自己熟悉的事，创业能否做下去，在很大程度上取决于创业者对创业项目的熟悉程度。

高职学生创业可采用的市场主体类型主要有个体工商户、个人独资企业、合伙企业、农民专业合作社和有限责任公司等。创办不同类型的企业，需要准备的材料和办理流程会有所不同。

（一）个体工商户

1. 需准备的材料

（1）经营者签署的个体工商户注册登记申请书。

（2）经营者身份证明。

（3）委托代理人办理的，还应当提交经营者签署的《委托代理人证明》及委托代理人身份证明。

（4）经营场所证明。

（5）《个体工商户名称预先核准通知书》（设立申请前已经办理名称预先核准的须提交）。

（6）申请登记的经营范围中有法律、行政法规和国务院决定规定必须在登记前报经批准的项目，应当提交有关许可证书或者批准文件。

（7）申请登记为家庭经营的，以主持经营者作为经营者登记，由全体参加经营的家庭成员在《个体工商户开业登记申请书》经营者签名栏中签字确认。此外，还要提交居民户口簿或者结婚证复印件作为家庭成员亲属关系证明，同时提交其他参加经营家庭成员的身份证复印件。

（8）国家市场监督管理总局规定提交的其他文件。

2. 办理流程

（1）申请。申请人或者委托的代理人可以直接到经营场所所在地登记机关登记；登记机关委托其下属工商所办理个体工商户登记的，到经营场所所在地工商所登记；申请人或者其委托的代理人可以通过邮寄、传真、电子数据交换、电子邮件等方式向经营场所所在地登记机关提交申请。通过传真、电子数据交换、电子邮件等方式提交申请的，应当提供申请人或者其代理人的联络方式及通信地址。对登记机关予以受理的申请，申请人应当自收到受理通知书之日起 5 日内，提交与传真、电子数据交换、电子邮件内容一致的申请材料原件。

（2）受理。对于申请材料齐全、符合法定形式的，登记机关应当受理；申请材料不齐全或者不符合法定形式，登记机关应当当场告知申请人需要补正的全部内容，申请人按照要求提交全部补正申请材料的，登记机关应当受理；申请材料存在可以当场更正的错误的，登记机关应当允许申请人当场更正；登记机关受理登记申请，除当场予以登记的外，应当发给申请人受理通知书；对于不符合受理条件的登记申请，登记机关不予受理，并发给申请人不予受理通知书；申请事项依法不属于个体工商户登记范畴的，登记机关应当即时决定不予受理，并向申请人说明理由。

（3）审查和决定。登记机关对决定予以受理的登记申请，根据下列情况分别做出是否准予登记的决定。申请人提交的申请材料齐全、符合法定形式的，登记机关应当当场予以登记，并发给申请人准予登记通知书；根据法定条件和程序，需要对申请材料的实质性内容进行核实的，登记机关应当指派两名以上工作人员进行核查，并填写申请材料核查情况报告书。登记机关应当自受理登记申请之日起15日内做出是否准予登记的决定；对于以邮寄、传真、电子数据交换、电子邮件等方式提出申请并经登记机关受理的，登记机关应当自受理登记申请之日起15日内做出是否准予登记的决定。

登记机关做出准予登记决定的，应当发给申请人准予个体工商户登记通知书，并在10日内发给申请人营业执照；不予登记的，应当发给申请人个体工商户登记驳回通知书。

（二）个人独资企业

1. 需准备的材料

（1）投资人签署的《个人独资企业登记（备案）申请书》。

（2）投资人身份证明。

（3）投资人委托代理人的，应当提交投资人的委托书原件和代理人的身份证明或资格证明复印件（核对原件）。

（4）企业住所证明。

（5）《名称预先核准通知书》（设立申请前已经办理名称预先核准的须提交）。

（6）从事法律、行政法规规定须报经有关部门审批的业务的，应当提交有关部门的批准文件。

（7）国家市场监督管理总局规定提交的其他文件。

2. 办理流程

（1）申请。由投资人或者其委托的代理人向个人独资企业所在地登记机关申请设立登记。

（2）受理、审查和决定。登记机关应当在收到全部文件之日起15日内，做出核准登记或者不予登记的决定。予以核准的发给营业执照；不予核准的，发给企业登记驳回通知书。

（三）合伙企业

1. 需准备的材料

（1）全体合伙人签署的《合伙企业登记（备案）申请书》。

（2）全体合伙人的主体资格证明或者自然人的身份证明。

（3）全体合伙人指定代表或者共同委托代理人的委托书。

（4）全体合伙人签署的合伙协议。

（5）全体合伙人签署的对各合伙人缴付出资的确认书。

（6）主要经营场所证明。

（7）《名称预先核准通知书》（设立申请前已经办理名称预先核准的须提交）。

（8）全体合伙人签署的委托执行事务合伙人的委托书；执行事务合伙人是法人或其他组织的，还应当提交其委派代表的委托书和身份证明复印件（核对原件）。

（9）以非货币形式出资的，提交全体合伙人签署的协商作价确认书或者经全体合伙人委托的法定评估机构出具的评估作价证明。

（10）法律、行政法规或者国务院规定设立合伙企业须经批准的，或者从事法律、行政法规或者国务院决定规定在登记前须经批准的经营项目，须提交有关批准文件。

（11）法律、行政法规规定设立特殊的普通合伙企业需要提交合伙人的职业资格证明的，提交相应证明。

（12）国家市场监督管理总局规定提交的其他文件。

2. 办理流程

（1）申请。由全体合伙人指定的代表或者共同委托的代理人向企业登记机关申请设立登记。

（2）受理、审查和决定。申请人提交的登记申请材料齐全、符合法定形式，企业登记机关能够当场登记的，应予当场登记，发给合伙企业营业执照；除上述情形外，企业登记机关应当自受理申请之日起 20 日内，做出是否登记的决定。予以登记的，发给合伙企业营业执照；不予登记的，应当给予书面答复，并说明理由。

四、拟定创业计划

选定创业项目是决定创业“做什么”，拟定创业计划则是决定创业“怎么做”。好的计划是创业成功的一半，只有拟出切实可行的创业计划，创业活动才能有的放矢，减少失误，提高创业成功的可能性。

创业计划是整个创业过程的核心，主要内容包括创业的种类、资金规划、阶段目标、财务预估、营销策略、风险评估及内部管理规划等，是创业过程不可或缺的要素。

五、筹集创业资金

大学生创业者通常没有足够的资本去创办一个新企业，必须从外部寻求资本支持。此时，第一，创业者可以积极获取国家对大学生创业的政策性扶持资金；第二，创业社会化是一种趋势，可以采取合伙入股的形式有效筹集资金，对各种资源进行合理整合；第三，对大部分创业者来说，也可采取银行贷款这种较为传统的筹款方式；第四，寻求风险投资，即对处于创建期和成长期的中小企业进行股权或债权投资，并参与企业管理，以获得报酬。

复习与思考

（1）创业需要哪些准备？

（2）简述创业团队的组成。

（3）优秀的创业团队有哪些特征？

任务三　创业精神及创业素质

学习目标

（1）了解创业精神的内涵。

（2）了解创业者应具备的素质。

知识目标

（1）掌握高职学生创业精神的内涵及特点。

（2）掌握创业者应具备的特征。

一、创业精神的内涵

1. 什么是创业精神

创业精神的概念最早出现于18世纪，其含义一直在不断演化。很多人仅把它等同于创办个人工商企业。但大多数经济学家认为，创业精神的含义要广泛得多。对某些经济学家来说，创业者是指在有营利机会的情况下自愿承担风险创业的人。另一些经济学家则强调，创业者是一个推销自己新产品的创新者。还有一些经济学家认为，创业者是那种将有市场需求却尚无供应的新产品和新工艺开发出来的人。20世纪的经济学家约瑟夫·熊彼特专门研究了创业者创新和求进步的积极性所导致的动荡和变化。熊彼特将创业精神看作是股“创造性的破坏”力量。创业者采用的“新组合”使旧产业遭到淘汰。原有的经营方式被新的、更好的方式所摧毁。管理学专家彼得·德鲁克将这一理念更推进了一步，称创业者是主动寻求变化、对变化做出反应并将变化视为机会的人。今天的大多数经济学家都认为，创业精神是在各类社会中刺激经济增长和创造就业机会的一个必要因素。在发展中国家，成功的小企业是创造就业机会、增加收入和减少贫困的主要动力。因此，政府对创业的支持是促进经济发展的一项极为重要的策略。

古典经济学的奠基人马歇尔认为，企业家精神是一种个人特征，包括果断、机智、谨慎、坚定、自力更生、坚强、敏捷并富有进取心以及对优越性的强烈渴望。熊比特更是明确指出，企业家精神其实是一种首创精神或创新精神，而企业家就是那些有眼光、有能力，敢于冒险实现创新的人，德鲁克在《创新与企业家精神》一书中强调：“虽然通常企业家们本身并不带来变革，但企业家在寻求变革，对变革做出反应，并把变革作为机会予以利用，这就是企业家与企业家精神的定义。”米勒（1983）则认为如果创业者表现出创新、承担风险和主动进取的行为，那么他就具有创业精神。创业精神是一种心理行为特征或价值理念，而非创业行动或活动。社会群体文化也与创业精神相关，创业精神在不同文化中的差异在某种程度上取决于创业所能得到的回报。看重社会地位和专业经验的文化可能不利于创业，而推崇通过个人奋斗取得成功的文化或政策则很可能鼓励创业精神。创业精神的载体是人，最具创业精神的是创业者，企业家与创业精神密不可分。从学者们对企业家的研究轨迹可以看出，企业家所承担的角色，从投机、套利、冒风险到创新，是一个不断发展和丰富的过程。因而创业精神不单是投机与冒风险，更重要的是把握机会和不断创新，通过企业家的创业和创新活动，推动社会和经济不断发展。因而，创业精神就是发现和把握商业机会，无论当时如何受资源制约，都能努力创新，从无到有地创造和建立某些事物以满足社会需求，创造价值。

2. 高职学生创业精神的内涵及特点

创造精神是创业精神的基础，创新精神是创业精神的核心，创优精神是创业精神的归宿。我国社会主义市场经济的建立，形成了“供需见面，双向选择”的就业模式，这就要求高职学生要有更高的素质来面对选择，更强的自主创业者精神来迎接挑战。现在高职学生为适应社会变革需要努力培养独立创业精神，其基本内涵体现在以下几方面。

第一，要有独立生存的自信心。现代人格强调生命独立自主，有独立面对生活，迎接挑战的勇气和信心，其中包括在不同环境中从事不同职业，遇到各种情况时的人际交往能力，应对和处理问题的能力。

第二，要有不断创新的进取心。“创新是一个民族的灵魂”，也是现代人的灵魂。

第三，要有责任心和人文关怀心理。具有独立创业精神的人，应当具有广泛的人文关怀，充分表现出个人对社会、对国家、对他人的道义责任和法律责任，自觉履行这种责任，在社会生活中自觉把握和促进人与自然、人与社会的和谐发展，超越现实功利，树立崇高的人生目标。

另外，具有独立创业精神的高素质人才在实际行动中体现为以下主要特征：对环境的主动适应能力，对文化的综合理解能力，为理想而奋斗的实践能力等。

二、创业者应具备的素质

人是创业成功的第一要素，而创业者则发挥核心作用。创业活动是由创业者主导和组织的商业冒险活动，要成功创业，不仅需要创业者富有开创新事业的激情和冒险精神、面对挫折和失败的勇气以及各种优良的品质素养，还需要具备解决和处理创业活动中各种挑战和问题的知识和能力。

1. 创业的激情与创业意识

创业的激情所指的不是一时冲动，而是持久的追求与不懈的努力。创业需要百折不挠、坚持不懈的意志。创业是一个长期努力奋斗的过程，立竿见影、迅速见效的事极少发生。在方向目标确定后，创业者要朝着既定的目标一步步迈进，纵有千难万险，也不轻易改变、半途而废。保持创业的激情，是创业者成功的关键因素之一。

创新意识是创业者的一个重要素质，能在瞬息万变的市场环境中不断推陈出新是企业存活的重要环节。许多创业者都是依靠在市场竞争中不断推出新产品、新服务、新方法来获得企业生存与发展的空间，最终创业成功。创新的方式与途径通常来源于创业者对产品服务的认识、开放式的思考、市场触觉和多样化的资料信息。

要想取得创业的成功，创业者必须具备自我实现、追求成功的强烈创业意识。强烈的创业意识，能帮助创业者克服创业道路上的各种艰难险阻，将创业目标作为自己的人生奋斗目标。创业的成功是思想上长期准备的结果，事业的成功属于有思想准备的人，也属于有创业意识的人。

2. 自信、自强、自主、自立的创业精神

自信就是对自己充满信心，自信心能赋予人主动积极的人生态度和进取精神。要成为一名成功的创业者，必须坚持信仰如一，拥有使命感和责任感；信念坚定，顽强拼搏，直到成功。信念是生命的力量，是创立事业之本，信念是创业的原动力。要相信自己有能力、有条件去开创自己未来的事业，相信自己能够主宰自己的命运，成为创业的成功者。

自强就是在自信的基础上，不贪图眼前的利益，不依恋平淡的生活，敢于实践，不断增长自己各方面的能力与才干，使自己成为生活与事业的强者。

自主就是具有独立的人格，具有独立性思维能力，不受传统和世俗偏见的束缚，不受舆论和环境的影响，能自己选择自己的道路，善于设计和规划自己的未来，并采取相应的行动。自主还要有远见，敢为人先的胆略和实事求是的科学态度，能把握住自己的航向，直至到达成功的彼岸。

自立就是凭自己的头脑和双手，凭借自己的智慧和才能，凭借自己的努力和奋斗，建立起自己生活和事业的基础。

3. 一定的创业知识素养

创业知识是进行创业的基本要素。创业需要专业技术知识、经营管理知识和综合性知识。创业实践证明，良好的知识结构对于成功创业具有决定性的作用，创业者不仅要具备必要的专业知识，更要掌握必备的现代科学、文学、艺术、哲学、伦理学、经济学、社会学、心理学、法学等综合性知识和管理科学知识。

4. 优秀的创业人格品质

创业人格品质是创业行为的原动力和精神内核。在创业人格品质中，使命责任、创新冒险、坚忍执着、正直诚信等这些品质与创业成败息息相关。创业是开创性的事业，尤其在面对困难和不利的情况下，人格品质魅力在关键时刻往往具有决定性的作用。优秀的创业人格品质主要有以下几点：

一是要有使命责任。使命感和责任心是驱动创业者勇往直前的力量之源。成功的创业者具有高度的使命感和强烈的责任意识，创业活动是社会性活动，是各种利益相关者协同运作的系统。只有对自己、对家庭、对员工、对投资人、对顾客、对供应商以及对社会拥有高度的使命感和负责精神的创业者，才能得到人们的信任尊重和支持。

二是要有创新意识和冒险精神。创业机会的发现和创意的形成需要有创造性思维，发挥创造力。同样，机会的开发、资源的整合、商业模式的设计更是创新能力的集中体现。创业要有冒险精神，需要有胆略和胆识。同时，在创业实践中也要有风险意识，要注意冒险精神和风验意识的平衡，保持理性思维，降低风险损失。

三是要有坚忍执着的品质。创业是对人意志力的挑战，面对险境、身处逆境能否坚持信念、承受压力、坚持到底，这在很大程度上决定创业的成败，最后的成功往往就在于再坚持一下的努力之中。

四是要做到正直诚信。正直诚信是创业者必备的品质，它体现了成功创业者的人格魅力：讲信誉，守诺言，言行一致，身体力行，胸襟广阔，敢于承担责任，勇于自我否定，尊重人才，以人为本，倡导团队合作和学习，帮助团队成员获得成就感，坚持顾客价值、公司价值和社会价值的创造。正直诚信可以帮助创业者凝聚人心、鼓舞士气，赢得更多合作者的信任和支持。

5. 强烈的竞争意识

竞争是市场经济最重要的特征之一，是企业赖以生存和发展的基础，也是一个人立足社会不可缺乏的精神。人生即竞争，竞争本身也是一种提高。随着我国社会主义市场经济的发展，竞争愈来愈激烈，从小规模的分散竞争发展到大集团集中竞争；从国内竞争发展到国际竞争；从单纯产品竞争，发展到综合实力的竞争。因此，创业者如果缺乏竞争意识，实际上就等于放弃了自己的生存权利。创业者只有敢于竞争、善于竞争，才能取得成功。

6. 良好的人际关系

在创业的道路上，人际关系具有重要的促进作用。良好的人际关系可以帮助创业者排除交流障碍、化解交往矛盾、降低工作难度、提高客户的信任度，从而提高办事效率，增加成功的机会，并且良好的人际关系还会有助于创业者在遇到困难时及时得到朋友的帮助。

7. 良好的创业心理品质

在市场经济中，机会与风险共存。只要创业，就必然会有风险，事业的范围和规模越大，伴随的风险也就越大。没有承担风险的意愿与能力，创业时就会缩手缩脚，裹足不前，创业的理想也就会成为空谈。愿意承担风险是创业者对事业追求的一种积极心理状态。

创业之路艰险曲折。自主创业就是一个人去面对变化莫测的激烈竞争以及随时出现的需要迅速正确解决的问题和矛盾，这需要创业者具有非常强的心理调控能力，能够持续保持一种积极、沉稳的心态，即有良好的创业心理品质。它是对创业者的创业实践过程中的心理和行为起调节作用的个性心理特征，它与人固有的气质、性格有密切的关系，主要体现在人的独立性、敢为性、坚韧性、克制性、适应性、合作性等方面，它反映了创业者的意志和情感。创业的成功在很大程度上取决于创业者的创业心理品质。只有具有处变不惊的良好心理素质和愈挫愈强的顽强意志，才能在创业的道路上自强不息、竞争进取。

三、创业者应具备的特征

创业者在心理、行为、知识、能力等方面应该具备以下特征。

1. 心理特征

从成就动机理论出发对成功创业者的特征进行分析可以发现，那些拥有创业心理特征的人员比不具备创业心理特征的人员具有更高的实施创业行为的倾向。作为成功的创业者，一般具备以下六个心理特质：成就需要、控制欲、自信、开放的心态、风险承担倾向、创业精神。

(1) 成就需要。创业者希望把事情做好，这不是为了获得社会承认或声望，而是为了内在的自我实现。创业者希望承担决策的个人责任，在解决问题、确立目标和通过个人的能力达到这些目标时个人负有的责任，喜欢具有一定风险的决策，对决策结果感兴趣，不喜欢单调的重复性工作。

(2) 控制欲。控制欲是指人们相信自己能够控制自己人生的程度。研究表明，创业者相信通过自己而不是他人来决定自己的命运。创业者经常有很高的控制欲，对生活中的事件过程有一定的影响，总是希望把命运掌握在自己手中。创业者往往喜欢独立思考和行动，渴望独立自主。

(3) 自信。创业者不仅相信自己，而且相信他们正在追求的事业，不仅能在失败之后振作起来，而且还能从失败中吸取教训，坚信自己的创业团队有能力在激烈的竞争中获得胜利，对创业有坚韧不拔的毅力和满腔热情。因为新创企业在发展过程中肯定会出现各种危机和困难，越是危急关头，就越需要他们付出更大的热情和勇气，自我勉励，坚持闯过难关。成功的创业者普遍都有很强的自信心。

(4) 开放的心态。创业者要能认识到自己的局限性和改进的必要性，意志坚定但不拒绝改变，意识不僵化。必要时勇于变革，敢于承担责任。现代社会新事物层出不穷，开放的心态可以使我们有更多的机会发现机遇，产生创业意识。

(5) 风险承担倾向。由于创业者希望在同行业中脱颖而出，很多工作是自己以前没有经历过的，创业征途中充满了各种风险。创业者要有冒险精神，要能承受风险和失败。只有敢于承担风险，才能大胆创新。创业需要冒险，但冒险不是冒进；无知的冒进只会使事情变得更糟糕，而且浪费时间和财力。

(6) 创业精神。创业要发扬创业精神，没有创业精神的创业不会成功，也不能称之为创业。创业精神是对集体的精神状态和对事业所持的态度。创业精神主要表现为耐心和牺牲精神、开拓精神和敬业精神、气度和包容精神、创新精神等。

2. 行为特征

创业者在行为方式上主要有勤学好问、执着、灵活应变、吃苦耐劳、脚踏实地、雷厉风行、有良好的商业道德和责任感。

(1) 勤学好问。创业者不满足于现状，经常想把事情做得更好，不放弃学习和改进的机会。现代社会需要学习型的企业，创业团队在创业初期更需要学习行业内的领先企业、标杆企业，创业团队成员也需要有学习精神。学习是保持先进的重要手段，可以为企业的发展提供源源不断的智力源泉。

(2) 执着。执着是指对自己的创业目标和信念坚持不懈，永不放弃。因为在创业的领域没有捷径可走，只有专心致志、锲而不舍，才能克服通往成功道路上的危机和障碍。著名的发明家爱迪生指出，成功等于99%的努力和1%的灵感。连续的失败是不断尝试错误的探索性实验，是成功创新的过程之一。

(3) 灵活应变。灵活应变是指创业者对创业方法和路径的选择，要一切从实际出发，根据环境变化随时调整创业活动。

(4) 吃苦耐劳。创业成功需要坚韧不拔、顽强的毅力，吃苦耐劳的执着精神，甘于奉献的献身精神。只有具备吃苦的精神，创业者才能挺过创业的艰辛，取得创业的成功。

（5）脚踏实地、雷厉风行。创业者有好的创业念头，但只有通过实际的行动才能变成现实。巴顿将军曾经说："一个好的计划现在就去执行要比下周执行一个完美的计划好得多。"脚踏实地、雷厉风行的作风是获得创业成功的基础。

（6）良好的品德。诚信、诚实、诚恳是一个企业生存和发展的根基。没有良好的品德，时刻只为自己的个人利益，创办的企业不会长久。只有企业对顾客、对社会、对员工诚信，顾客、社会和员工才会为企业的发展锦上添花，企业的发展才有土壤。诚信、诚实、诚恳是创业团队的道德要求。

（7）责任感。把承诺变成行动是创业者的责任。责任是一种态度，态度决定一切。责任感使创业者认识团队带给企业的价值，意识到自己对团队的责任，并为团队提供工作的支持。

3. 知识特征

创业者想在某一行业中脱颖而出，应该具备相应的基础知识和专业知识。

（1）创业者应具备坚实的基础知识。创业者知识素质的好坏关系到创业者分析问题、判断问题、解决问题的能力大小和将来企业的发展。创业者只有具备了坚实的知识基础，才能正确分析企业内外的环境和自己的优势、劣势，才能为预测行业的发展趋势奠定基础。因此，知识是创业活动开展的必备智力条件。

（2）创业者知识的更新与完善。当然，一个人不可能具备上面提到的所有的知识，这就需要创业者通过组建优势互补的创业团队来实现。创业者可以通过学习来弥补自己缺乏的知识。学习知识的主要途径有以下几点：

一是大量阅读和参加培训。书籍是先行者智慧的结晶，通过大量阅读可以迅速地扩大自己的知识面，此外创业者还可以通过参加学习班迅速弥补知识上的缺陷。

二是与成功创业人士交流。例如，参加各种形式的俱乐部，从他们那里学到经验教训，以便自己少走弯路。一方面，这些成功人士在某些方面比较优秀，创业者可以从他们身上学到有益的东西，他们成功的事例能不断地激励创业者前进。另一方面，他们的某些失误又可以为创业者提供反面的教材，在以后的创业中避免犯同样的错误。

三是积极实践。实践出真知，通过实践可以增强自己对事物的感性认识，并在实践中检验理论，提高自己的实际操作能力。在实践中，最好将自己的体会与他人交流，因为这样既可以加深印象，同时不足之处又可以得到他人的指教。

4. 能力特征

创业者要成功创业需要具备多种能力，经营能力、管理能力及人际关系能力尤为重要。

（1）经营能力。经营能力是创业成功的关键，要做创业者首先要做一个出色的经营者。经营者要对经营有浓厚兴趣。对经营有兴趣不仅是做经营者的先决条件，而且是创业中始终应该具备的素质。兴趣激发工作热忱。有了经营兴趣，再累再苦都能轻松应对。经营活动是将创业计划变成现实的手段。创业的成功在于把创新思路及计划付诸实践。

（2）管理能力。管理能力主要包括战略管理能力、营销管理能力和财务管理能力等。战略管理能力指整体地考虑企业经营与环境，理解如何适应市场，如何创建竞争优势的能力。营销管理能力是指洞察企业提供的产品和服务及其特性，理解它们如何满足顾客的需要和如何使顾客认识其吸引力的能力。财务管理能力是指管理企业资金，能够保持对支出的跟踪和监控现金流，以及根据其潜力和风险评价投资的能力。

（3）人际关系能力。创业中的企业需要来自组织内外，诸如员工、股东、顾客、政府、供应商和投资者等的支持，有些服务性的行业还需要所在社区的支持。为此，创业者需要在与这些利益相关者打交道中具备处理各种人际关系的能力。人际关系能力包括激励能力、沟通能力及谈判能力等。激励能力是指唤起人们的热情，使他们全身心地投入其正在进行的工作的能力。沟通能力指运用口头和书面等语言表达思想和传递信息的能力。谈判能力指能够权衡利弊、随机应变，能够确认双赢方案和对方达成协议的能力。

以上对成功的创业者的素质要求，单个的创业者难以完全具备，每个创业团队成员也不可能都具备。这表明了组成创业团队的必要性和重要性，也表明在选择创业团队成员时要考虑其是否具备这些素质，特别是团队成员之间具有互补性。

复习与思考

（1）简述创业精神的内涵。

（2）简述创业者应具备的素质。

（3）创业者应具备哪些特征？

项目七 职业心理健康与调适

任务一 职业心理健康

学习目标

（1）了解职业心理包含的内容。

（2）了解什么是健康的职业状态。

知识目标

（1）能够正确认识健康的职业心理。

（2）掌握职业生涯规划与心理健康的关系。

一、职业心理

职业是一个人为了不断取得个人收入而连续从事的具有市场价值的特殊活动，具有技术性、经济性和社会性。每个人对职业的观念是个人社会化的主要内容，这种观念是在受教育的过程中形成的。由于我国缺少这方面的教育，现代高职学生的职业观大多是自发形成的，缺少对自己和社会职业的理性认识和思考。因此，高职学生在毕业找工作时，总希望能专业对口，但由于职业观的自发性和学校教育的滞后性，高职学生找对口工作比较困难。出现这种困难的主要原因是现阶段的专业对口观念实质是让社会适应或等待学校的产品——人才，而不是学校主动适应社会的变化。改善这一困境的重要出路是积极变专业对口的观念为主动适应的就业观，这就要求在校高职学生不仅要有较宽的知识面，较强的自学能力，还要做好必备的职业心理准备。

职业心理是指人们在选择职业、就业、失业及重新选择过程中，对周围环境的一种认知、情感、态度。职业心理主要包括三个方面的内容。

1. 择业心理

择业心理是指选择职业时的心理感受和情绪变化。当我们面对工作选择时，会有复杂的心理变化，举棋将定的一刹那，我们可能更加紧张、激动，担心这个选择是否正确，自己能否胜任这个工作。

覃干超（2006）的调查结果表明，高职学生在择业时，更多考虑的是职业的经济收入高、个人兴趣和工作轻松愉快。在对工作地域上更多地选择东南沿海发达地区。高职学生在择业时，将个人利益置于更为理性的地位，当他们将获得经济收入用以满足自身生存和发展的需要时，以经济收入高低来决定就业价值选择标准是可以理解的。兴趣是职业发展的重要动力，选择符合个人兴趣的职业，既有利于发挥个人的职业才能，又体现了我国就业政策的公平和完善。稳定的工作可以减少负面生活事件的发生，降低应激压力，使毕业生以健康的心态投入工作。稳定随之而来，带给工作者的就是轻松与愉快，没有后顾之忧，因此，高职学生大都希望有一个比较稳定的工作。高职学生是社会的一员，他们希望通过自己的职业活动推动社会发展，并在此过程中实现其人生价值，而发达地区的环境优势，有利于他们实现愿望，因而高职学生大都选择到发达地区就业。

2. 就业心理

就业心理指从事某一职业所形成的较固定的心理定式、情感倾向，是高职学生在对自我、就业和社会认识基础上形成的对待就业行为的一种心理定式和情感倾向。

刚参加工作时，我们会有很多不熟悉、不适应的地方，会走一些弯路。工作期间，有些人会很快晋升，个人价值得到实现。有些人却总是不能得到很好的发展，甚至不能持续在一个岗位上工作。为了能更好地实现职业理想，要调整好就业心态。综合前人的观点，下列这些心态值得提倡。

（1）主动转化角色。我们每个人都会在生活中扮演不同的角色，学生角色与工作角色有着不同的要求与行为规范。要认定自己承担的工作角色，也就是要认定自己在工作环境中的位置。明白自己所承担的工作角色的性质、职责范围，尤其要弄清楚工作关系中的上级领导对自己的职权和自己承担的义务要求。

强调角色意识是个性发展的保障。这其中，创造力起促进作用。因为一个角色在接受任务、明确自己的职责之后就可以主动开展工作，集中精力，做出优异的成绩。所谓应变能力就是创造性，也是扮好一个优秀工作角色所必需的。

（2）学会负责。自己不能胜任的事情，切莫轻易答应别人，这是责任意识。在工作岗位上，我们的能力与责任心都非常重要，有时责任心更重要。不论是什么样的工作，如果我们答应了要去做，就一定要尽职尽责地去做，全力以赴地做好。

3. 失业心理

失业心理指失业后所经历的酸、甜、苦、辣各种不同滋味、不同反映及变化。工作具有众多的社会功能，一旦失业，对于大多数人来讲，不仅意味着经济收入减少和生活危机，而且也会有较大的心理负担，从而致使失业者心理、情绪、习惯、行为方式等方面发生变化。

失业后，人们主要会有以下的心理症状：深重的压力感、强烈的失落感、自我评价降低的自卑感、牢骚满腹的委屈感、不知所措的依赖感、难以迁移的怀旧感和择业上的“贵族”感。失业不仅仅对失业者自己有影响，而且还会影响家庭和睦。

择业、就业、失业三个不同阶段的人的心理特点影响着人们的生活态度、生活方式和价值取向。积极的人生态度使人具有乐观向上的精神面貌，消极的人生态度使人颓丧、无为，最终走向毁灭。健康完善的职业心理，对于培养健全的人、构造健全的社会，犹如水之于鱼。

二、职业心理健康

每个人都有自己的个人心态，在职业领域表现出的心态是职业心态。比如说篮球运动员这个职业，大家团结合作努力打好每场球，这就是职业心态的一种体现。健康的职业状态应该具有以下几方面。

1. 相信自己

成功来源于自信，良好的职业状态也需要自信。我们开始从事某种活动时，因为没有经验无法预测结果，很可能会没有自信。这时就需要我们有开朗的心态，相信一切都会慢慢地好起来。

想要开朗自信，就要养成记住过去的成功而忘却失败的习惯。这里，我们不是要忘却失败，而是要带着感情色彩把失败印在心里，吸收挫折的经验重新振作起来。失败不重要，重要的是汲取、强化和专注成功的尝试。查尔斯·凯特林说过，任何一个年轻人如果想要成为科学家，都必须准备在获得一次成功之前失败九十九次，而且不因为这些失败而损伤自我。

回忆过去勇敢的时刻是恢复自信最有效的方法。如果重温记忆中的勇敢，我们就会惊奇地发现，我们比想象中要勇敢得多。欧弗豪尔塞博士介绍说，生动地回忆我们过去成功和勇敢的时刻，是增强自信心非常有益的训练。

2. 适度的职业期望

在选择职业以前，我们应该先通过自我分析，正确、深刻地认识和了解自己，这样才能对自己未来的职业生涯做出最佳抉择，在工作中也会更得心应手，减少失落感，维持良好的职业状态。如果没有很好地认识到自己的所需所长随便就业，就会既浪费了时间又没有收获。

在现实生活中，有些人往往没有全面分析自己，受中华民族多年流传下来的“谦虚”传统的影响，总是习惯低估自己，妄自菲薄，总觉得自己没有资格或能力从事一份更好的工作。他们的脑子里有一个专门唱反调的旁白，这个旁白总是在各种场合给自己泼冷水，职业发展的不顺利，从而增加失落感，最终使得职业状态低下，影响工作效率。

3. 和谐相处，学会交往

第一，不要把领导理想化。一般说来，领导在德、才、学识等方面比下属要高，具有一定的领导水平，如工作经验丰富，较强的组织、管理能力，政策性、原则性强，看问题有全局观念等。但在现实生活中，不是每位领导都具备高水平，每一方面都超越下级，作为下级不要认为只有“完人”才值得尊重。人们都希望自己能遇到一位优秀的领导，能作为自己行动的楷模。作为下属必须本着谦虚的态度尊重领导，并注意学习和吸收领导的长处，尽下属之责，服从支持领导的工作，但也不能把领导理想化。

第二，真诚服从领导。建立乐于服从的观念，这是协调好与领导关系的最基本方法。对领导不仅要有尊重，而且更要尊重习惯、性格和领导方式。作为下级，要使自己与领导的关系和谐，就必须承认这种关系的客观性，尊重它的存在，最重要的是增强自己的适应性。

第三，不可期待平等。上级期望“权威”，而下级期望上级“亲切平等”。上下级关系从来都不平等。下级尊重上级是工作的需要，也是社会的伦理。俗话说：“人熟礼不熟。”也就是说，即使交往较多，也要有礼。

4. 良好的组织归属感

对于现代职场人而言，职业不仅是生存的必须和付给薪水的机构，还是自尊与被尊重的重要源泉。职业，赋予职场人的不仅是支持性的社会关系、归属感、乐观和自我价值。

一份受人尊敬的职业是身份的象征，当一个人所从事的工作契合自己的时间和能力时，他就会享受这份工作。但是，当工作的要求超越了人们承受的时间和能力及工作条件无法忍受时，工作就成为挥之不去的具有破坏性并且制造坏心情的工具了。所以，健康的职业状态需要良好的组织归属感。

我们怎样才能建立良好的组织归属感呢？

如果你的组织归属感比较弱，建议采用以下三个步骤帮助自己：首先，找到缺乏组织归属感的症结，是人为原因、企业文化原因还是角色需要？其次，找到症结所在后不可急于否定全盘，应该“伤在哪里修复在哪里”。最后，锻炼身体，强大自身抗打击能力，避免伤害。

三、职业生涯规划与心理健康的关系

高职阶段是职业生涯发展的重要阶段，但往往由于缺乏职业生涯规划的意识与有效的指导，相当一部分高职学生对职业生涯规划常处在种种集体无意识的状态中。随着职业变动频率的加大和竞争的加剧，这种状态若不能及时得到调整与改进，将会给高职学生的就业带来越来越多的社会问题和心理问题。因此，当代高职学生不应该简单地埋怨社会结构的失调和扩招等社会现象，采取一种对自己和社会消极的、不负责任的态度。在这种情况下，高职学生应从提高自身综合能力和素质入手，用积极的态度培育健康向上的职业意识，主动适应社会，进行自我定位和职业生涯规划，进而为步入社会、参与职业竞争做好知识、能力和心理准备。

1. 职业生涯规划有利于高职学生积极价值观的形成

价值观是个体关于事物不同价值的看法、观点或观念体系，体现在人们对人生价值的看法和对生活意义的评价及行为方式的选择等方面。生涯规划影响高职学生价值观的形成。首先，高职学生确立生涯规划目标是其价值观形成的体现，引导高职学生不断思考人生意义和生活的价值。这些问题是高职学生在确定自己的职业生涯目标之前，需要思考的问题。高职学生在与外界环境接触的过程中，结合自身以及社会需求不断思考和总结，从而确定自己的人生价值目标。其次，生涯规划的过程是高职学生人生观形成的过程。随着不同阶段规划任务的完成，高职学生的人生观也逐渐趋于稳定。

在生涯规划的过程中，高职学生能够不断了解自我和社会，主动进行反省和思考，通过对自我与社会的体验、观察和评价，通过认识和评估自身生涯发展所具备的价值观念、技能、兴趣、教育经验、工作经验、心理需求、经济需求与可能障碍，明确现在与未来的发展任务。由此可见，生涯规划有助于大学生将自身的发展与社会的发展结合起来，自觉吸收社会知识与经验，经过自我观察和自我评价，不断挖掘和发展自身的潜力；有助于高职学生积极而有计划地将知识与经验统集于自身的生涯发展体系中；有助于高职学生更主动和独立地对事物做出价值判断与选择。

2. 职业生涯规划有利于高职学生自我概念形成

从心理学角度而言，自我形成的主要标志性概念是自我概念和自我同一性。所谓自我概念是个体对自我的认识和评价。在大学时代，生涯规划的过程是不断探索自我的过程，因此自我就得到了高度的关注，而高职学生的一切问题都是以自我为核心开展的，他们将更多的精力集中在自身，更多地探讨内部世界的“我”。另外，高职学生在探求自我的基础上，开始更广泛地关注社会，力求获得更多、更深的社会知识，以促进“内在我”的形成与发展。

大学时期，随着高职学生思维能力的提高和社会发展的要求，他们开始考虑自己的将来，对这些问题的思考能促使高职学生了解自我。自我概念的发展依靠个体与外界环境（或他人）的相互作用，其中自我反省是形成自我概念的基础，而生涯规划有助于高职学生自我概念的形成，有助于高职学生对自我的深入了解。因为生涯规划是一个综合分析、评价和决策环节循环更替的过程，这个过程本身就蕴含着高职学生的自我反省。目标与规划指引高职学生的社会行动，行动检验目标与规划的匹配度与可行性，其结果作为反馈信息重新进入自我认知环节。

3. 职业生涯规划有利于高职学生思维的发展

生涯规划有助于提高高职学生的思维能力。首先，生涯规划是一个解决问题的过程，它使高职学生从被动的问题困扰者转变为能动的问题解决者。如果将某一个生涯规划视为一个大系统，要达到生涯目标，就需要通过科学的目标分析，将目标整体分解为层次分明、重点突出且便于处理与执行的分解元素，这样每一个元素就形成了待解决的问题。相对的，每一个待解决的问题形成了生涯目标中的子目标，这一分解过程，其实就是问题的解决者对问题的深入研究与理解。其次，整个生涯规划过程都离不开有效的信息组织，它有利于问题的形成、策略的制定和选择。面对众多的信息内容，高职学生需要结合自己的实际情况进行思考和选择。最后，生涯规划本身也是决策思维不断演练的过程，决策思维并非一蹴而就，它需要高职学生不断地将其应用于生活与学习中，需要养成思考、推断、决策的习惯。

4. 职业生涯规划有利于高职学生改变学习动机

传统的教育方式使得教育内容与学生的发展和实际应用相脱节，学生成为被动的学习者。学习动机与高职学生职业发展没有达到有效关联，使学生不再关注如何运用所学的知识，从而丧失学习动机，使学习变得枯燥，学生变成为了学习而学习。但是，当高职学生的学习转变为实现一个理想或解决一个问题时，他们内心便会产生一种力量和一种强烈的需求，促使他们主动获取必要的知识或技能，主动采取行动来学习，从而实现目标或解决问题。有效的生涯目标有助于高职学生在没有外部指导和监督的情况下，为达到此目标而维持积极的行动；有助于高职学生为抑制某种有碍于目标实现的因素而进行自我控制，振奋高职学生的意志，使学生的学习变得更有目的性和针对性，使他们意识到学习是为“我”而非“他人”，使他们不再是被迫接受，而是依据自身需求进行合理选择与决策，并积极开发自身潜力。在精神上，他们原有的压迫与紧张也不复存在，更能以良好的心态去学习。

5. 职业生涯规划有利于高职学生自我监控

自我监控是个体为了达到预定的目标，将自身正在进行的实践活动过程作为对象，不断地对其进行积极和自觉的计划、监察、检查、评价、反馈、控制和调节的过程。人受到冲动的驱使就会有行动，一个正常的成年人能够控制并善于运用这种自然冲动，使其成为有导向的生活力量。然而，现在的高职学生正处于成年延缓期，他们的行为虽然出现了由他律到自律的变化，但在很多情况下，他们还难以完全自我控制，行为往往会受到情绪的影响。一旦情绪失控，解决问题时会失去理性，而生涯规划则加强了高职学生的自我监控能力。确定活动目标、安排合理步骤、分配活动时间、检查和分析活动效果及采取补救措施等，都是对高职学生自我监控能力的锻炼。

可见，职业生涯规划教育可以为培养高职学生健康心理提供有效的方法、手段。对高职学生进行职业生涯规划教育，引导学生进行自我评估，即是自身有意识的积极探索，有助于客观认识自我，接纳自我，是拥有健康心理的前提。进行职业生涯规划教育，引导学生分析各类环境，使其认清社会形势，客观分析自身所处的外部环境，把个人理想与社会现实结合起来，树立正确的职业观和理想价值观念，在贡献社会的同时实现个人的理想与价值。在此过程中，学生个体发挥了积极主动性，自主性得到充分调动，这也是高职学生心理健康培养的重要内容。

总之，职业生涯规划教育与高职学生心理健康具有内在的一致性，前者可以为后者提供有效的方法和手段。通过职业生涯规划教育促进高职学生心理健康是切实可行的重要途径之一。

复习与思考

（1）职业心理包含哪些内容？

（2）健康的职业状态包含哪几方面？

（3）职业生涯规划与心理健康有什么关系？

任务二　职业心理困惑

学习目标

（1）了解择业时的主要心理问题。

（2）了解工作中的心理困惑。

知识目标

（1）掌握择业时几种心理问题的调适方法。

（2）掌握工作中的心理困惑的调适方法。

一、择业时的心理困惑

市场和毕业学生双方供需见面、双向选择的就业方式使得毕业生的心理产生了强烈的波动，由于缺乏社会经验，涉世不深，毕业学生的心理容量小而脆弱，使得在社会就业制度改革中缺乏必要的心理准备，心理压力较大，这反映了毕业学生在择业中心理承受能力低下。一般来说，出现这些心理现象是正常的，适度的心理压力有利于大学生调整心态，积极进取，但严重的精神负担容易引起心理障碍，会严重困扰大学生的学习和生活乃至择业，必须对其加以引导和防范，以保证大学生顺利择业。

（一）择业时的主要心理问题

1. 焦虑

在择业过程中，大多数毕业生会出现不同程度的焦虑心理，焦虑是由心理冲突或挫折而引起的，是紧张、不安、焦急、忧虑、恐惧等感受交织成的情绪状态。大学生产生焦虑的原因主要有：优秀学生焦虑的是能否找到实现人生价值的理想单位；学业成绩不理想的学生焦虑没有单位选中自己怎么办；来自边远地区的同学为不想回本地区而焦虑；恋人们为不能继续在一起而焦虑；还有一些大学生优柔寡断。变幻万千的市场中，充满各种风险和信息，许多学生不知自己毕业后向何处去，变得无所适从，不知所措。再加上就业单位的要求越来越高，录用程序越来越严格，甚至苛刻，许多毕业生忧心忡忡，同学们面对笔试、面试、口试、心理测试等等各种考试心惊胆战。

2. 自负

自负是指过高地估计个人的能力，没有自知之明。这种心理在优秀学生身上表现较为集中和突出，一部分学生自认为是“天之骄子”，什么都懂，什么都会，应得到优待，于是在择业中，总是表现得很骄傲、自负。他们只看到自己的优点，而看不到自己的缺点。

自负的学生在面试时，夸夸其谈，海阔天空，给用人单位留下浮躁、不踏实的印象。在自负心理的支配下，部分大学生的择业观念不正确，心理定位偏高，不切实际地追求高工资、高名利，而对一般的工作单位和岗位百般挑剔，甚至提出过高的要求。如今的就业市场，仅从工作经验来说，学历和文凭并不是决定因素，个人的能力和素质才是关键。自负的大学生不能审时度势地认清自己，缺乏自知之明，其结果必然会高不成低不就。看到别人都签了约，他们常常会牢骚满腹、怨天尤人，对社会、学校和他人都可能怀有不满情绪，但有时也会向相反方向发展，出现比较严重的自卑心理，从而不敢应聘求职。

3. 自卑

自卑也是大学生择业过程中一种常见的心理现象，自卑心理表现为对自己的能力评价过低，过低估计自己的知识和能力水平，看不起自己，缺乏自信心。这一消极心理在不少大学生身上存在，严重影响了他们的择业和就业。

自卑心理在择业过程中的表现有：不敢大胆推荐自己，认为自己竞争力不够从而缺乏自信心，勇气不足，认为自己学的专业很“冷门”，或者认为自己的专业知识和技能等综合素质不如其他的同学，缩手缩脚，过于拘谨，觉得自己什么都不行，样样不如人。

自卑心理源于他人对自己的不客观评价和自己对自己的消极暗示。反复的消极暗示可能导致认知功能缺失，尤其是对于一些自我意识发展不健全的大学生、部分择业困难的女大学生以及性格内向或有生理缺陷的大学生来说，强烈的自卑心理会成为他们择业乃至生活的大障碍，而且，自卑会使大学生在求职时怯于出头，羞于表现，依赖性强，不能很好地向求职单位展示自己的才华，坐失良机，导致求职成功率不高。长期处于自卑的阴影之下，会使得大学生对自己悲观失望，忧郁孤僻，不思进取，而且有碍于自身聪明才智的正常发挥，从而严重影响就业和选择。

4. 怯懦

怯懦是一种胆小怕事的表现，常见于性格内向或者抑郁气质类型的学生。怯懦者害怕冲突，害怕别人不高兴，害怕不如别人，害怕丢面子。所以在择业时常缩手缩脚，不敢自荐。在用人单位面前，他们唯唯诺诺，不是语无伦次，就是面红耳赤，张口结舌，他们谨小慎微，生怕说错话，害怕回答问题不好而影响自己在用人单位代表心目中的形象。在公平的竞争机遇面前，由于表现怯懦，他们常常不能充分发挥自己的才能，以至于败下阵来，错失良机。

大学生没有参与过正式的面试场面，由于缺乏经验，心理紧张可以理解，第一次难免会有所胆怯，但是过度胆怯是不正常的，会影响自身水平的正常发挥，这对于大学生择业非常不利，阻碍学生达到就业的目的。

5. 依赖

在择业中，有的大学生对自己缺乏清醒的认识，择业信心不足，犹豫观望，择业时依赖父母，依赖社会关系，依赖学校和老师。在人才市场上，父母代替子女、朋友代替自己与用人单位洽谈的场面屡见不鲜，好像不是大学生自己求职，而是父母亲属在求职。这些大学生缺乏自我选择决断能力，不能积极主动地去竞争、推销自己。

6. 懒惰盲目

懒惰盲目是一种不良心态，在择业中表现为对工作机会掉以轻心，拱手把大好机会让给别人，对自主选择的重要性认识不足，认为准不准备都一样，对择业、就业不在乎、不重视。这种心态表现为面对紧张的就业形势没有紧迫感，不是利用一切时间准备就业，而是花费大量时间去游玩、看书，做其他的事情。因此，在面试的时候，回答问题随便，轻率；与用人单位签协议的时候不考虑自身的兴趣和优势，签过后又后悔。

7. 冷漠

冷漠是一些大学生因在择业中受到挫折而感到无能为力，失去信心，出现不思进取、情绪低落、情感淡漠、沮丧失落、意志麻木等反应。冷漠使得大学生们丧失了择业的动力，错过了更好的工作机会。他们自认为看破了红尘，决计听天由命，任凭自然发落。冷漠是遇到挫折后一种消极的心理反应，是逃避现实，缺乏斗志的表现。这种心理使学生对前途失去信心，不再积极争取，不再主动提升自我的技能与素质。

（二）调适方法

1. 自我激励法

在高职学生择业的过程中，对职业生涯影响最大的莫过于选择乐观的态度还是悲观的态度。我们思想上的这种抉择可能给我们带来激励，也可能阻滞我们前进。

自我激励法主要指用生活中的哲理、榜样的事迹或明智的思想观念来激励自己，同各种不良情绪进行斗争，坚信未来是美好的，遇到意外事件或择业受挫时，也鼓励自己不惊慌失措、冲动、急躁，而是开动脑筋、冷静思考、寻找对策。大学生在择业过程中要相信自己的实力，通过自我激励，增强自信心，消除自卑感，保持良好的情绪和心态。

2. 注意转移法

注意转移法即把注意力从消极情绪转移到积极情绪上。当不良情绪出现时，可以转移注意力，也可以采取迂回的办法，把自己的感情和精力转移到其他活动中去，激活新的兴奋中心以抵消或冲淡原来的兴奋中心，使不良情绪逐渐消失。可以听听音乐，参加体育运动，进行自我娱乐，接受大自然的熏陶，参加有兴趣的活动等，使自己没有时间沉浸在由于各种原因引起的不良情绪反应中，这种暂时回避的方式能够有效缓解心理的不良情绪，实现心理平稳。

3. 适度宣泄法

当遇到各种矛盾冲突而引起不良情绪时，应尽早进行调整或适度宣泄，使压抑的心境得到缓解和改善。切忌把不良心情埋藏于心底，忧虑隐藏得越久，受到的伤害就越大。向挚友、师长倾诉忧愁、苦闷，使不良情绪得到疏导。在倾诉烦恼的过程中，可以获得更多的情感支持和理解，获得认识和解决问题的新思路，增强克服困难的信心；也可通过打球、爬山等运动量较大的活动，消除压抑心理，恢复心理平衡；也可以通过书写来宣泄，如写信、日记、绘画等，将自己的不良情绪记录下来，等到心情平复之后，可以拿出来看一看，总结其中的挫败经验。

一般来说，受挫时由于负面情绪的干扰，个体容易思维狭窄、固执、偏激，缺乏对行为后果的预见性，而通过适度的发泄，情绪得到放松，则会使认知恢复正常。

4. 自我安慰法

自我安慰法又称自我慰藉法，其关键是自我忍耐。在择业中，大学生常常会遇到挫折，当经过主观努力仍无法改变时，可适当地进行自我安慰，说服自己适当让步，以缓解动机的矛盾冲突，解除焦虑、抑郁、烦恼和失望情绪，这样有助于保持心理稳定。在因受挫折而情绪困扰时，可用“亡羊补牢，犹未为晚”“塞翁失马，焉知非福”等话语来做自我安慰，解脱烦恼。

5. 合理情绪疗法

合理情绪疗法认为，人们的情绪困扰是由于不正确的认知即非理性信念所造成的，因此，通过认知纠正，以合理的思维方式代替不合理的思维方式，就可以最大限度地减少不合理的信念给人们情绪带来的不良影响。例如，有的大学生择业不顺利就怨天尤人，认为“人才市场提供的岗位太少”“用人单位要求太高”，其原因就在于他只从客观上找原因，认为“大学生择业应当是顺利的”“社会应该为大学生提供充足的岗位”等。正是由于这些不正确的认知信念带来了不良情绪。所以，如果能改变这些不合理的观念，调整认知结构，不良情绪就能得到克服。

高职生运用合理情绪疗法时要把握三点：第一，要认识到不良情绪不是源于外界，而是由于自己的非理性信念所造成的；第二，情绪困扰得不到缓解是因为自己仍保持过去的非理性信念；第三，只有改变自己的非理性信念，才能消除情绪困扰。

自我调适的方法还有很多，如环境调节法、自我静思法、广交朋友法、松弛练习法、幽默疗法等。这些都是应变的方法，最主要的是高职学生要树立正确的择业观，对择业要充满信心，要注意磨炼自己的意志，培养乐观豁达的态度，不要惧怕困难、挫折，要始终保持积极向上的精神状态和健康的心理。

总之，在择业求职过程中，高职学生应提高自我调适的自觉性，立足于自身的努力使自己保持一种良好的心态。同时，社会、学校和家庭各方面也应提供热忱的关注和积极的引导，帮助学生面对现实，排除心理困扰，缓解不必要的心理压力，促使他们尽快实现角色转换，顺利走向工作岗位。

二、工作中的心理困惑及调适

1. 大龄求职的心理障碍

大龄求职障碍普遍存在于缺乏核心竞争力的人群，由于专业技能、专业知识系统没有形成较强竞争力，很多人在求职过程中将稳定和薪资放在首位，而不是和个人竞争力的持续发展紧密相连。求职者随着年龄的增加，职业价值下滑，又因职位特点，企业对年龄的要求提出比较明确的限制，因此很多人遭遇求职年龄门槛。

大龄求职障碍的解决方案如下。

年龄成为求职无法逾越的鸿沟，让不少大龄求职者在就业市场吃了闭门羹。然而，大龄求职者也有自身的优点，比如经验丰富，能吃苦耐劳等。所以大龄求职者应善于扬长避短，择己所长，补己所短。

（1）应聘心态要平和：由于年龄原因被单位婉拒之后，要调整好心态，相信自己还能有所作为。

（2）应聘要求切勿苛刻：大龄求职者不能自恃以前待遇如何高，而要求现今的工作待遇也要高。

(3) 多种渠道求职：积极地通过劳动力市场、人才市场或其他途径推销自己。

(4) 及时补己所短：有技能而没有证书的，可以通过培训取得证书；没有技术也没有学历的，可以从较底层的工作开始做起。

(5) 突破大公司的局限：一般大公司对年龄要求比较严格，小公司则为了降低用人成本，一般招聘的岗位要求一职多能，反而对很多懂技术又懂管理经验的大龄求职者青睐有加。

2. 职业转型的心理“阵痛”

当一个人不得不放弃从事多年的工作，而转向另外一个行业或者工种类型时，从熟悉到陌生，没有了原始的积累，都会产生困惑和疑虑。事实上，转型既是一种机会也是一种危机。转型中必须考虑到自身的特质及行业个性。

职业转型中心理障碍的解决方案如下：

转型是一种机会，但也有两面性，即可能成功，也可能失败。为此，在转型过程中要以自己的“职业锚”为准则选择自己的方向。所谓职业锚，就是指一个人不得不作出选择的时候，无论如何都不会放弃职业中重要的价值观。为了尽可能避免转型过程中的“阵痛”要这样做：首先，要认清自身的不足，充分考虑自身的特点，包括职业兴趣、工作经历、自身优势等，找准自己的“职业锚”。其次，要充分了解市场的发展趋势以及市场对人才要求的变化，结合这两点，找到最理想的转型切入点。最后，转型时要选择与自身专业相关的行业，使转型有个平稳的过渡阶段，让自己尽快熟悉新角色。

3. 职场人际冲突的心理困惑

现代企业中，因为分工合作、职位升迁等利益分配，使得原本简单的同事关系、上下级关系变得复杂起来。在职场打拼的人，很关键的一条就是EQ技能——人际关系的处理能力，这个能力往往决定一个人的工作成就。但有许多职场人士往往处理不好工作中的人际关系，而影响个人工作的开展。

职场中人际冲突心理困惑的解决方案如下：

(1) 首先明确人际关系不是工作的全部。脚踏实地做事，勤勤恳恳地工作，多创造业绩，才能使自己得到职场的认同。想在职场中站住脚跟，技能和工作成绩是关键。

(2) 积极面对“人际冲突”，主动和不同部门的同事建立友好的关系。和谐的人际关系不仅会让工作愉快，还能在需要的时候助你一臂之力。

(3) 避免被卷入到人际关系斗争的圈子里。若是一旦被动地卷入到争斗的漩涡中，最好的方法是装聋作哑，待事态明朗后抽身而出。

(4) 始终牢记，努力工作。因为实力才是职场中最坚固的权力基础。

(5) 理解感悟企业文化。当团队文化达到理想模式时，不仅能包容性格不同的人，而且能给予员工克服困难的毅力。

4. 职场“过劳”

职业发展是分阶段性的，越往上晋升责任就越大，工作量也越大。年轻职业人往往有一个误区，把年轻当最大的资本看，而不是工作胜任能力、职业管理能力，他们缺乏应对长期竞争力的经验。由于疲劳、挑战和挫折等原因引发的情绪低落、心情烦躁、失眠等身心失调往往是疾病的前奏。

职场“过劳”的解决方案如下：

职场“过劳”有两种，一种是“假性过劳”，一种是“真性过劳”。“假性过劳”是指由于自己的主观因素而造成的疲劳，出现这个情况时，要从三个方面着手。

（1）清楚了解工作目标，避免做无用功。感觉自己工作吃力，其实很多情况是由于业务水平不精或工作方法错误。

熟悉自己的工作内容，排定合理的工作顺序。要学会工作，注意工作的规律和方式方法，合理安排工作顺序。

（2）从工作中寻找快乐和满足。假性的职场“过劳”很多是心理的疲劳，因此，努力从工作中获得情绪的愉悦，通过成功完成任务获得满足感。

若是“真性过劳”，遇到单位严重“剥削”劳动力时，要学会保护自己的合法权益，通过劳动监察或劳动仲裁依法解决问题。

5. 工作缺乏安全感

工作安全感是指一个人在职业中获得的信心、安全和自由的感觉。一般情况下缺乏安全感的人在职场中大致有以下几种原因：自身努力得不到用人单位满意和赞赏；专业能力和技能达不到职位要求；岗位流动性大，竞争激烈；面临被淘汰，失去工作；劳动过程中得不到应有的保障而缺乏安全感。

工作缺乏安全感的解决方案如下：

（1）改变工作状态，调整工作节奏，适应环境和工作、管理模式的要求。

（2）居安思危，提高自身的竞争能力，加强学习培训，不断充实自己，提高业务水平和技能。增强危机意识，以自身能力去适应环境和竞争的需求，而不是指望环境来顺从你。

及时自我调节，化压力为动力。在现代社会，绝对的安全感是没有的，生活中要面对现实，接受不安全感的事实，学会自我调节、自我降压，把压力转化为努力工作的动力。即使面临淘汰、失业，也要冷静对待，以积极的态度重新找回自我，重新立足社会。

6. 职业倦怠

职业倦怠是人们在紧张和繁忙的工作之中由于受环境、情感等内、外因素影响而出现的一种身心不适、心理衰竭、情感封闭和亚健康状态。职业倦怠的症状有对职业前景茫然，缺乏工作热情和动力；疲劳、厌倦、焦急、烦躁；情绪低落，精神不振，心理疲乏。

职业倦怠的解决方案如下：

职业倦怠不一定需要以换工作来解决，也有人在换工作之后又有职业倦怠，越换工作越有职业倦怠。避免发生职业倦怠，关键是要做职业规划。

(1) 分析自己为什么陷入职业倦怠：把自己能想到的原因都列举出来，可能会发现职业倦怠的原因并不在工作上。

(2) 分析目前的工作情况：对自己的工作有一个重新的回顾。

(3) 解决方法：分析自己的职业倦怠是主观原因造成的还是客观原因造成的？能否通过自己努力克服？如果可以克服，通过自己努力克服；如果克服不了，可以考虑换工作。

复习与思考

(1) 择业时的心理问题主要有哪些？

(2) 工作中的心理困惑主要有哪些？需要如何调适？

任务三　职业心理调适

学习目标

(1) 了解从学生到职业人的角色转换。

(2) 了解学生到职业人转变时对社会不适应的心理表现。

知识目标

(1) 能够做好学生到职业人角色转换的准备。

(2) 掌握学生到职业人转变时对社会不适应时的调适方法。

一、从学生到职业人的角色转换

高职毕业生圆满完成了学业走上工作岗位后，学生时代就画上了句号，学生角色也随告终结，随之而来的是担当起一个新的社会角色——社会从业人员。认识这两种角色的区别，是顺利实现角色转换的前提。

首先，学生角色与职业角色的社会责任不同。学生角色的社会责任是努力学习，德、智、体、美、劳全面发展，掌握好为人民服务的本领，整个角色过程是一个接受教育、储备知识、锻炼和培养能力的过程，而职业角色的社会责任是以其特定的身份去履行本职工作，努力做好本职工作，为社会作贡献。同时，这两种职责履行的结果也是有区别的。学生角色职责履行得如何，主要关系到本人知识掌握的多少及能力培养的程度，但职业角色履行得如何，既影响社会，又影响个人及单位的声誉、经济效益等。

其次，学生角色与职业角色的行为模式不同。学生角色的行为模式是努力学习，尊敬老师，团结同学，遵守纪律，进行能力培养。职业角色的行为模式就是以特定的身份，履行自身的职责。如医生的行为模式就是以医生的特定身份，给人看病、治病、救死扶伤。

最后，学生角色与职业角色的社会权利不同。社会赋予角色的权利，就是角色依法享受的权益。学生角色的权利主要是依法接受教育，并取得经济生活的保证或资助。职业角色的权利则是依法行使职权、开展工作，并在履行义务的同时取得相应的报酬。

总之，学生角色与职业角色的不同在于：一个是接受教育，掌握本领，接受经济供给和资助，逐步完善自己的过程；另一个是用自己所掌握的本领，通过具体工作为社会付出，独立作业，具有一定的权利和义务，以自己行为承担责任的过程。

二、做好角色转换的准备

为了顺利实现角色转换，毕业生在就业前还必须做好以下几个方面的准备工作。

1. 在校期间就要为适应社会、 实现角色转换做好准备

角色转换的真正实现，是在学生毕业走上社会，亲身参加社会实践以后。在学校期间，永远不会形成完美的职业准备状态。但是，一个学生在校期间若能对此有所认识，并寻找各种机会进行有关这方面的训练（如积极参加各种社会活动，锻炼自己的社会活动能力和社会交往能力等），毕业后的角色转换会加速实现。

2. 积极主动地理解自己将从事的职业角色

有了对职业角色的主动理解，在就业时才能努力地从精神上和行动上完全地投入新角色。这就要求毕业生要了解即将从事的职业的传统和现状，了解人们对自己所承担角色的期望、限制和要求，弄清自己所承担的角色在工作单位运行过程中的地位、作用及同其他工作的联系，深入感受自己承担的角色，并根据承担角色的性质、地位、作用及人们的期望去领悟新角色，并把自己的领悟化为自身的觉悟，运用所学的知识，积极创造各种有利条件去实践新角色，进入新角色，完成角色的转换。

3. 有健全的心理准备

有健全的心理准备，才能主动克服各种惧怕心理，以苦干实干的态度尽快实现角色转换。毕业生走上工作岗位后，除了少数直接或间接接触过实际工作部门，心理上有一定准备的人外，大部分同学属于初次踏入实际工作部门，交往的对象、生活的环境、行为的规范等都发生了根本性变化。因而一些同学会产生如下惧怕心理：一是怕做不好工作，让人讥笑；二是怕吃苦受累，对工作尤其是基层艰苦工作产生恐惧心理；三是怕领导不重用，同事不帮助。这些惧怕心理，成了角色转换的重大阻力。只有克服这些恐惧心理，放下架子，虚心向社会学习，向身边的人学习，深入到实际工作当中去，不怕吃苦，不计较个人得失，努力承

担岗位责任，主动地适应环境，才能更好、更快地完成角色转换。

三、摆正位置，调适心理

（一）对社会不适应的心理表现

刚刚走上工作岗位的职业院校毕业生，由相对单纯宁静的校园突然走入了纷繁复杂的社会，在心理上会有诸多的不适应。

1. 依恋心理

许多毕业生参加工作后，发现现实中有很多东西不符合自己的理想，甚至有很大差距，期望值一落千丈，由兴奋转为沮丧，于是对学生时代的生活充满依恋。

2. 自我否定心理

一些毕业生接触社会后，深感自己的能力与社会实际工作差距太大，便妄自菲薄，然后产生一种自我否定心理。

3. 失望心理

由于工作环境起伏较大，特别是近几年不少毕业生毕业后往往一时难以找到理想的职业，使他们在校期间对未来过高的期望值落空，从而会产生一种失落感。

4. 自暴自弃心理

现实生活中，人们往往把毕业生学历与能力画等号，对职业院校毕业生抱有轻视心理，这使职业院校毕业生往往会产生一种自暴自弃心态。

（二）心理调适措施

不正确的心理如不及时调适，对毕业生实现健康的职业转换会造成一种下意识的障碍。心理调适行之有效的措施主要有以下几种。

1. 正确估价法

很多毕业生之所以产生依恋、失望、自我否定的心理，是因为缺乏对自己、对社会、对职业的正确估价。因而要消除这些心理障碍，首要的措施是对自己、对社会、对职业应有正确的评价。

（1）要科学地评价自我、完善自我。科学地评价自我，就是既要看到自己的优势，也要看到自己的劣势。毕业生的优势就在于正值年轻有为的黄金时代，经过职业教育，具有一定的文化素养、专业知识和专业技能；其劣势就在于缺乏实际工作经验，动手能力较差。但这些劣势经过一段时间的实际锻炼后，是会很快被克服的。职业院校毕业生参加工作后只要脚踏实地，努力拼搏，很快就会适应工作，适应社会，积累一定工作经验的。所以，刚刚走入社会的毕业生应当看到自己的优势是占主导地位的，自己的劣势只是暂时的，是可以克服的，参加工作后只要能够注意扬长避短，很快就会成为“栋梁”之材。如果毕业生都能正确估价自己，就自然而然地树立起了信心，有了信心就有了战胜困难的勇气，依恋感、失落感、自卑感就会被抛到九霄云外。

（2）要正确地估价社会。和学校相比，社会确实复杂得多，无论是工作关系还是人际关系都是如此。一些媒体更把这一点加以夸大，造成一些毕业生尚未踏入社会就患了“社会恐惧症”。其实，社会并不是像人们想象的那样复杂和不可捉摸。再复杂的问题也是可以认识和有规律可循的，只要深入社会、踏实工作，勇于实践，善于处理好与同事、与上级间的关系，一切复杂的问题就会变得简单了。

（3）要正确地估价职业。在择业的竞争中每位毕业生都希望找到一份理想的或与本专业相近的工作。但由于各种原因，结果可能事与愿违，于是一些同学感到前途渺茫，产生失落、自卑、依恋学校等心理不适应情况。事实上，职业是不分好与坏的，无论什么职业只要是社会需要的，都应当努力地去做好，而且在当前就业比较困难的情况下，没有多少人能从事自己非常理想的职业。如果在就业的竞争中刻意去追求绝对理想的职业，那恐怕永远难以就业，即使勉强就业，也会因不理想而感到苦闷、厌烦、失落。只有正确地看待不同的职业，正确处理理想与职业之间的关系，在实际工作中逐步养成不挑剔工作的习惯，让理想服从于职业、让位于职业，并抱着极大的热情做好本职工作，那么就会很快习惯、适应和热爱本职工作。

2. 注意转移法

个人的焦虑、苦闷不要长期闷在心里，要用适当的方式，向自己的领导、朋友、同事倾吐出来，以减少内心的痛苦，还应积极参加单位组织的一些公益活动。这样，才能忘记幽怨与烦恼，增加沟通机会，增进与同事、领导的友谊，使自己尽快走出孤独、走出烦恼，以百倍的热情迎接新生活。

3. 努力争取法

职业院校毕业生尽管学历文凭低于本科毕业生，但应明白学历也不是不能改变的。当今的社会已进入了终身学习社会，继续教育、终身教育已成为社会发展的趋势。职业院校毕业生在工作过程中，完全可以凭借自身的努力，提高自己的学历层次。同时，学历并不等同于能力，职业院校毕业生只要努力锻炼自己的工作能力，在实践中展示出自己的才华，最终会得到社会的承认。职业院校毕业生只要在实际工作中更加努力地学习，不断提高自己，照样可以成就辉煌的事业。

复习与思考

（1）学生和职业人有哪些不同？

（2）如何做好学生和职业人角色转变？

（3）简述角色转变对社会不适应时如何调适。

参考文献

[1] 贾文胜，何兴国，梁宁森. 职业教育校企合作机制及政策保障研究 [M]. 北京：中国商务出版社，2019.

[2] 覃庆华. 校企合作教育对创新型人才创造力的影响研究 [M]. 北京：经济管理出版社，2019.

[3] 于万成. 校企合作创新之路 [M]. 北京：机械工业出版社，2021.

[4] 尹庆民，等. 校企合作研究——基于应用型高校的模式及保障机制 [M]. 北京：知识产权出版社，2012.

[5] 中国就业培训技术指导中心. 校企双制 工学一体——校企合作工作指南 [M]. 北京：中国劳动社会保障出版社，2018.

[6] 马明飞，周华伟. 国外校企合作职业型人才培养模式及其借鉴 [J] . 江苏高教，2013 (3)：131—132.

[7] 林尔. 美国合作教育模式对我国职业教育的启示 [J] . 金华职业技术学院学报，2010，10 (4)：7—9.

[8] 白东海. 关于高职校企合作现状及其有效模式的构建 [J] . 职教论坛，2012 (32)：14—15.

[9] 黄河，王志刚，朱涛，等. 校企合作“三联机制”的研究与实践 [J] . 机械职业教育，2015 (8)：10—13.

[10] 胡艳霞，宋淑红，徐慧梅，等. 职业教育校企合作模式及运行机制的研究 [J] . 内蒙古煤炭经济，2015 (4)：102—103.

[11] 陈峰. 中美中小学家校合作的比较研究 [D] . 华中师范大学硕士学位论文，2005.

[12] 高职院校校企合作体制改革实践研究 [M] . 北京：中国纺织出版社，2020.

[13] 赵新峰 . 协同育人论 [M] . 北京：人民出版社，2013.

[14] 冯晓青 . 职业生涯与规划 [M] . 郑州：河南科学技术出版社，2016.

[15] 杨化奎，温巍，刘伟宏 . 职业院校质量管理评价体系的瓶颈与构建策略 [J] . 教育与职业，2018 (19)：47—51.

[16] 贾广敏．校企协同创新高职实践教学体系探索 [J]．中国职业技术教育，2016 (14)：76—79.

[17] 胡英华．高职院校教学质量监控与评价体系存在的问题与解决对策 [J]．职业，2018 (17)：28—29.

[18] 雷珊珊.高职院校教学质量评价可行性建议 [J]．天津职业院校联合公报，2019，21 (2)：41—42.

[19] 林嘉胜.产教融合背景下高职院校校企合作模式探索 [J]．新课程研究，2018 (12)：111—113.

[20] 谭凯.高职院校教学质量评价指标体系初探 [J]．课程教育研究，2019 (8)：58.